本书受中央高校基本科研业务费资助

（项目编号2021WKZDJC005）

江河的流向

21世纪大学生学业成功关键因素研究

The
FLOWING DIRECTIONS OF RIVER
What Matters Most for College Student Success
in the 21st Century

张俊超 ◎ 著

華中科技大學出版社
http://www.hustp.com
中国·武汉

图书在版编目(CIP)数据

江河的流向:21世纪大学生学业成功关键因素研究/张俊超著.—武汉:华中科技大学出版社,2021.8

ISBN 978-7-5680-7474-2

Ⅰ.①江… Ⅱ.①张… Ⅲ.①大学生-学习-研究 Ⅳ.①G645.5

中国版本图书馆CIP数据核字(2021)第162651号

江河的流向——21世纪大学生学业成功关键因素研究 张俊超 著

Jianghe de Liuxiang——21 Shiji Daxuesheng Xueye Chenggong Guanjian Yinsu Yanjiu

策划编辑:钱 坤

责任编辑:洪美员

封面设计:刘 婷

责任校对:张汇娟

责任监印:周治超

出版发行:华中科技大学出版社(中国·武汉) 电话:(027)81321913

武汉市东湖新技术开发区华工科技园 邮编:430223

录 排:华中科技大学出版社美编室

印 刷:武汉科源印刷设计有限公司

开 本:710mm×1000mm 1/16

印 张:20

字 数:357千字

版 次:2021年8月第1版第1次印刷

定 价:88.00元

本书若有印装质量问题,请向出版社营销中心调换

全国免费服务热线:400-6679-118 竭诚为您服务

前言 | Preface

写这本书的念头产生于2011年，那一年我正在美国马里兰大学教育学院（该院的大学学生辅导及学生服务研究生项目在美国排名第一）做访问学者，很感触于大学对不同群体大学生学习经历与学习效果的关注及其种种实践探索，也惊讶于同行对这一领域颇为深入的研究，由Pascarella和Terenzini系统总结和归纳长达几十年有关大学生学习与发展的各种文献形成的著作《大学如何影响学生》，在课堂内外被反复提及。当时的中国高等教育还正处于规模迅速扩张的阶段，毛入学率从2002年的15%（刚刚迈入大众化阶段）跃升到2011年的26.9%，全国普通本专科学校学生数从2002年的903万余人增加到2011年的2308万余人，专家们讨论得最多的是高等教育大众化的相关问题，家长和学生关心的主要还是孩子上大学的机会问题。哪知岁月不居，时节如流，由于种种原因，待我真正动笔写这本书时时间已飞跃到2019年，而这一年正是中国高等教育发展史上的一个重要里程碑——高等教育毛入学率由2018年的48.1%上升到2019年的51.6%，中国高等教育正式踏入普及化门槛，同时在学总规模突破4000万，中国已形成世界上规模最大的高等教育体系。学术界讨论得最多的是中国高等教育内涵发展、质量提升和高水平大学建设的问题，家长和学生关注更多的不再是能否上大学，而是能否上一所好大学以及上完大学之后的发展问题。大学的使命从"为学生提供上大学的机会"转变为"帮助大学生获得发展和成功"，大学生的学习经历、学习效果、能力提升等议题也理所当然成为大学内外共同关心的议题。从这个意义上讲，我之前著书之愿虽未达成，但经孕育10年后本书得以问世，也算是恰逢其时了。

在高等教育蓬勃发展之际，高校也面临着经费压力、市场压力、大学生个性化需求、学习质量提升等诸多问题，这些问题倒逼高等教育质量问责和保障机制的建立，要求高等院校具有更强的灵活性、创新性以及开放性，并更加关注大学生的学习与发展，涵盖了学习行为、学习过程、学习收获等综合表现的大学生学习经历成为人才培养质量的核心体现。在中国，绝大多数学生在高中阶段的目标是一致的，那就是为进入一所好的大学而努力。而进入了大学之后，目标就不那么明确了，方向多重，道路多条。大学给予了学生们较多的权利和自由，但这种突如其来的自由需要的是强大的自理、自立和自控能力，很多大学生并未对此做好充足的准备。而学习经历作为一种过程性、动态性和情境性的个人体验，是大学生作为"能动性的个体"与院校环境互动的重新建构，不同的院校环境会带来不同的就读体验，同样的院校环境中不同的群体和个体的体验也不同，大学就是要在这种可能性和发展性中去努力帮助和引导大学生实现突破，并让大学对学生产生持久而深远的影响。

笔者所在的华中科技大学院校发展研究中心科研团队，受学校委托，自2014年起面向全校3万余名本科生开展全样本的"大学生学习与发展调查"(Student Survey of Learning and Development，SSLD)，至今已进行了第4轮。该调查主要针对华中科技大学的人才培养目标，全方位了解本科生就读期间在各个维度上的学习与发展状况，如对学校和各专业培养目标的感知度、对学校提供学习支持与服务的满意度、学生在课堂内外的学习投入度以及学生的学习效果等，并持续深入地跟踪各项指标的纵向变化。一方面，为学校和各院系推动本科教育改革、提升本科教育质量提供依据，从而为学生的学习和发展提供更有效的支持和更优质的服务，同时也以主动姿态应对政府的相关评估与社会问责；另一方面，通过发动学生参与调查，促使他们反思与回顾大学学习与生活经历，帮助他们发现和总结学习与发展中遇到的问题，从而制定良好的学习策略和学业规划，帮助学生实现最佳的成长和发展。这一调查不论是对这一领域的学术探索还是推进院校改革实践都获得不错的效果，于是我们还应邀为其他不同类型的高校进行了类似的大学生学情调查，这些调查让我得以从大样本的第一手数据中了解到当今大学生的特征、期望以及种种学习行为和收获，以及不同变量之间错综复杂的关系。此外，从2009年开始，笔者就一直从事"高校学生事务管理的理论与实践"以及"院校研究"等研究生专业课程的教学，经常也涉及大学生学习与发展的相关话题。在课堂研讨和课程作业中，笔者或让选课的研究生围绕当今大学生学习经历系列议题选择研究对象进行半结构化的访谈，或让他们将自己的本科生经历"对象化"，进行回溯性的叙事、思考和专业审视，这些极具个人特色的大学生日常学习经历与生活体验，以及差异化极大的学习效果和毕业流向，经常引发笔者的种种思考。大学生们如同一条条小溪，从四面八方汇聚成一条条形态各异的河流，又被各种力量牵引着流向不同的江河湖海。围绕这些思考，笔者带着研究生，进一步将这些议题分解，先后聚焦大学生需求、大学生类型、大学生交往、大学生自主学习能力等问题进行深入研究，并形成了一系列小论文和学位论文。

大学里各种因素都有可能对大学生的学习与发展产生影响，但这些因素的影响作用是否随着不同类型群体的变化而变化？是否随着他们不同的年级阶段发生改变？影响大学生发展的关键节点有哪些？哪些关键事件与关键人物对其的影响最大？其影响的过程机制是怎样的？大学应该做出哪些努力去激励和提升大学生学习主动性和学习投入度，实现教师"有效的教"和学生"有意义的学"，从而最大程度发挥大学对学生的影响？本书的内容就是建立在这几轮"大学生学习与发展调查"、这些年课程教学以及笔者团队进行的专题研究基础之上，围绕这些问题展开。全书分为六章：第一章从整体上对当代大学生进行了画像并了解其需求结构与特征;第二章从不同角度对大学生群体进行了多元化的类型划分,并分析了不同类型大学生与大学教育以及学习效果的关系;第三章从纵断面了解大学生在不同学习阶段的主要问题及其关键节点;第四章从横切面分析大学生在大学里的交往互动的关键对象及其影响机制;第五章聚焦影响大学生学业成功的几大核心要素和关键事件;第六章则进一步将镜头拉近,微距再现大学生的个体经历,选录了 12 篇选修笔者课程的研究生对自己大学本科就读经历回溯与反思的文章。总之,希望能多角度立体地展现 21 世纪大学生在大学本科阶段的学习图景和影响他们学业成功的关键要素,以期给关注大学生学习与发展的管理者、教师、家长和学生一些启发与思考。

目录 | Content

第一章

大学生新生代及其需求特征

个性特征和品质、体验和价值观、世界观和信念、榜样和理想都依赖于人的动机和需要。

——彼德罗夫斯基[1]

---

① A. B. 彼得罗夫斯基是苏联心理学家，主要研究领域为心理学史、社会心理学和个性心理学。主要著作有《心理学》（合著）以及《苏联心理学史》《年龄与教育心理学》《集体心理学理论》《个性、活动、集体》等，其提出的“群体积极性分层”理论颇具影响力，是公认的研究群体和集体心理的专家。

目前，在大学就读的主要群体，大多出生于 2000 年前后，作为当代大学生主力军的“90 后”和“00 后”，也被称作“I（Internet）一代”，身上有着鲜明的时代特征。他们在智能手机和社交媒体的陪伴下长大，将信息技术作为日常交流、建立友谊、进行消费以及学习的延伸；他们期待有高质量的现代信息技术服务的大学经历，但也不想完全生活在一个虚拟世界中，他们习惯于真实世界与虚拟世界的自然切换；他们喜欢有小组合作学习的机会，但同时拥有独立学习和思考的选择空间；在“知识爆炸”以及随时随处都可便捷获取的时代，他们对教学也有着更多的期待；他们渴望通过本科期间参与科研的经历提升思维能力，但同时也希望能掌握实用的技能为职业做好准备；在多元文化思潮的影响下，他们形成了自己的人生观、价值观，“个性化”“自主发展”“创新意识”等成为其发展需求的关键词，他们对成功抱有更多元的定义……但在个人发展及其选择的问题上，他们也许比他们的前辈更需要帮助，希望从学校得到更多的人文关怀和学习支持。美国把新进入大学的一代称为“Z 一代”（Generation Z）①，并将之描述为美国历史上最为多元化的一代，这种多元包含了种族、伦理、性倾向和身份认同，对这一代来说，上大学主要是为了今后的生涯和发展前程，因此他们更加关注当前的学术和课程项目到底能让他们哪些技能和潜力得到发展。在中国，这一代的大学生在急速变化的外部环境中，表现出更为复杂的时代特点、个性品质和需求特征。

第一节　当代大学生的群体画像

在过去的 20 年里，中国高等教育经历了一个迅猛发展阶段，首先是高等教育规模的急速扩张，适龄人口（18—22 周岁）毛入学率从 2001 年的 13.3%增至 2019 年的 51.6%，在 20 年里历经精英化教育阶段、大众化教育阶段，并在 2019 年踏入普及化教育阶段，如图 1-1 所示。

---

① Generation Z（Z 一代），指 1997 年以后出生的人，是相对于“X 一代”（Generation X）和“Y 一代”（Generation Y）的称呼。“X 一代”指出生于 1965—1980 年的一代人；“Y 一代”也被称作“千禧一代”（Millennial），即出生于 1981—1996 年，在千禧年逐渐成年的一批人，也就是人们通常说的“80 后”和“90 后”。

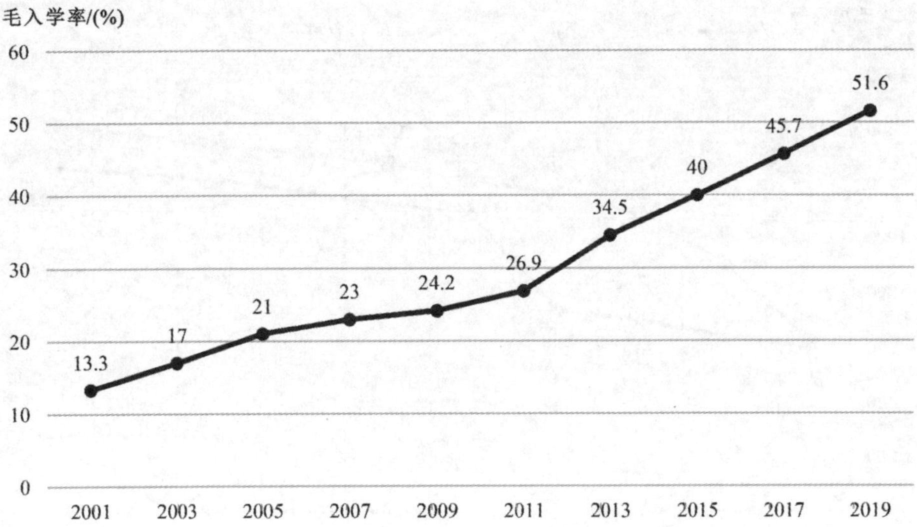

图 1-1 2001—2019 年我国高等教育毛入学率

数据来源：根据教育部教育统计年鉴数据整理

随着大学生数量的大幅度增长，高等院校的规模也在急速扩大。如图 1-2、图 1-3 所示，2001 年，中国普通本科院校有 597 所，在校生为 424 万余人，校均规模 8730 人；到 2011 年，这一数字分别增至 1129 所和 1349 万余人，校均规模 13564 人；到 2019 年，又分别增至 1265 所和 1750 万余人，校均规模达 15179 人。同一时期的高职（专科）院校增幅更大。2001 年，中国普通高职（专科）院校有 628 所，在校生为 294 万余人，校均规模 2337 人；2011 年，这一数字分别增至 1280 所和 958 万余人，校均规模 5813 人；到 2019 年又分别增至 1423 所和 1280 万余人，校均规模达 7776 人。[①]

与规模扩张相对应的，是大学生群体身份的多样化。首先是女生规模一直在扩大。2005 年，普通本科院校女生所占比重为 45.3%，到 2011 年增至 50.4%，超过了男生，并一直呈逐年递增趋势，女学生成为大学本科生里的大多数；而就读高职院校的女生 2005 年所占比重为 49.2%，2009 年达到顶峰 52.42%后又呈现下降趋势，2019 年所占比重降到 48.74%，如图 1-4 所示。在重视入学机会公平的社会背景下，少数民族学生所占比重也一直呈现递增趋势，普通本科院校少数民族学生所占比重由 2005 年的 6.74%增长到 2019 年的 9.58%，高职（专科）院校少数民族学生所占比重由 2005 年的 5.35%增长到 2019 年的 10.24%，如图 1-5 所示。

① 普通高校校均规模，仅含普通本、专科在校生，不含分校点数据。

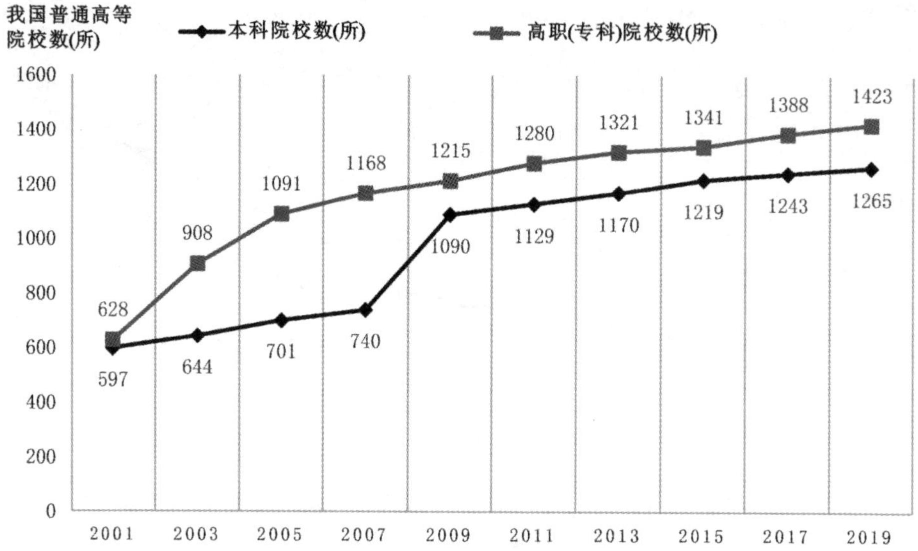

图 1-2　2011—2019 年我国普通高等院校数

数据来源：根据教育部教育统计年鉴数据整理

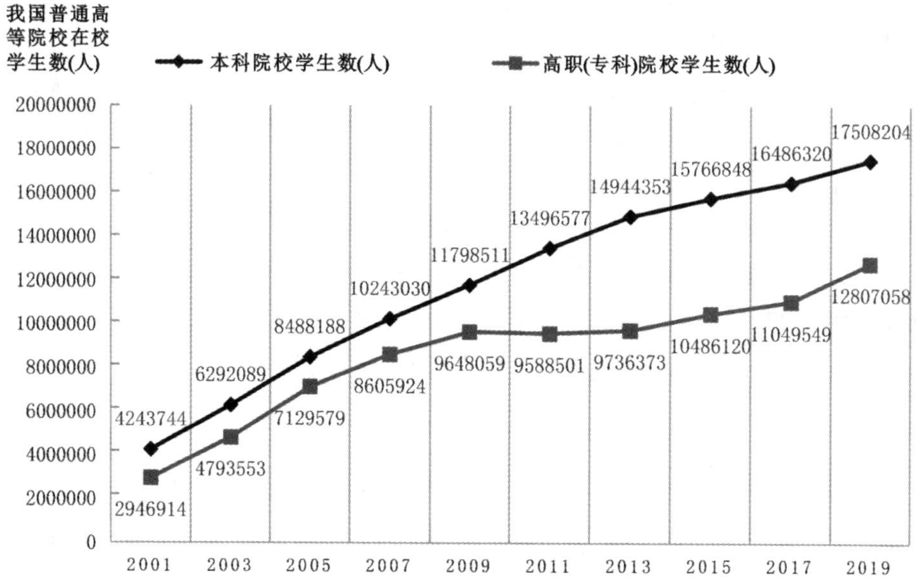

图 1-3　2011—2019 年我国普通高等院校在校学生数

数据来源：根据教育部教育统计年鉴数据整理

图 1-4　2005—2019 年我国高校女学生所占比重

数据来源：根据教育部教育统计年鉴数据整理

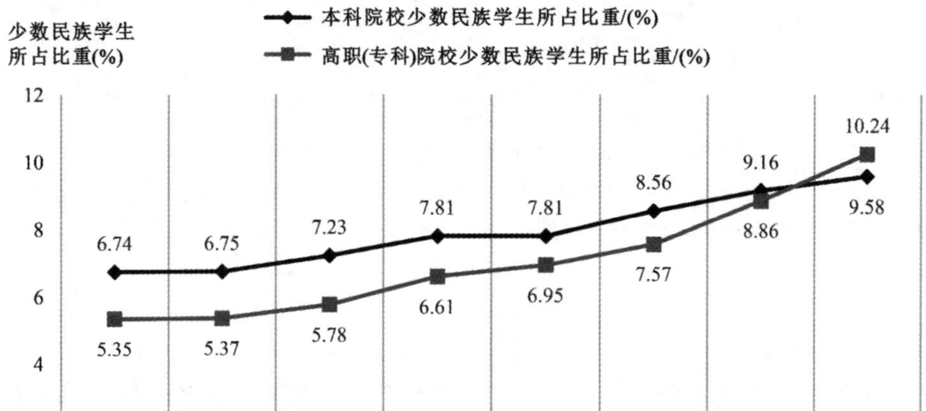

图 1-5　2005—2009 年我国高校少数民族学生所占比重

数据来源：根据教育部教育统计年鉴数据整理

伴随中国高等教育快速发展的还有高等教育的全球化。随着我国《留学中国计划》、“一带一路”建设等的实施，近年来，来华留学生的规模也在急剧上升。2009 年，国际流动学生人数达到 340 万。学生流动已成为国际和区域组织政策议程上讨论最多的话题。[①] 2010 年，来华留学生人数为 265090 人，2018 年，来华留学生人数增至 492185 人，增长比率为 85.67%。[②] 图 1-6 是根据相关数据整理出的五大洲连续 15 年（2003—2017 年）来华留学生的面板数据（Panel Data）。

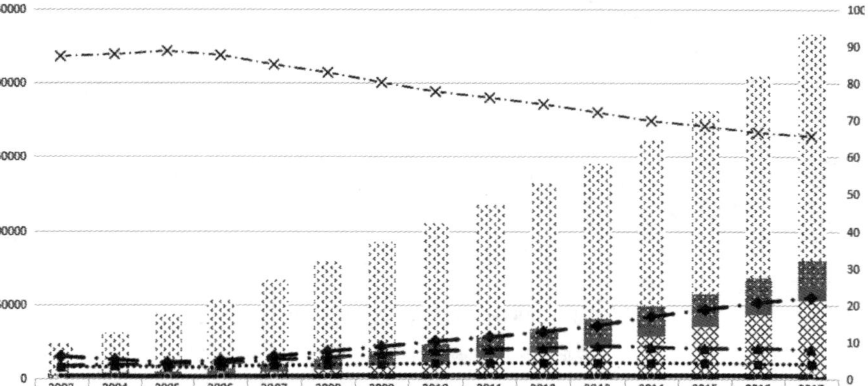

	2003	2004	2005	2006	2007	2008	2009	2010	2011	2012	2013	2014	2015	2016	2017
亚洲（人）	21231	27339	38342	47056	57005	65543	74119	81883	89436	98206	104982	113211	124065	136709	153396
欧洲（人）	798	1129	1646	2162	3326	4417	6053	7803	9150	10836	12620	13698	14684	16708	18139
美洲（人）	735	978	1268	1695	2357	2868	3651	4304	4882	5460	6126	6764	7442	8095	9010
非洲（人）	1429	1558	1830	2573	3969	5724	7946	10601	13191	16681	20807	27213	33784	42044	51079
大洋洲（人）	159	163	185	323	440	593	724	862	984	1080	1214	1376	1510	1629	1863
大洋洲(%)	0.65	0.52	0.43	0.6	0.66	0.75	0.78	0.82	0.84	0.82	0.83	0.85	0.83	0.79	0.8
非洲(%)	5.87	5	4.23	4.78	5.91	7.24	8.59	10.05	11.21	12.61	14.28	16.77	18.62	20.49	21.87
美洲(%)	3.02	3.14	2.93	3.15	3.51	3.62	3.95	4.08	4.15	4.13	4.2	4.17	4.1	3.95	3.86
欧洲(%)	3.28	3.62	3.8	4.02	4.96	5.58	6.54	7.4	7.78	8.19	8.66	8.44	8.09	8.14	7.77
亚洲(%)	87.18	87.72	88.61	87.45	84.96	82.81	80.14	77.65	76.02	74.25	72.03	69.77	68.36	66.63	65.7

图 1-6 2003—2017 年五大洲来华留学面板数据

注：柱状图的高度代表每年五大洲来华的留学生总人数，而每一个柱状图中不同的颜色则代表各洲每年来华的留学生人数；图中折线和右边的纵坐标轴用来标示每一个洲当年来华留学生人数占当年来华留学生总人数的比率。

以作者所在高校——华中科技大学为例，学校从 20 世纪 60 年代初开始招收国际学生来校学习，50 多年来，已经为全世界 130 多个国家和地区

① UNESCO. New Patterns in Student Mobility in the Southern Africa Development Community [EB/OL]. [2019-10-02]. http://uis.unesco.org/sites/default/files/documents/new-patterns-in-student-mobility-in-the-southern-africa-development-community-2012-en.pdf, 2012 (11).

② 来华留学生数据来自教育部国际合作与交流司编写的《来华留学生简明统计》。

培养各类留学生逾 6000 人。2017 年，华中科技大学在校国际留学生人数已达 4100 余名，他们来自全球 120 多个国家和地区。这些新兴群体的加盟，在丰富大学校园文化的同时，也给大学教育、大学生事务管理带来更多的挑战。

关于对新时代大学生的个性特征的研究，国内学者有的从整体上一分为二地阐述。张晓坚指出，当代大学生的个性特点呈现出明显的二元结构，具有鲜明的个性特点，如参与意识较强、自我意识充分发展、开放性和适应性强等，同时却也有着软弱和消极的一面，如缺乏信仰、有时迷惘、自律性不强、个人主义倾向突出以及心理承受能力差等。[①] 王青耀通过对当代大学生的思想特点分析发现，当代大学生认知方式偏重直观化、个体意识趋于强化、道德观念复杂化、价值取向多元化、开放竞争意识强化。[②] 陈步云和房正提出，新时代大学生主体意识空前增强，随着网络和社交媒体等新兴媒体的迅速发展，其思想认识和价值取向呈现多元化的特征，同时，其思想特点仍然呈现出二元性，主要表现在：一方面，大学生思想活跃、好奇心强、接受新事物快；另一方面，青年学生由于社会阅历尚浅等局限性导致其对社会上纷繁复杂的现象以及多元文化的冲击缺乏辨别能力和深入理性的思考能力。[③] 公亚丽和李朝伟两位学者则聚焦于高职大学生的思想特点，认为新时代下，尽管高职大学生自育意识显著加强、学生更加具有集体性关切、学生思想政治教育获得感需求增加，但仍存在部分学生功利性思想凸显的问题，这也是由高等职业技术教育学生生源多样性和教育过程的实践性两大特点所导致的。[④]

姚敏磊等学者认为，受网络、家庭、教育、社会和国际环境的影响，新时代大学生的思想特点和成长规律主要表现为：政治热情高，但鉴别能力低；生活追求高，但理想信念差；独立意识强，但交往能力弱；自尊程度

---

① 张晓坚．关注当代大学生个性特点 建构新世纪学生理想人格［J］．高等教育研究学报，2004（1）：75-77.

② 王青耀．浅析当代大学生的思想特点［J］．中国高教研究，2006（3）：74-75.

③ 陈步云，房正．用五大发展理念引领大学生思想政治教育质量提升［J］．中国高等教育，2017（1）：47-50.

④ 公亚丽，李朝伟．新时代背景下高职大学生思想政治教育特点、挑战及对策［J］．黑龙江高教研究，2018（9）：145-148.

高，但抗挫能力差。[①] 陈平等学者研究发现，新时代大学生在思想上，个性独立、自信心强，价值观多元、竞争意识强，且善于利用网络；在行为上，学习自觉性低、不注重人际关系的培养、不注重行为礼仪；在消费上，他们也不太节制。[②] 王婧认为，新时代大学生思想多元但易受影响、务实但自信不足、向往美好生活但缺乏动力，因此需要契合新时代大学生特点，推进课程思政。[③]

李晓庆和刘威两位学者对当前的大学生群体进行了小规模的实证调研，共计回收问卷 527 份。调研显示，目前，大学生群体仍以“90 后”为主，千禧年出生的“00 后”初露锋芒，调研结果整体上则划分为主流和支流的两重脉络形态呈现。主流形态即大学生群体在某一方面思想行为所表现出来的主导性特点，支流形态即大学生群体在某一方面思想行为所表现出来的分支性特点。在信念价值观维度上，新时代大学生思想认识主流正确、爱国主义情感浓烈，但仍然存在多元冲突以及集体主义意识弱化的问题；在学习科研维度上，尽管学生主体意识更加强化，但思想上的务实和行为上的理想化产生并行冲突；在情感社交维度上，新时代大学生婚恋观仍然较为传统，人际关系互融意识强烈，但人际关系中的群体压力感仍然较为突出，主要是学习压力、职业发展压力和社交压力，并且存在一定程度的人际疏远和交往表浅等问题；在职业发展维度上，新时代大学生的职业发展目标明确，愈发彰显出自己的个性特征，但创业意识仍然存在局限性。[④]

也有学者主要阐明了当代大学生思想行为上存在的问题，以引出相应的对策建议。张立成从政治、思想、道德品质、专业学习、科技知识、人文知识、能力、体质、心理和法律十个方面说明了当代大学生素质修养中存在的主要问题。[⑤] 李兵也提出当代大学生素质与时代要求的差距主要表现在价值

---

① 姚敏磊，殷美，王雨彤．刍议新时代大学生思想特点与行为规律［J］．教育现代化，2020（37）：133-137.

② 陈平，黄婷婷，卢南熹，等．新时代大学生思想行为特点及变化规律研究［J］．教育教学论坛，2020（42）：297-298.

③ 王婧．高校契合新时代大学生特点推进课程思政建设探索［J］．教育教学论坛，2021（2）：173-176.

④ 李晓庆，刘威．新时代大学生思想特点与行为模式的现实观照及其反思［C］//全国学校共青团研究中心，中国青少年研究会．全国学校共青团 2019 年学术年会获奖论文集．全国学校共青团研究中心，中国青少年研究会：全国学校共青团研究中心，2019：11.

⑤ 张立成．面对 21 世纪大学生的素质教育［J］．教育管理研究，1998（1）：18-23.

观念的多样化和相对功利化、思想素质和心理素质的不成熟、文理知识的割裂以及道德观念淡漠等方面。① 张德江在《学会学习：21 世纪大学生必备的基本能力》中指出了当代大学生缺乏自主学习能力的表现：在学习方式上，从师型过多，自主型过少；在思维方式上，求同型过多，求异型过少；在学习状态上，盲从型过多，问题型过少；在学习层次上，继承型过多，创新型过少；在学习情感上，应试型过多，兴趣型过少。② “90 后”和“00 后”大学生可谓是与互联网共同成长的一代，而互联网催生的自媒体的发展对当代大学生的价值观，尤其是学业价值观产生了巨大冲击，大部分是独生子女的“90 后”和“00 后”大学生在极度优越的家庭条件下与“爆炸式”增长的信息中形成了自我性膨胀以及脆弱性并存的现状；而大学生在学业价值观上则凸显出“信仰缺失”的问题，不仅把大学中的学习看作是随意性、投机性甚至没有价值的存在，而且有些大学生还认为“学业价值的注重终止于义务教育时代”。③

从对这一群体的相关研究来看，新一代大学生表现出比较复杂的个性特征。

一方面，从外在行为表现和内在品质特点来看，“90 后”大学生体现出的矛盾特征比“80 后”更甚。根据黄小兰和曾兰对武汉地区“90 后”大学生思想行为特点的调查报告来看，“90 后”大学生有如下五个个性特征：一是政治认同度较高，但部分学生政治意识模糊，政治信仰迷茫；二是道德认知水平较高，但道德认知和道德行为不一致的现象比较普遍；三是价值观念呈现出多元性特征，自我、务实、功利性取向明显；四是个性张扬、思想开放，但矛盾心理突出；五是生活方式时尚化、现代化、媒介化，且过度依赖新媒体。④ 刘建亚调查了湖南省十几所不同层次、不同专业、不同年级的近 8000 名大学生，在内在品质特点方面得出的结论更多地体现出了当代年轻人

---

① 李兵．浅议 21 世纪大学生的素质培养［J］．求实，2004（S3）：227-228.

② 张德江．学会学习：21 世纪大学生必备的基本能力［J］．高等教育研究，2003（6）：69-72.

③ 吴凯萍．浅谈自媒体时代大学生特点及学业价值观培育［J］．新闻研究导刊，2014，5（6）：171.

④ 黄小兰，曾兰．武汉地区“90 后”大学生思想行为特点调查报告［J］．华中人文论丛，2014，5（1）：257-261.

矛盾的心理特征：一是国家认同与个人主义兼备；二是个体至上与集体关怀交织；三是理想追求与价值困惑并存；四是物质欲望与精神享受同在。①

另一方面，从态度与价值观层面看，重视自我、多元化和理性是新一代大学生的关键词。根据邹强的调查分析来看，“90后”大学生在政治价值观上更加深入和富于理性，在道德价值观上对道德在个人和社会生活中的重要性的确认不断提升，在人生价值观上表现出浓厚的人本主义色彩，在职业价值观上强调自我实现和多元化。②“90后”存在的问题主要表现在自我意识缺乏、思想过于简单、重功利而轻责任、政治热情与认识存在反差③，但同时这群大学生也有着极强的学习求知欲、开放活跃的思想和积极的人生态度④。与“90后”一代相比，“00后”大学生的成长环境复杂多变。新媒体新技术迅速发展，国际国内形势正在发生深刻的变化，多种社会思潮和价值观此起彼伏，这使得“00后”大学生显示出独具特色的个性特征。因此，“00”后大学生的主体意识鲜明、具有更强的信息化生活习惯和更为活跃的思维，在目标和理想上也更为务实。⑤学者陈红敏用自编“00后”大学生奋斗状态调查问卷，在全国范围内运用随机整群抽样的方法，对北京、武汉、广州等地高校的大一学生（全部为“00后”）开展了问卷调查。调查结果显示，“00后”大学生奋斗目标理性、务实，奋斗目标大多集中于学业成就、专业技能、自身发展、生活需要等，但在目标确立上更多地从个人近期的需要出发，目标理想的远大性仍未可知；与此同时，“00后”大学生整体奋斗状态积极向上，但持续的心理投入和主动的行为意愿有待加强。⑥

---

① 刘建亚．当今大学生思想行为特点及其成才教育拓展研究［D］．长沙：中南大学，2013.

② 邹强．“80后”大学生与“90后”大学生价值观比较分析——基于同一份调查问卷的两次调查结果［J］．广西教育学院学报，2011（3）：71-75.

③ 樊翔．“90后”大学生特点解析与高校思政工作新探索［J］．当代教育实践与教学研究，2017（8）：219.

④ 陈曦．基于“90后”大学生思想行为特点的素质教育对策［J］．教书育人（高教论坛），2016（18）：48-49.

⑤ 张海琳．新时代高校思政课话语体系创新路径——基于“00后”大学生群体特点［J］．教育现代化，2019（95）：132-133.

⑥ 陈红敏．“00后”大学生个人奋斗的特点与启示［J］．中国青年社会科学，2020（4）：103-110.

第二节　当代大学生的需求结构与需求特征

需求是动机和行为的源泉。激励理论认为，对于人的激励力量主要来源于外在目标的实现和内在需要的满足。了解大学生的第一步是摸清楚他们的现实需求，并使用“需求清单”来帮助学生解决其碰到的问题。学生的学习需求既是课程设计的第一步，也是构建有效学习环境的重要依据。

在国外，基于研究者们不同的研究视角和方向，产生了很多不同的分类方法。如鲍西埃在关于成人学习需要的调查与研究中，指出学习需求可以分为外部学习需求和内部学习需求两类。其中，内部学习需求主要有个体发展、兴趣和渴望尊重的需求；外部需求主要有公众威信力、由集体活动引发的希望的需求。[①] 伯顿和梅里尔将学习需求分成下面几类：① 标准需求；② 比较需求；③ 感知需求；④ 表达需求；⑤ 期望需求；⑥ 批判性事件的需求。[②] 美国学者 Mangano 和 Corrado 对 6 所具有代表性的大学学生进行了专门的调查研究，研究对象包括 561 名普通大学生、529 名接受再教育的成年大学生和 199 名学校教职工。通过调查，将这些人的需求分为了学业素养、社会交往、理论付诸实践、学习资助和行政管理五大类，其中，学业素养需求和社会交往需求是当前大学生的主要需要。[③] Twining 通过自编的大学生需求问卷对当前大学生的需求现状进行调查分析，该问卷包含 54 道题目，分别对大学生的学业需求、个人需求、社会需求以及影响大学生入学率的原因进行了调查。[④] 到 20 世纪下半叶，对学生需求的研究成果主要集中在对具体需要的深入研究上，如归属需求、择业需求等。

国内也在 20 世纪 80 年代开始对大学生需求进行研究。黄希庭等学者采用问卷法，并辅之以观察和访问，对北京大学等 7 所高校的部分学生进行调

① 陈月茹．论成人的学习需要［J］．中国成人教育，2002（4）：47-48.

② Burton J K，Merrill P F. Needs Assessment：Goals，Needs，and Priorities［M］// Briggs L J（Ed.）. Instructional Design，N. J.：Educational Technology Publications，1997：22-24.

③ Mangano J A，Corrado T J. Toward a Taxonomy of Adult Two-year College Students［J］. Discover the World's Research，1980（4）：27.

④ Twining K A，Twining J E. Perceived Need of Decided and Undecided Two-year Community Students［J］. ERIC Document Reproduction Service，1987，143：18-20.

查，发现大学生意识到的需要达到830多种。将资料整理归类以后，划分出我国大学生的基本需求有18种，其中强度最大的前四位是求知的需要、交情的需要、建树的需要和自尊自立的需要，强度最弱的末四位是性需要、归属需要、权力需要和躲避伤害的需要。大学生的18种需要又可分为5类，由强至弱为发展的需要、受尊重的需要、交往的需要、贡献的需要、安全和生理的需要。[①] 杨兴文对大学生在不同身心发展时期的需要和强度进行了分析，认为大学生的需要主要有8种：学习求知的需要、提升道德的需要、社交沟通的需要、认同与尊重的需要、爱恋的需要、文化活动的需要、实践活动的需要和物质基础的需要，并指出大学生在不同身心发展时期的不同需要的强度是不一样的。[②] 李锐对我国西南边疆少数民族地区的634名师专学生进行了调查，发现了与黄希庭等学者类似的结果。[③] 孙宝志和景汇泉从1981年起对中国药科大学的学生进行了5年的追踪调查，发现学生有12种不同的具体需要，其中主导需要有专业学习、友谊、道德修养、锻炼身体、追求真理、自尊与荣誉。在此基础上，他们又开展了长达15年的追踪调查，提出了大学生需要理论，并指出大学生的需要由强至弱可分为三类，即成长需要、成才需要、服从需要。其中，成长需要是基本需要，成才需要是关键需要，服从需要则贯穿其间。[④] 不难看出，尽管不同地区的社会环境有所不同，不同年代的社会环境不断变化，大学生的需要结构还是具有一定的共同性、稳定性。孙宝志和景汇泉的研究也验证了这一点。他们指出，从时间上看，大学生的需要结构具有一定的稳定性和连续性；从空间上说，则无显著差异性。

国内关于大学生需求现状特点的研究，主要是从大学生对教学活动的看法、需求观和学习观以及合作学习等方面来体现的。张继平通过对学生需要的调查，发现在高校教学过程中存在着课程教学满意度欠佳、师生互动满意度不高等问题，并根据学生在这些方面的需求提出了策略。杨德广对上海10多所高校的4000多名大学生的需求观和学习观进行了调查，从当代大学生的特点、最大愿望、最大苦恼和最关心的问题这四个方面调查大学生的需求

---

① 黄希庭，张进辅，张蜀林．我国大学生需要结构的调查［J］．心理科学通讯，1988（2）：9-14，66.

② 杨兴文．当代大学生的需要结构［J］．有色金属高教研究，1988（2）：59-65.

③ 李锐．西南边疆少数民族地区师专学生需要结构特点的研究［J］．西南师范大学学报，1999（5）：78-82.

④ 孙宝志，景汇泉．大学生需要理论的二十年追踪研究［J］．心理科学，2001（5）：608-609.

观，发现大学生最大的需求表现在以下三个方面：① 求知成才的愿望强烈；② 希望培养和发展能力的愿望强烈；③ 要求改革的愿望强烈。从当代大学生对学习的动机、态度和学习情况等方面来分析其思想和心理状态，发现学生存在学习动力不足的问题，主要原因在于：① 缺乏社会责任感；② 安于现状；③ 讲实惠，怕艰苦；④ 片面理解发展能力；⑤ 只求学历不求学问。①

以下将聚焦当代大学生的学习需求，根据 2014 年 H 大学全体本科生 SSLD 最后一道开放题的文本数据（“为了更好地帮助您实现大学发展目标，您认为学校应该做哪些事情?”），试图从目标—需求的角度了解学生现实需求，以此提供相关服务与支持促进学生发展。2014 年 H 大学的 SSLD 涉及 H 大学 35 个院系的在校本学生，问卷提交人数共 12134 人，剔除无效问卷以后，最后剩余有效问卷 11295 份，有效问卷率 93.09％。在最后的开放主观题填答中，去掉空白问卷和 184 名少数专业的大五学生，剔除无效问卷，如“.”“*”“/”“～”等符号和“哈哈”“呵呵”等无意义的内容，得到有效问卷 7040 份。其中：大一 2073 份，大二 1862 份，大三 1713 份，大四 1392 份；大一答题率最高，约占总数的 29.45％，大四答题率最低，约占总数的 19.77％。面对问卷开放题大量的文本资料，首先通读所有内容，熟悉文本，梳理出文本中频繁出现的一些“本土概念”，再对“本土概念”进行主题归类；其次，按照语义逻辑对目标文本分层并提炼出各层主旨，进行概念化，逐渐划分进各主题类别；再次，面对不是并列分层关系的文本，采取“先目标后形式”的原则进行分类；最后，部分问题为开放题，一个学生的回答可涉及多方面的内容。有时，同一条答案有多种形式和意义，优先观察这些形式的最终目的或这些意义的核心思想，再进行分类，按此思路逐级归纳出大学生的需求现状及其结构。

结合以上分析，我们将大学生的学习需求划分为六个大类：学校支持、校园环境、管理制度、目标承诺、评价与考核、学生参与。遵循自下而上、从细节到整体的原则，构建了大学生学习需求结构表。为了更清楚简洁地展示大学生学习需求的主要现状，在此只展示各大类下位次排列前三的亚类数据和各亚类数据下前三的细类事件，各数据比例从高到低依次排列。在亚类不足三个的大类中，会展示其大类下所有分类。具体概念框架如表 1-1 所示。

---

① 杨德广．当前大学生的需求观与学习观——上海市四千名大学生情况调查［J］．高等工程教育研究，1987（1）：83-88.

表 1-1　大学生学习需求结构

大类	频次	亚类	频次	亚类别下排名前三事件	频次
学校支持	3868	学业支持	2055	课程设置	802
				教师教学	733
				了解专业前景及方向	232
		社交支持	1351	师生互动	707
				学术交流	270
				就业指导	260
		归属与爱的支持	1056	了解学生需求	708
				关心学生	156
				重视本科教育	65
校园环境	2237	校园硬环境	1911	生活设施	602
				教学设施	513
				运动设施	332
		校园软环境	418	文化氛围	355
				学校知名度	70
管理制度	1393	行政管理	739	政策制度	377
				教学教务管理	327
				教师聘用及考核	68
		后勤管理	634	加强安保	227
				运动场地费用	183
				图书馆、自习室管理	116
		学生资助	108	奖助学金	84
				勤工助学	24
目标承诺	1167	知识与技能	654	实践能力	237
				自主学习能力	130
				专业知识	123
		综合目标	538	人文素养	160
				综合素质	151
				自由发展	104

续表

大类	频次	亚类	频次	亚类别下排名前三事件	频次
目标承诺	1167	情感、态度与价值观	96	人生观、价值观	43
				社会基本道德	32
				责任意识	16
评价与考核	333	考核方式	306	作业及考试	306
		评价标准	29	评优评先	29
学生参与	316	活动参与	204	参与院校、竞赛活动	177
				参加社团活动	27
		学习参与	91	努力提高自我	40
				参与项目及团队作业	34
		管理参与	40	学生权利与自治	25
				参与学校决策	17

根据大学生对“学校支持”“校园环境”“管理制度”“目标承诺”“评价与考核”“学生参与”需求的频次以及占各部分的百分比统计大学生学习需求数据，可以发现他们对这六种需求的程度是不一样的，如表 1-2 所示。

表 1-2 大学生学习需求大类数据

位次	类别	频次	占意见总数比例/（%）	占学生总数比例/（%）
1	学校支持	3868	41.53	54.94
2	校园环境	2237	24.02	31.78
3	管理制度	1393	14.96	19.79
4	目标承诺	1167	12.53	16.58
5	评价与考核	333	3.58	4.73
6	学生参与	316	3.38	4.49

表 1-2 显示，在大学生学习需求整体结构中，学校支持、校园环境、管理制度和目标承诺四个大类位居前列，分别占意见总数比例的 41.53%、24.02%、14.96%和 12.53%，四者累积权重高达 93.04%，成为大学生最集中的学习需求。虽然，部分学生也表达了对“评价与考核”和“学生参与”的需求，但二者占意见总数比的累积权重仅有 6.96%，表明这两项并不是当

前学生最集中的需求。依据主成分分析基本思想，找出具有典型意义的综合指标，而这少数几个综合指标能够反映原来指标大部分的信息（85%以上），我们可以仅对学校支持、校园环境、管理制度和目标承诺大类按需求量大小从高到低依次分析。然后，从年级差异上对大学生需求的发展性与连续性进行分析。

（一）学校支持：大学生的“核心”学习需求

调查结果显示，大学生对学校支持提出的各种需求的频次为3868，占据了六种主要需求的首位，是当前学生为了实现自己的发展目标最核心的需求。而学校支持主要包括学业支持、社交支持以及归属与爱的支持。对学业支持的需求是指学生对于课程学习、课堂教学以及专业发展等方面产生的需求，其频次为2055，是所有亚类需求频次最高的一类，占学生总数的29.19%。对社交支持的需求是指学生对与学校、老师、同学等互动与交流产生的需求，出现频次为1351，占学生总数的19.19%。归属与爱的需求也称为情感需求，是学生为了更好地进行学习与发展，希望获得学校的尊重、关心与爱的一种情感需求，统计频次1056，占学生总数的15%，如表1-3所示。

表1-3 大学生对学校支持的需求

大类（位次代码）	亚类	频次	占所属大类比例/（%）	占学生总数比例/（%）	亚类下排名前三事件	频次
1	学业支持	2055	53.13	29.19	课程设置	802
					教师教学	733
					了解专业前景及方向	232
	社交支持	1351	34.93	19.19	师生互动	707
					学术交流	270
					就业指导	260
	归属与爱的支持	1056	27.30	15.00	了解学生需求	708
					关心学生	156
					重视本科教育	65

通过对学业支持亚类集合的详细解读，我们发现，“课程设置”以802的频次占据了该亚类集合2055频次中的39.02%，不仅是该亚类集合，同时也是整个亚类集合统计数值中的第一名。通过对文本材料的分析整合，我们发现，关于课程设置的主要需求表现在：合理安排专业课程（536）；专业课和选修课的学时安排合理（160）；鼓励学生自主选课（84）；提高公选课质量（44）；增加实验课，提高实验课质量（26）；开设人文课程，增加人文方面的选修课（13）；课程应该改革，重点建设专业课（12）；完善课程考核机制，提高课程质量（6）。从学生对于课程设置的种种需求，一方面反映出当前大学课程结构设置的不合理以及专业教育带来的种种弊端，另一方面也反映出当代大学生的学习取向，具体表现为如下三点。

一是觉得大学课程的自主选择权太小。如2336号问卷提出“实行基本课程＋自由选课，好多本专业的课程味同嚼蜡，但不能不上；有些跨专业的有趣的课程却不能上”；49号问卷表示“我认为学校应加强对本科生的教育，专业课课程设置上更合理，在专业课上多给学生一些自主选择的机会。目光放远，给同学加强人生思考，未来规划，目标制定上多一些建议，而不是仅仅局限于学业”。

二是对加强实践课程提升实践能力的渴望。如2337号问卷直接指出“我觉得实验应该多安排，虽然四年之内做了不少实验，但还是可以多一点实验课，我们的动手能力确实还有待提高”；5310号问卷也表示“适当增加实验课程，将枯燥的理论课与现代生产实践相结合”；3645号问卷表示“多多了解学生的学习兴趣，少安排一些无用又无聊的课程去凑学分”。

三是对人文社会科学类课程的需求。如3956号问卷中指出“调整课程结构，增加更多有意义的通识选修课”；5号问卷指出“开设人文课程，增强人文氛围”；4457号问卷则提出“我觉得人文教育的数量是有了，质量还需改进。一些人文课程的老师讲课根本没有吸引力，导致我们兴致勃勃地选了课，最后也只落得个打酱油、拿学分的下场”。

“师生互动”需求在社交支持的亚类事件的集合中频次最高，为707，占据该亚类集合总数的52.33%。在分析统计过程中，觉得“师生交流很少，距离很远”，从而要求“搭建师生交流平台”“举办师生交流活动”等相关句子出现了102次，要求“多提供老师和学生的交流机会”“增加师生互动”等相关句子出现了197次，要求教师对学生进行“职业生涯规划指导”“心理指导”“未来人生、目标发展指导”等相关句子出现了386次。在“教”与“学”的关系上，我国高校长期以来一直实行的是以“教师、书本、课程”为中心的传统教学范式，在这种教学范式中，学生处于被动的、接受和服从的状态，个性发展和创新思维的培养受到抑制，与我国培养人才的目标背道而驰。如1532号问卷指出“希望老师上课时能与我们更好地进行交流，让我们投入课程而不是被动地跟着老师走”；631号问卷回答“希望毕设老师别只顾着骂人，能给点建设性意见就好了”；4843号问卷回答“提高对学生的要求，教更深的知识，平等地看待学生，做更多与现实接轨的实验和项目，而不是像现在这样不厌其烦地说教，应该与社会接触”。学生不仅渴望与教师互动，也对与教师的互动提出了相关要求，如公平公正、平等交往、情感交流等。如994号问卷指出“对有需求的同学进行导师指导，而不仅仅是成绩好的同学”；1216号问卷回答“不要再以以往的灌输式教学，学生不听，老师没劲，可以开始小组性学习，提高学生自主学习的能力和主动学习的兴趣，让他们自己去对书本的知识点进行分析理解，老师辅助性指点”。1132号问卷直接表示“多增加老师与学生的沟通，老师更应该关心学生的情况”；1781号问卷回答“我觉得无论是老师还是学校领导都应该和学生多交流，多聆听学生的心声诉求，也可以进行思想上的碰撞，现在老师和我们的距离感太远”。教育的过程不仅是学生成长与发展的过程，同样也是教师的成长与发展过程。① 只有不断完善“你”与“我”的这种对话关系，才能使师生双方获得共同发展。

在归属与爱的支持亚类集合中，希望学校多多了解学生需求出现的频次为708，占据该亚类集合总数的67.05%，位列该亚类集合事件的第一名。在该事件中：提及“了解学生需求，听取学生意见”的达512人次；希望校方积极与学生交流和沟通的达178人次；学校应及时反馈学生意见达43人次。学校了解学生需求则是关心、理解和尊重学生的具体体现，学生可以在这种被了解的过程中去感受学校对自己的理解、关心、尊重和认可，从而增强自己的学校归属感。有报告显示，经合组织的各成员国中出现了在校学生对学校的归属感和认同感不高的情况，并发现学校对学生的态度与反馈在很大程度上影响了学生在学校里的生活和学习的满意度。② 2008年，武汉大学发布的《中国首份‘90后’大学新生调研报告》指出，有超过半数的大一新生在

---

① 吴康宁．学生仅仅是受教育者吗？——兼谈师生关系观的转换［J］．教育研究，2003（4）：4-45．

② 哈战荣．杨向鹏．高校大学生学校归属感理论分析［J］．河北工程大学学报（社会科学版），2013（1）：77-80．

学校里觉得孤独和无助，遇到困难或烦恼的时候无人倾诉。正是由于这种现状，导致学生在学校中对于获得尊重、关心与爱的需求大大提高，如 258 号问卷提出要“以学生为本，真正了解学生的需求，帮助学生全面而健康地发展”；2675 号问卷回答“提高校园的硬实力，将科研水平提上来，将学校的综合排名提高，才会让学生有归属感、自豪感，而不是因为是母校就无条件支持。另外，要真正做到以学生为本，就应该多听本科生的声音，多开一些座谈会，了解我们的学生在想什么、我们的学生想要什么”。

（二）校园环境：兼顾“物质”与“文化”双重需要

校园环境主要包括校园硬环境和校园软环境。校园硬环境主要是指以学校基础设施和自然生态环境为主的物质环境，学生提到的频次为 1911，占所属大类比例的 85.43%。马斯洛在需要层次理论中将人的基本需要划分为生理、安全、归属和爱、尊重，以及自我实现五种需要，对校园硬环境的需求是学生生理需要和安全需要的具体体现，在所占学生总数比例中仅次于对学业支持的需求。校园软环境是指以学校的文化氛围、学习风气、校园影响力等为主的文化和意识形态所体现出来的，对人的身心发展起到潜移默化作用的力量。在校园环境这一大类中，对校园软环境的需求出现了 418 次，频次不算太高，但依然占据了学生总数比例的 5.94%，如表 1-4 所示。

表 1-4　大学生对于校园环境的需求

大类（位次代码）	亚类	频次	占所属大类比例/（%）	占学生总数比例/（%）	亚类下排名前三事件	频次
2	校园硬环境	1911	85.43	27.14	生活设施	602
					教学设施	513
					运动设施	332
	校园软环境	418	18.69	5.94	文化氛围	355
					学校知名度	70

生活设施在校园硬环境这一亚类中出现的频次最高，为 602，包括宿舍环境及设施建设（501）、食堂建设（126）、修建停车棚（12）、校医院（6），约占该亚类集合总数的 31.50%。在这一亚类集合事件中，对于宿舍环境建设的需求最高，表明宿舍环境对于学生日常的生活学习具有很大影响。作为

至少占据大学生1/3时间的大学生宿舍，理应作为学校育人的重要载体。但随着我国大学生规模的迅速扩张，大学生宿舍的基本条件并没有跟上学生的现实需求。尤其是独生子女较多的“90”后学生群体，对于宿舍硬件的需求更高。如853号问卷指出要“解决学生切身需要的东西，加强宿舍配套设施”；1689号问卷回答“改善宿舍设施，尤其屋顶漏雨问题。最好能让所有寝室都有独卫”；3604号问卷表示“宿舍居住环境需要提高，各种飞、爬虫太多，希望能够更换掉木头家具，并定期进行虫子的清理工作”。对宿舍管理也同样存在诸多呼吁。如2356号问卷指出“宿舍的财产安全应该加强，许多宿舍都被盗了”；1805号问卷表示“大一、大二年级时宿舍可以各专业混合，这样可以接触不同专业背景（的学生）”；5622号问卷表示“学校应该更严格地干预寝室中部分同学影响他人作息安排的行为，如某些同学晚上12点坚持要开灯做事，在半夜大声地洗衣服，打游戏点鼠标到凌晨2点甚至更晚，据我所知，这些情况并不少见，一个同学可以影响整个寝室的氛围，但是往往仅限于寝室内部解决，学校应该对此明文规定，并督促”。最后是对宿舍文化建设的渴求。宿舍不应该只是成为大学生睡觉的一个地方，而应成为育人的重要阵地。如1242号问卷表示“更加注重宿舍文化的建设，让宅成为少数”；2480号问卷表示“宿舍要调整好，氛围真的很重要，习惯很难改的”；4391号问卷表示“给学生创造更好、更温馨的宿舍环境，让学生宿舍能给人一种家的感觉，而不仅仅是卧室或者网吧”。良好的宿舍环境对于保持学生健康的精神状态，形成优秀的道德品质，培养规律的生活作息习惯具有积极的促进作用。因此，满足学生对于宿舍等校园基础设施环境的需求，对于促进其积极学习有重要作用。

在校园软环境中，文化氛围的频次为355，是该亚类集合中频次最高的事件。其中：营造良好的学校氛围，倡导学术自由（147）；增强学校人文氛围、人文底蕴（101）；创造更加开放的环境（6）；加强校园文化建设（61）；重视学风建设（67）。校园文化是全校师生，包括学校管理者在内，通过共同建设、共同管理、共同发展的过程来积累、沉淀、创造，进而提炼而成的精神和氛围，对于人的发展具有至关重要的作用。氛围需求是人不可或缺的需求之一，学生作为高校学习活动的主体，其氛围需求始终存在一种满足与不满足的矛盾，而这种矛盾又可以转化为巨大的文化创造力。[①] 虽然H大学因其号称“人均拥有11棵树”的绿化率被称为“森林大学”，素有“学在H

---

① 申明．论大学文化氛围感应与营造[J]．江苏高教，2008（4）：93.

大”社会美誉，又在20世纪90年代初就开始推行“文化素质教育”并将其作为大学的办学特色之一，但学生对于大学文化氛围仍有更高的需求，主要表现在以下三点。一是对于加强校园人文氛围的需求。如3672号问卷回答“校园内人文氛围不足，这也许是工科院校的通病，但是还是希望学校能够努力，毕竟要建设世界一流大学可不单单靠科研能力”；4687号问卷也表示“学校应该增加学校内的人文氛围，作为一所理工科学校，它的科技研究水平已经很高了，但是评比学校看的是综合实力，而校园的人文气息几乎绝迹，非常非常少，希望学校在这点上能够下功夫”。二是对于加强校园学术氛围的需求。大学里的学术文化“场”具有促使学者、学生积极进取、奋发向上的能量。如245号问卷回答“改善校园文化，促进校园学习、学术氛围的提升”；3218号问卷回答“狠抓学术氛围，对于本科生而言，真正接触科研的机会不多，也就是大创、实验、课程设计、比赛之类”；5312号问卷回答“更加注重沉稳的学习风气，以及创造性的学术氛围”。三是对于建设开放、自由、包容的大学精神的需求。开放、自由的大学环境有利于开阔学生视野、培养学生创新精神和创新能力。如2398号问卷回答“学校总是笼罩在学术氛围中，我认为应该更加充满生机和自由的氛围。比如××超市前面的大屏幕可以偶尔放一放大型比赛，增添校园活力”；3400号问卷回答“学校重视本科教育，但学习氛围太过浓厚影响学生积极自由发展，虽然在学业方面取得优异成绩，但对于学生职业发展并没有太大助力。希望学校能积极鼓励学生转变学风，自由发展”。

（三）管理制度：彰显“服务”与“育人”功能

大学生的日常行为都依靠各种管理制度进行规范。但新一代大学生并不满足于基本制度规定文本，而是对制度制定所依据的理念以及制度执行过程中的问题提出了要求。按照本次调查统计频次的高低排序，出现频次最高的前三位依次是行政管理、后勤管理、学生资助。行政管理，表示要以管理层的领导和行政人员为核心，对人力和教学等资源进行有效配置的管理需求。其统计频次为739，占所属大类比例的53.05％，在这一大类中位列第一。后勤管理，主要指高校师生员工在校的吃、穿、住、行等方面的生活保障管理。其统计频次为634，占所属大类比例的45.51％。学生资助，表示国家或学校提供奖学金、助学金、贷款、勤工助学等多种形式来支持学生完成学业，获得发展。其统计频次为108，占所属大类比例的7.75％，如表1-5所示。

表 1-5 大学生对管理制度的需求

大类（位次代码）	亚类	频次	占所属大类比例/（%）	占学生总数比例/（%）	亚类下排名前三事件	频次
3	行政管理	739	53.05	10.50	政策制度	377
					教学教务管理	327
					教师聘用及考核	68
	后勤管理	634	45.51	9.01	加强安保	227
					运动场地费用	183
					图书馆、自习室管理	116
	学生资助	108	7.75	1.53	奖助学金	83
					勤工助学	24

大学之大，在大师。大学之学，在学者、学生和学术。对于当前高校的一些官僚化和商业化倾向，大学生自有其见地。2931号问卷表示“希望学校真正为学生考虑，树立正确的目标，先创国内一流大学，坚决去除学术行政化、官僚化，同时应该杜绝将学校弄得过于商业化”；5826号问卷表示“行政和学术工作可以分开，不要有行政干扰学术以及教学的情况”。对制度制定和执行，大学生也提出应“服务”学生的需求。1290号问卷表示“学校应该提高对学生的服务质量，为学生提供更好、更便捷的获取知识和经验的途径，简化各种无谓的行政工作手续，为学生提供便利”；3384号问卷表示“学校的相关行政部门应该更加注重办事效率和办事方法，在针对学生的需求的时候应该能够态度温和，这样才会有好的学习环境”。在对高校后勤管理的需求中，学生对于加强学校安保的需求是最高的，出现频次为227。由于学校规模较大，占地面积广，教学楼、宿舍、食堂、运动场地等分布较散，学生通常凭借自行车或电动车往返于各个场地之间。再加上高校不同于中小学门禁森严，各类人员出入十分混杂，因此，经常出现以下各种情况。一是自行车或者电动车被盗现象。例如，738号问卷表示“治安管理问题（如自行车被偷问题）”；1321号问卷表示“自行车的防盗问题。一个大学，学生的财产安全都不能保证，哪里还有搞学术的氛围呢”。二是交通安全问题。例如，1324号问卷表示“改善校园交通，上下课时大家都挤到主干道上了，是不是可以另开一条路”；2158号问卷表示“希望学校能在交通问题上

有所改善，校园内汽车十分多，而且开得相当快，非常不安全”。其次是运动场地的费用问题，出现频次为 183。高校后勤社会化的发展加速了学校与市场的接轨，运动场地收费是后勤社会化的一个表现方面，学校在为学生提供高质量的运动环境的同时会收取一定的费用，但如果收取的费用与学生的接受能力不符，学生就会产生降低运动费用的需求。最后，对于图书馆和自习室的管理方面，不少学生对于开放时间和秩序规范方面存在需求。例如，800 号问卷表示“东边图书馆明明说不准占座位，但是被人占了也没有人管，很多人占了座位又不去自习，本来位置就少”；2642 号问卷表示“教学楼和图书馆我感觉关得有点早，有时自己当天的计划很满，但不好意思晚上影响室友的休息，导致效率很低”。

学生资助是教育公平的重要体现。学生资助制度是对“以人为本”的贯彻执行，它主要体现在就学机会的均等、基于能力和业绩的平等以及教育结果的平等三个方面。[①] 良好的学生资助体系对于减轻学生负担，使学生专注于学习和发展，具有积极的促进作用。因此，大学生对于建立良好的学生资助体系的需求较为强烈。就资助力度而言，需要增加资助金额及项目。例如，459 号问卷表示“奖助学金的金额可以提高一下，我们学校的奖助学金跟其他学校比起来，无论是金额还是种类项目都很少”。就资助对象而言，需要增加资助名额，使资助供给与学生需求可以准确对接。例如，2603 号问卷表示“希望在奖助学金方面可以多给一点给真正需要的人，我对这个方面很不满意”；5250 号问卷表示“希望奖助学金等资助名额能够增加，以帮助更多有困难的同学”。就资助标准而言，需要建立多样化的评价标准，避免单一化指标。221 号问卷表示“本人认为奖学金的安排还需改进，无家庭经济条件要求的奖学金的比例应适当提高且评价标准应更加多样化”；5361 号问卷表示“奖金的发放面更广一些，不只看学习，要考虑其他的更多的东西”。就资助公平性而言，需要加强审核程序，严格操作方案。例如，579 号问卷表示“请认真审核助学金的发放，很多其实不贫困的同学拿到了助学金，反而真正的贫困生拿到的比他们少”；5498 号问卷表示“资助问题，应该注意公平性，不是平均性。发给班级的资助名额和资金不能是班里每个同学平均分得这一笔钱，更应该是将它送到真正有需要的贫困学生手中”。

---

① 小林雅之．学生资助和高等教育机会均等——对中日美三国的比较分析 [J]．王杰，译．教育与经济，2005（3）：48.

（四）目标承诺：着重于实践能力与人的“全面发展”

目标承诺指个体要达到目标的决心，是个体被目标所吸引，认为目标重要，持之以恒地为达到目标而努力的程度。汀托（Tinto）在其辍学模型中指出，大学生的目标承诺，会根据就读期间不同阶段的“学术融合”和“社交融合”的程度发生变化，并最终影响其辍学还是继续学业的决定。① 在本次调查中，对目标承诺的统计频次为1167，在所有大类中位列第四。这表明当前大学生对于学习目标的关注比较强烈。在传授范式中，人们往往将手段误当成目标，即教育的目标是“讲课”或者“传授”；而学习范式认为，大学的目的不在于“教”，而是让每一位学生有效地“学”，即“学什么”“怎么学”“学习的意义和价值”。根据三维目标理论，学生在接受教育的过程中应该实现三个目标：即知识与技能（Knowledge & Skills），过程与方法（Process & Steps），情感、态度与价值观（Emotional Attitude & values）。三个目标相互作用、不可分割，是学生综合发展的基本原则。② 根据文本材料分析结果，在目标承诺这一大类中增加了综合目标这一亚类，并将学生的综合发展需求归入综合目标中。表1-6列举的是这四个维度中统计频次较高的三项。

表1-6　大学生对目标承诺的需求

大类（位次代码）	亚类	频次	占所属大类比例/（%）	占学生总数比例/（%）	亚类下排名前三事件	频次
4	知识与技能	654	56.04	9.29	实践能力	237
					自主学习能力	130
					专业知识	123
	综合目标	538	46.10	7.64	人文素养	160
					综合素质	151
					自由发展	104
	情感、态度与价值观	96	8.23	1.36	人生观、价值观	43
					社会基本道德	32
					责任意识	16

① Tinto V. Leaving College：Rethinking the Causes and Cures of Student Attrition [M]. Chicago：University of Chicago Press，1987.

② 崔允漷．追问“学生学会了什么”——兼论三维目标 [J]．教育研究，2013（7）：101.

知识与技能，即“什么是值得学习的”或者关于“是什么”的学习目标。在目标承诺中，知识与技能居于首位，统计频次为654，占这一大类比例的56.04%，同时也占学生总数比例的9.29%。在这一亚类下面，实践能力的学习需求出现的频次最高，为237，占这一亚类比例的36.24%。由于社会就业市场对实践能力的要求提高，大学生对于增加实践课程、培养实践能力的需求越来越多。如74号问卷表示“学校应多注重一下学生多方面能力的培养发展，在课程学习要求上面更应该抓紧一些。还有多提供实验实践的机会，提高学生实际动手操作能力，有些课程感觉过于理论，老师讲起来也比较枯燥，同学们不太容易接受，如果能更多设置相关实验让我们亲眼见亲手做，我们一定会接受得更快”；629号问卷也表示“感觉自己的动手实践能力还有待提高，希望学校多搞些创新竞赛之类的活动”。

综合目标的需求表示学生渴望全面发展、综合发展的需求，包括学生的人文素养、学习视野、个性化的发展、自由发展、综合能力、身体素质、精英意识以及竞争和危机意识，等等。其中，人文素养的频次最高，为160，占这一亚类比例的29.74%。如289号问卷表示“学校的人文教育做得不够好，而且大小院的教育资源差距较大”；538号问卷表示“学校应该重视自然科学和人文社会科学的发展，我觉得这所工科特色的学校对这方面重视不够”；573号问卷表示“培养学生的人文素养，虽然有很多讲座，但是效果并没有想象中的那么好，需要其他更好的方法”；76号问卷表示“多开设人文方面的选修课（记学分，不是公选课，否则效果达不到），学生根据自己的兴趣选择课程。毕竟是工科院校，但人文素养的提升决不能忽视”；175号问卷表示“组织一些有意义的活动，不一定要很大，但是可以从真正意义上提高学生的人文素质和综合素质”。最后，提高教师的人文素养。教师是学生的向导、指路人，对学生有着潜移默化的影响。卓越的教师队伍应该将人文素质教育作为其神圣职责的理念，对学生进行正确的引导。

情感、态度与价值观，包括学生对待学习的兴趣和责任、对待生活的态度，以及对美好事物的价值取向。在这一亚类中，人生观、价值观出现的频次最高，为43，占这一亚类比例的44.79%。在教育教学过程中，对人生观和世界观教育的缺乏，因此产生了相应的学习需求。如459号问卷表示“大学应帮助学生构建好自己的人生观、价值观，知道自己想要做什么，不要浑浑噩噩地度日”；966号问卷表示“解放思想，帮助学生建立合理的人生观和价值观”；3147 号问卷表示“学校需要教给学生学习的方法与途径，以及人生观、社会观、世界观，矫正学生的思想，让学生有独立思考的习惯”；3668 号问卷表示“学校在培养学生专业素养的同时，应注重学生价值观、人生观的培养，让学生有一个良好的面向未来的心态”，等等。

（五）年级差异：大学生需求的发展性与连续性

需求总是随着主体自身的发展变化以及外在环境与条件的变化而发展变化的，但又体现出内在的连续性。进一步将十六项需求亚类进行分年级比较，发现不同年级大学生需求存在较大差异，如表 1-7 所示。

表 1-7　十六项亚类指标的年级差异

	大一		大二		大三		大四		频次总计
	频次	比例/（%）	频次	比例/（%）	频次	比例/（%）	频次	比例/（%）	
学业支持	624	30.10	539	28.95	521	30.41	371	26.65	2055
社交支持	328	15.82	373	20.03	342	19.96	308	22.13	1351
归属与爱的支持	255	12.30	279	14.98	277	16.17	245	17.60	1056
校园硬环境	590	28.46	535	28.73	445	25.98	341	24.50	1911
校园软环境	150	7.24	108	5.80	95	5.55	65	4.67	418
行政管理	200	9.65	170	9.13	199	11.62	170	12.21	739
后勤管理	202	9.74	170	9.13	146	8.52	116	8.33	634
学生资助	40	1.93	32	1.72	21	1.23	15	1.08	108
知识与技能	229	11.05	144	7.73	153	8.93	128	9.20	654
综合目标	185	8.92	136	7.30	123	7.18	93	6.68	538
情感、态度与价值观	30	1.45	21	1.13	30	1.75	15	1.08	96
考核方式	86	4.15	83	4.46	81	4.73	56	4.02	306
评价标准	7	0.34	12	0.64	4	0.23	6	0.43	29
活动参与	84	4.05	40	2.15	37	2.16	31	2.23	204
学习参与	22	1.06	25	1.34	29	1.69	15	1.08	91
管理参与	14	0.68	11	0.59	9	0.52	6	0.43	40

1. 四个年级学生的主要学习需求：学业支持、社交支持

表 1-7 显示，在十六项亚类指标中，对于学业支持的需求依然遥遥领先。其中，大一和大三学生的需求主要集中在学业支持上，其出现频次分别占各年级人数比例的 30.10％和 30.41％，而大二和大四学生的需求主要集中在社交支持上，其出现的频次分别占各年级人数比例的 20.03％和 22.13％。

2. 大一和大二年级对校园环境、综合目标和活动参与的需求更高

对于校园硬环境和后勤管理的需求上，大一和大二的学生较高于其他两个年级。进入大学的前两年处于对学校的认识与熟悉阶段，学生首要解决的是在新环境中的生存与温饱问题，因此会相对关注校园基础设施建设及后勤方面的管理，在这两方面的需求上会较高。在对校园软环境、综合目标以及活动参与的需求中，大一新生明显高于其他各年级，各需求出现频次分别占本年级人数比例的 7.24％、8.92％和 4.05％。大一阶段，学生在接触学校物理环境的同时也会注意到学校里的学习氛围和学习风气等软环境对自身精神文明发展的影响，为了更好地融入大学校园，满足自身成长成才的需要，学生会在大一阶段设立发展目标，积极参与各种活动。因此，这一阶段的学生其环境需求、目标需求和活动需求的特点十分明显。

3. 大三和大四年级对归属与爱的支持和行政管理的需求更高

在对归属与爱的支持和对行政管理的需求上，大三和大四的学生比其他两个年级高。在经过两年的大学生活以后，学生对于学校的归属感会逐渐提高，渴望获得学校的支持与认可、爱与关怀以及尊重等，对于学校的归属需求也会增加。因此，学生到了大四阶段，对于学校的归属需求达到最高，其出现频次占本年级人数比例的 17.60％。在行政管理方面，大三和大四的学生思想意识成熟起来，可以从相对宏观的角度思考问题，对于学校里的规章制度的体验会更加深刻，也会意识到行政管理对自身的影响。因此，学生到了大四阶段对于行政管理的需求也达到了最高，其出现频次占本年级人数比例的 12.21％。

4. 大一和大三年级分别对知识与技能，情感、态度与价值观需求更高

在知识与技能方面，大一和大四的学生比其他两个年级的需求高。其中，大一学生显著高于其他三个年级，其需求出现频次占本年级人数的 11.05％。大一处于大学的初始阶段，学生对于大学的知识与课程的理解几乎空白，因此十分渴求获得足够的知识与技能；到了大二、大三阶段，学生已经掌握了部分基础知识与技能，同时容易产生懈怠情绪，因此减弱了对于知识与技能的需求；而在大四阶段，面临着诸如考研、就业等方面的实际问题时，学生急需相应的知识与技能来解决这些问题，因此，这一阶段的需求会有所提高。在情感、态度与价值观的需求上，大三的学生较高于其他三个年级，其出现频次占本年级学生人数的1.75％。在掌握了相应的知识和技能以后，学生的价值观念会逐渐成熟，大三阶段的学生学业压力减少，尚未面临就业问题，会将注意力转移到人生价值上来。

四个年级在其余学习需求上的差异较小，在学生资助和管理参与方面各年级需求没有太大差异，从整体上呈现逐年递减的趋势。在作业及考试、评优评先等方面，大二和大三学生的需求较高。在学习参与方面，各年级学生的需求比例波动不大，其中大三的学生需求最高，其出现频次占本年级人数比例的1.69％，而大一学生的需求最低，占本年级学生人数比例的1.06％。

第三节　对大学生需求的回应与引导

大学生的需求一方面是大学生顺应外部环境要求和内部驱动做出的一种反应，另一方面也体现出大学教育在诸多方面存在的问题与不足。作为大学校园，应对大学生的需求做出积极的回应，尽量满足学生的正当需求，同时还要引导和激励学生产生新的需求的自觉意识与能力。

（一）给学生以充分的自主权，让其在被尊重的氛围中产生主动的学习需求

从前文可见，学习作为大学生的首要任务，大学生对“学业支持”的需求成为大学生的核心需求。这其中，对改进“课程设置”和“教师教学”的相关需求更是遥遥领先于其他需求，而对“师生互动”的需求也反映出了高校中教师与学生的互动交往存在较大问题。在“学校支持”中，学生对“归属与爱”的需求在所有亚类需求中排名第四，充分体现出了学生对于自身作为大学主体的意识在增强，从而希望学校能够给学生更多的关注与尊重，当然同时也反映出了学生在学校情感体验上的缺失现状。学生对于“管理制度”的服务理念的呼声排名第三，既是其主体意识发展的重要表现，也是学

生对维护自身合法权益、保障基本利益的体现。所以，回应以上需求，大学校园首先要做到给学生以充分的自主权。如课程设置上，要提供更丰富的选修课程；课程选择上，要实行灵活的个性化的选课方案。其次，提升高校教师教学能力和管理人员服务意识。师生缺乏交往互动一直是中国大学校园里的典型现象，教师对学生的人生观和世界观的建构具有举足轻重的作用，要注重教师的言传身教，如何激发学生主动与教师交流，以及如何鼓励教师以多种形式与学生沟通，是下一步大学教学改革和教师评价改革的重点。同样，如何纠正高校行政管理人员将“管理”作为一种特权，逐步树立和加强服务意识，尤其是对广大学生的服务意识，也需要从上到下的长时间的努力。在高校行政管理制度的设计中，要坚持“以人为本”，将学生的利益和诉求放在工作的第一位，并能通过学校的行政管理切实解决学生的问题和困难；同时，要体现学生的主体地位，在尊重学生的个性化发展和给予学生自主学习权利的同时，也要鼓励学生参与到政策制定和管理过程中来，提高学生自我管理能力。当前大学生不仅仅意识到自己作为学习活动的主体需要参与到课堂学习和社交生活当中，同时也意识到自己作为学校教育的主体，应该参与到学校管理当中，在承担义务的同时也应当享受相应的权利。胡子祥在研究中发现，高等教育在服务方面质量的提高有赖于学生的积极参与，即大学生参与度越高，高等教育服务质量越好。[①]

倘若学习者在学校环境中感受不到关怀，得不到尊重，感觉到的只有被压迫，那么他们也只能是被动地进行学习。只有当学生感到拥有选择的权利并感受到被尊重，才会发展积极的自我概念、生命效能感和责任感，从而也尊重自己，尊重自己美好的青春岁月，产生强烈的学习需求，把握时机，主动学习，进而促进自我目标和学校人才培养目标的达成。

（二）营造良好的校园环境，激励大学生提升精神需求

在前十项具体事件需求中，学生对校园环境的需求占据了六项，其中包括对校园硬环境如生活设施、教学设施和运动设施的需求，以及对校园软环境，如完善政策制度、提升文化氛围的需求。在满足了学生物质条件的需求以后，大学生也同样注重精神层面的追求。“90 后”和“00 后”大学生大多

---

① 胡子祥．高等教育服务质量的实证研究——基于学生感知的视角［M］．成都：西南交通大学出版社，2009.

不用为自身的生存环境担忧，随着生活水平的提高，他们对学校生活环境质量的要求也逐渐提高，对于校园基础设施建设的水平有了进一步的需求。与此同时，伴随着互联网长大的这一代，已习惯于网络化的交流与生活方式，喜欢足不出户的“宅”居，面对纷繁复杂的信息和多元文化冲击，很容易沉湎于网络而迷失自我，所以在调查中，我们也发现诸多同学对于大学引导大学生形成正确的世界观、价值观和人生观的强烈需求。

对于大学来说，首先要完善校园各项基础设施，尤其是满足大学生日常衣食住行的设施，如宿舍、食堂和交通安全等的保障，让其不要在基本的生存与安全需要层面浪费时间和精力。其次，对运动场、健身房以及自习室和图书馆等场所的建设也要在调查学生使用偏好和需求的基础上进行，积极健康的生活与学习习惯是需要物质空间作为依托的。要创建适应现代大学生学习特征的学习空间，营造一种“学习无处不在”的校园空间。哈佛大学文理学院院长罗索夫斯基曾说：“当我穿过室内肮脏的哈佛广场而进入校园内时，好像在沙漠中找到了一块绿洲，立即感到心旷神怡，使人清新的开始一天的工作。”① 良好的物质环境、人文活动、管理模式都是营造人文氛围的重要部分，学生净化心灵、陶冶情操、升华道德、提高人文素质都需要良好的人文氛围。再次，营造良好的校园环境，要注重开放，使校园成为一个开放的环境，面向世界，面向未来，学校与社会形成大量的物质、能量、信息交换，让学生眼界开阔，站得高，看得远，不仅要重视学生的现实需要，而且要激发其未来需要。营造良好的校园环境，要努力营造一种“更加包容、更加充满生机和自由的氛围”，让学生从中学习、感受、感悟，净化心灵，激发精神需求，提高需要素质，更好地成长成才。

（三）通过个性化教育满足学生的个性化需求

教育的根本在于个体，任何教育都要回到个体；每个人都是一个独立而完整的世界，每个人成长的问题最终只能由自己解决。学生是千差万别的，就需要而言，既有共同需要，又有个体需要。②

---

① 罗索夫斯基．美国校园文化［M］．谢宗仙，等，译．济南：山东人民出版社，1996：82.

② 刘献君．论需要及对大学生需要的引导［J］．高等教育研究，2019（4）：60-69.

首先，要根据大学生需求的年级差异，进行有针对性的引导。结合上述分析可以采取以下措施。第一，大一学生在校园环境、目标承诺和学生参与方面的学习需求较其他年级高，尤其是在校园文化氛围、知识与技能、综合目标、活动参与和管理参与等方面，因此，在营造良好的校园文化氛围的同时，要注重大一学生的学习目标，加强对其在知识与技能、综合目标方面的培养，为学生合理地参与校园活动和学校管理创造更多的机会，增强其主体意识。第二，大二学生对评价与考核、校园硬环境和师生互动的需求较其他年级高，尤其是在评优评先和运动设施等方面，因此，要充分考虑到大二学生重视对自身价值的判断这一特征，结合理论与实践综合考察学生的能力，完善评价与考核体系，加强专业教师与大二学生的沟通和引导。第三，大三学生对情感、态度与价值观，作业及考试，学习参与，教师教学和教学设施等方面的需求较其他年级高，且他们处于大学时期的后半阶段，在价值观念方面逐渐成熟，因此，在这一阶段需要加强对大三学生在情感和价值观念上的引导；同时，大三学生对教学有更高需求，这个阶段是提升专业认同的重要时期，要为大三学生创造和提供参与科研的平台和机会。第四，大四学生对行政管理、政策制度、归属与爱的支持等方面的需求比其他年级较高。大四是大学里的特殊阶段，这一年级的学生对学校管理制度有更敏锐的嗅觉和观察力，已经意识到学校在行政管理和政策制度方面对学生的重要影响，经过前三年的学习，产生了比其他年级更高的归属与爱的支持需求。因此，需要学校需要在管理制度方面加强对大四学生的考虑，完善学生服务机制，提高行政效率，加强学生对于学校的归属感和认同感。

同时，可根据学生不同类型及其特点进行多元化指导。如某高校近十年来开展的个性化教育实践就值得很多高校学习。该校根据学生的学习现状及今后发展需要，将学生划分为学术型、能力型、潜力型三种不同的类型，分别予以指导。“学术型”，即学习基础较好，有进一步提升自己学术水平、考取研究生的明确目标和需要，这类学生占到学生数的20%左右。学校通过设置提高课程模块、提供辅修专业课程计划、指导学生在考研中根据自己的兴趣和优势潜能重新选择专业，帮助他们成长、提高。“能力型”，即能够顺利完成学业，有较强的动手与实践能力，就业、创业意识和需要强烈，这类学生占到学生数的75%左右。学校顺应市场需求，设置应用模块和技能课程模块，开放实验室、实训基地，强化实践能力，帮助他们提升就业、创业能力。“潜力型”，即成绩不理想，缺乏明确的目标和需要，但具有尚未被发现的其他天赋，这类学生占到学生数的5%左右。学校通过发掘其兴趣点、设置个性化课表、实行课程置换等措施，帮助他们实现顺利完成学业的需要。在实施个性化教育中，该校提出“一人一规划”和“一生一课表”，目的在于帮助每个学生明确自己的长期目标和近期目标，并努力去实现它。[①]

对于大学生类型的划分以及不同类型大学生表现出的特征及其与大学影响力之间关系，下一章将进行专门的论述。

① 刘献君．个性化教育论［M］．武汉：华中科技大学出版社，2018．

第二章

大学生的不同类型及其发展

只有借助分类学的语言，才能就大学生相关研究展开有意义的对话。[①]

——阿斯汀（Astin）

① Astin A W. An Empirical Typology of College Students. [J]. Journal of College Student Development，1993，34 (1)：36-46.

高等教育从精英阶段发展到大众化阶段再到普及化阶段，不仅意味着学生规模的增加，而且还意味着会有更多不同类型的学生出现。这种异质化不仅体现在高校升学群体在家庭背景、学习需求以及学习参与等方面，也体现在学生的学习动机、学习兴趣、学习行为等方面出现多样性。高校必须充分了解各类型学生特征，倾听他们的诉求，在保持自身传统特色的基础上，提供适应多元化需求的教育服务。因此，在大学生群体多元化和异质化的社会背景下，对大学生分类的追踪研究不仅具有理论意义，也具有重大的实践意义。

第一节　多元化的大学生及其分类

随着美国高等教育的大众化和普及化，早期对不同群体大学生的研究主要侧重于学生的家庭背景，如家庭经济条件、家庭第一代大学生身份等，其关注的焦点集中在大学生的家庭背景和升学选择、学业表现、职业选择等的关系的探讨，着重对高等教育机会均等问题进行探索。对家庭背景相对较弱的大学生群体的研究表明，大学生的家庭经济背景在个体的大学升学选择甚至学业成就等方面具有显著影响。美国学者 Hossler 等人的研究表明，社会经济地位较高的家庭，父母可以在子女的升学选择过程中提供相应的帮助和支持。[①] 而家庭经济背景较差的大学生，在入学第一年的辍学率非常高。根据美国 NCES（National Center for Education Statistics）的数据显示，在美国高校中，家庭第一代大学生的辍学率比同期非第一代大学生的辍学率高 21%。[②] 同时，研究表明，多数第一代大学生由于在勤工俭学上投入许多的时间，大大减少了第一代大学生在课外参加校园活动以及同辈互动的时间。[③]同样，随着我国高等教育规模的急剧扩张，与以往来自精英家庭的传统高校

---

① Hossler D, Schmit J, Vesper N. Going to College : Social, Economic and Educational Factors' Influence on Decisions Students Make [M]. Baltimore: Johns Hopkins University Press, 1998.

② Anonymous. First-generation College Students Struggle [J] . Occupational Outlook Quarterly, 1999, 42 (4): 32.

③ Stavroulaki V, Demestichas P, Katidiotis A, et al. First Generation College Students: Motivation, Integration, and Academic Achievement [J]. Community College Journal of Research & Practice, 2007, 31 (12): 963-975.

学生群体不同，父母受教育水平相对较低而且又来自农村的子女进入高校的规模正在逐步扩大，与欧美相关研究类似，很多研究也关注到我国第一代农村大学生在升学选择和就读经历过程的相关问题。例如，王晋认为，高校贫困生的成长困境是教育者职责发挥不到位、受教育者权利行使没有依托、教育者和受教育者双向沟通不够共同导致的结果。[①] 熊静通过分析两所“985工程”高校中363名本科生的学习经历发现，空间位置结构和家庭文化结构对第一代农村大学生（即父母均没有接受过高等教育的农村籍大学生）的学习参与过程及学业能力发展水平产生一定的制约作用。[②] 清华大学的李莞荷等人运用扎根理论深入挖掘“自强计划”（2012年清华大学首推针对农村地区的自主选拔“新百年自强计划”，通过考试选拔的学生可获得高考总分降60分录取政策），总结学生的认知与心理特征，根据特征分析将“自强计划”学生群体划分为策略型、开拓型、守成型和边缘型四种类型，探究影响该群体入学后发展状况的社会因素、个人因素和情境因素，并提出针对该计划的完善建议，以期帮助“自强计划”学生更好地成长与发展。[③] 郭娇基于2019年“中国本科教与学调查”（China College Teaching & Learning Survey，CCTL）的4461份问卷，从学业表现、能力提升以及态度认同这三个维度对家庭第一代大学生的在校表现进行评价。问卷结果表明：在控制性别、高考分数等背景变量之后，家庭第一代大学生在本科期间的挂科数、专业排名以及奖学金获得情况都与非第一代大学生没有显著差异，但家庭第一代大学生对所修专业的认同以及农村家庭第一代大学生自我报告的各项能力提升都显著低于非第一代大学生。[④]

就高校而言，更多的关注转移到学生进入大学后与大学的关系互动，即聚焦学校环境对大学生产生影响的关键因素。例如，Clark和Trow以“学生对学校的认同”（identification with the college）及“参与意识”（involvement with ideas）为标准，将学生分为四类，即学术型（Academic ）、学院型（Collegiate ）、职业型（Vocational ）、不墨守成规型（Non-conformist），

---

① 王晋．高校贫困生成长困境刍议 [J]．现代教育管理，2010（2）：98-100.

② 熊静．第一代农村大学生的学习经历分析——基于结构与行动互动的视角 [J]．教育学术月刊，2016（5）：74-81.

③ 李莞荷，阎琨，王燕红．高校农村贫困学生的类型分析与成长因素研究：“自强计划”学生调查 [J]．清华大学教育研究，2016（1）：99-104.

④ 郭娇．基于调查数据的家庭第一代大学生在校表现研究 [J]．中国高教研究，2020（6）：13-19.

如图 2-1 所示。具体来说，学术型、学院型学生，对学校认同感很高。学术型学生更多倾向于智力发展及学术；学院型对学术兴趣不大，钟情于学校生活的社会层面。而职业型和不墨守成规型学生对学校的认同感较低。职业型学生将大学视为未来工作的“敲门砖”，不经常参与学校组织的相关活动。不墨守成规型学生关注学校外部的人和事，喜欢艺术、文学及政治。①

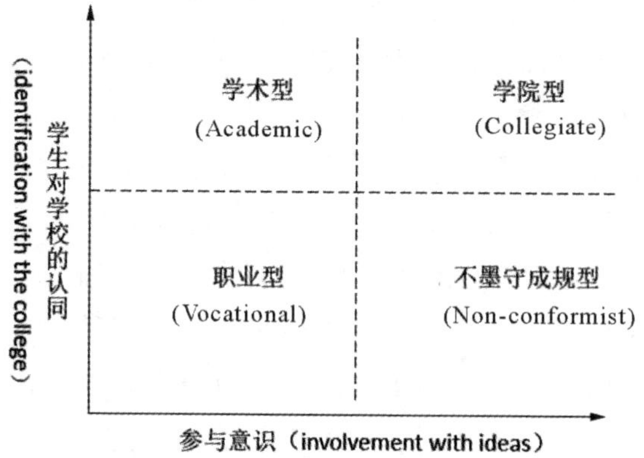

图 2-1 Clark 和 Trow 对学生类型的划分

20 世纪六七十年代，美国出现很多对大学生的兴趣爱好及其经历的研究，包括很多知名的社会学家及社会心理学家都参与进来对这一问题进行研究。最近的 20 多年，学生类型的研究更多被应用于实证研究，其中有两个基于“全国性大学生调查”的分类方式被广泛引用。一个是 1993 年阿斯汀（Astin）基于 CIRP（Cooperative Institutional Research Program）收集的调查数据，以学生的价值观、自我概念、人生目标、行为、态度和期望为分类依据，将学生分为 7 种类型，即领导家（Leader）、学者（Scholar）、地位奋斗者（Status-striver）、享乐主义者（Hedonist）、社会活动家（Social-activist）、艺术家（Artist）、自由者（Uncommitted）。② 这 7 种学生类型和之前有关学者研究发现的学生类型很相似，因此，Astin 认为在这几十年之中，主要学生类型具有稳定性。另一个是 2000 年，Kuh、Hu 和 Vesper 以学生在教育性目的活动中的努力的程度（quality of effort）对学生进行分类，并创造性地将学生类型和学生的自我报告的教育成果（Self-reported gains from col-

---

① Clark B R，Trow M. The Organizational Context [M] //Newcomb T M，Wilson E K. College Peer Groups：Problems and Prospects for Research. Chicago：Aldine，1966：17-70.

② Astin A W. An Empirical Typology of College Students. [J]. Journal of College Student Development，1993，34 (1)：36-46.

lege）联系起来。他们将学生分为 10 个类型，如表 2-1 所示。① 同时，在研究过程中，他们发现，基于学生活动对学生进行的分类，与过去的分类有很多共同之处，他们赞同 Astin 认为学生类型随着时间的推移具有稳定性的观点。

表 2-1 影响较大的学生类型理论

Clark & Trow（1966）	Astin（1993）	Kuh，Hu & Vesper（2000）
Academic（学术型）	Scholar（学者型）	Intellectual（智识型） Grind（书本型） Scientist（科学家型）
Collegiate（学院型）	Leader（领导者） Hedonist（享乐主义者）	Recreator（休闲者） Socializer（社交型） Collegiate（学院型）
Vocational（职业型）	Status-striver（地位奋斗者）	Conventional（传统型）
Non-conformist（不墨守成规型）	Social-activist（社会活动者） Artist（艺术家） Uncommitted（自由者）	Individualist（个人型） Disengaged（游离型） Artist（艺术家）

国内对大学生分类研究的文献早期主要是从心理学视角进行，如对大学生性别角色、气质、人格、人际关系等进行分类，研究不同类型大学生各方面心理健康水平表现等。早期从教育学视角对大学生类型的研究，大多数是依据学生成绩等客观数据类型对学生进行分类。这些分类更加关注的是学生入口特征和学习结果，较少关注学习过程。朱文芳、罗家国等人根据学生学习成绩对大学生进行分类研究，研究不同类型学生的表现和差异。②③ 刘映池、张毅从学生的思想状况、学生学业成绩和学生的身心状况三个维度，将学生分为优、良、中、一般四类。④

---

① Kuh G D，Hu S，Vesper N. They Shall Be Known by What They Do：An Activities-Based Typology of College Students ［J］. Journal of College Student Development，2000，41（2）：228-244.

② 朱文芳，应用聚类分析方法研究学生类型 ［J］. 首都师范大学学报（自然科学版），1996（4）：16-19

③ 罗家国，罗浩，仲佳嘉. 基于 SPSS 的学生能力倾向聚类分析研究 ［J］. 高等工程教育研究，2012（6）：107-110，141.

④ 刘映池，张毅. 运用系统聚类法对高校学生进行分类 ［［J］. 教育与教学研究，2009（23）：69-70.

随着高等教育评价视角向学习过程性评价转变，学者们开始关注大学生的就读期望、学生投入、学生收获等方面，并运用实证调查材料对大学生进行更加科学合理的分类。我国学者也从实证角度，关注大学生的就读经历以及不同的行为表现。比如，以学生投入度、学生学习效果以及学生态度、学习期望、价值观等指标为依据进行各种分类。在研究内容上，一类侧重于对高校学生类型的现状和特征进行分析，探究不同学生类型的差异表现；另一类将学生类型和学校教育成果相联系，考察哪种类型的学生与学校培养目标更加契合，分类的理论框架大多借鉴美国高等教育的相关研究成果。如张优良、刘腾飞运用北京大学教育学院“2011 年首都高校大学生发展调查”数据，根据社会能力和学术能力的发展状况，将大学生划分为综合发展型、学术偏向型、社会偏向型和发展滞后型四种类型，探讨院校支持和个体参与对不同类型学生发展的影响①；杨院等人以全国 30 所本科院校的 48993 名本科生为研究样本，对大学生“学习投入”类型进行识别与探索发现，学生“学习投入”类型可分为全力投入型、投入均衡型、同伴依赖型、教师依赖型、通过考试型和学习抵触型六大类。不同“学习投入”类型的学生具有不同的学习收获，其中，全力投入型的“学术性收获”和“社会性收获”的值均最高，而学习抵触型的“学术性收获”和“社会性收获”的值均最低。“学习投入”各因子与学习收获的相关性各不相同，其中，“师生交流”与“学术性收获”的相关性最大，“同伴互动”与“社会性收获”的相关性最大。②陆根书、刘秀英基于对西安交通大学 3782 名大学生学习经历调查数据，根据常规和在线学习情景下“学生投入”行为特征，将学生分为被动型、传统型、网络型和积极型四种类型③；于海琴等人以重点大学拔尖实验班学生为研究对象，比较实验班学生与普通班学生学习的差异。研究基于拔尖学生对学习环境的评价进行聚类分析，将拔尖大学生分为老鹰型、海豚型和考拉型三种类型，认为老鹰型学生体现了实验班的培养目标，但人数只占实验班的三分之一；海豚型学生和考拉型学生与普通班学生的学习状况基本持平，甚

① 张优良，刘腾飞．院校支持和个体参与对不同类型学生发展的实证研究——基于首都高校大学生发展状况的调查［J］．教育学术月刊，2015（9）：82-88.

② 杨院，李艳娜，丁楠．大学生学习投入类型及其与学习收获关系的实证研究［J］．高教探索，2017（3）：74-77.

③ 陆根书，刘秀英．常规和在线学习情景下学生投入特征及类型——基于西安交通大学大学生学习经历调查数据［J］．高等工程教育研究，2017（3）：129-136.

至还不如普通班学生①。魏署光等人基于2016年对某研究型大学9988名本科生的学习与发展调查，以本科生就读经验中的“学生期望值”和“学生投入度”为分类基准，对学生进行分类，并比较就读经验及学习效果的类型差异，研究得出六种学生类型，分别命名为卓越型、跟进型、平衡型、高需求型、社交型和游离型，六类学生在就读经验、学习效果及时间管理等方面，存在明显差异，并得出学生类型呈现一定的历史稳定性和时代发展性的结论。②

Pascarella和Terenzini在追踪和总结了30年有关大学生学习与发展的相关研究文献的基础上，在其著作《大学如何影响学生：一项研究的第三个十年》里指出大学的类型及环境间接地影响学生的发展，而直接的影响因素主要是大学生自身的投入，包括学生与他人的互动及其在学习中的努力质量。③

以下两节将主要基于H大学2014年和2016年“本科生学习与发展调查”数据，分别从大学生“学习投入”和“大学教育力”两个不同角度，对大学生进行类型划分，探讨不同类型大学生在就读期间与大学的互动中，究竟对学习效果产生了怎样的影响。

第二节　基于“学生投入”的不同学生类型对学习效果的影响

“学生投入”究竟对学习效果产生了何种影响呢？Astin、Chickering、Tinto、Kuh分别通过学生参与理论④、优秀本科教学七项原则⑤、辍学理

---

① 于海琴，代晓庆，等．拔尖大学生的学习特征与类型：与普通班的比较［J］．复旦教育论坛，2016（5）：36-44.

② 魏署光，杜鑫，陈敏．研究型大学本科生就读经验及学习效果差异的类型学分析——以H大学为例［J］．中国高教研究，2020（1）：49-56.

③ Pascarella E T，Terenzini P T. How College Affects Students：A Third Decade of Research［M］. San Francisco：Jossey-Bass，2005：68.

④ Astin A W. What Matters in College：Four Critical Years Revised［M］. San Francisco：Jessey-Bass，1993.

⑤ Chickering A W，Gainson Z F. Seven Principles for Good Practice in Undergraduate Education［J］. AAHE Bulletin，1987，39（7）：1-7.

论[①]、学生投入理论[②]等理论模型来分析学生的学习、人际互动等因素对学生完成学业、实现自身发展等方面的直接影响；美国印第安纳大学高教研究中心、日本东京大学经营政策研究中心以及中国的清华大学史静寰团队等通过建立量表（如 NSSE、CRUMP、CCSS），运用实证方法证实“学生投入”对学习效果有积极的显著影响。学者们根据“学生投入”将其划分为不同类型，探索不同投入的学生类型如何影响了学习效果，进而明确哪种类型的学生更接近学校的培养目标，再有针对性地解决不同类型学生存在的问题，可以将此类研究朝前推进一步。

下面主要以 2014 年 H 大学“本科生学习与发展调查”数据为基础，以工科类学生为研究对象，从学生投入的视角划分学生类型，通过探讨学生类型对学习效果的影响，考查学校培养目标的实现情况，最后有针对性地提出提升该校教育教学质量的政策建议。

（一）研究数据与研究变量说明

H 大学“本科生学习与发展调查”是基于 Astin 的“输入—环境—输出模型”（Input—Environment—Output，I-E-O）和 Tinto 的院校行动模型进行设计的。[③] 问卷框架如图 2-2 所示。

2014 年 H 大学“本科生学习与发展调查”于当年 5 月面向全校全日制本科生开展调查，共回收问卷 12134 份，回收率为 37.66%，有效问卷为 11295 份，有效问卷率为 93.09%。下面以工学类学生作为样本，选取问卷中“环境”（E）部分的学生投入度和“输出”（O）部分的学习效果等指标的相关数据，样本特征见表 2-2。

---

① Tinto V. Leaving College：Rethinking the Causes and Cures of Student Attrition [M]. Chicago：University of Chicago Press，1987.

② Kuh G D. Assessing What Really Matters to Student Learning [J]. Change，2001 (3)：10-17.

③ 魏署光，陈敏，张俊超，等．“本科生学习与发展调查”的理论基础、问卷框架及信效度——基于华中科技大学的实践 [J]. 高等工程教育研究，2015 (3)：114-120.

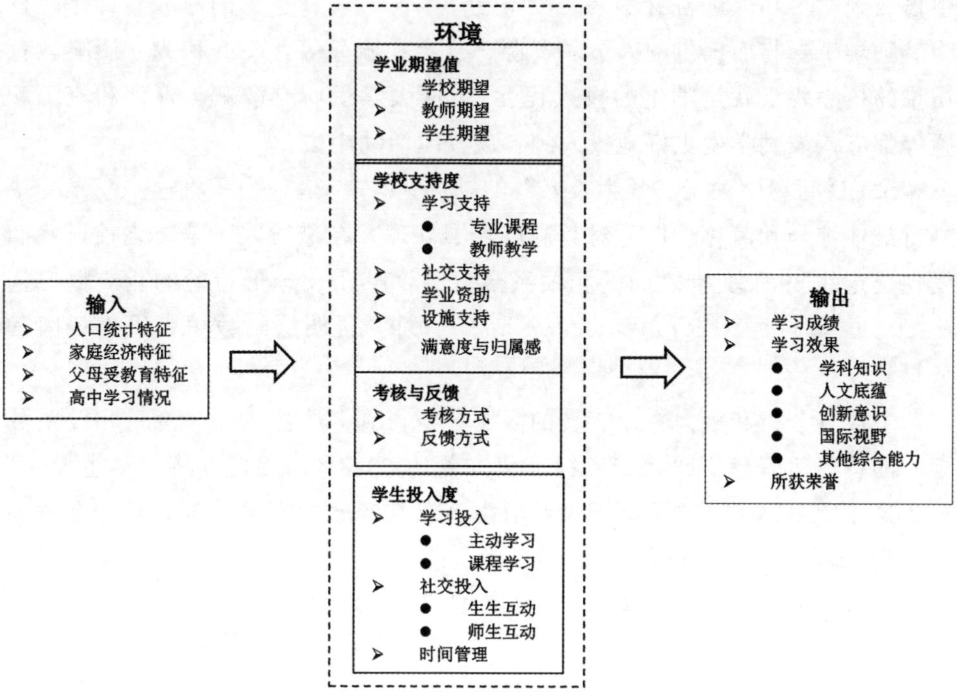

图 2-2　H 大学“本科生学习与发展调查”的问卷框架

表 2-2　工学类学生的样本特征

		频数	百分比/（%）
性别	男	5456	79.2
	女	1429	20.8
年级	一	1994	29.0
	二	1926	28.0
	三	1664	24.1
	四	1268	18.4
	五	33	0.5

注：五年级指的是建筑类等一些五年制专业的大五学生。

本研究的主要变量是“学生投入”和“学习效果”。

学生投入（student engagement）作为学生成功理论中的核心概念，是Kuh 在 Pace 的努力质量、Astin 的参与理论以及 Chickering 的优秀本科教学七项原则等相关研究的基础上提出来的。该概念包含两个关键成分：一是学生投入到学习和促进自身发展的校园互动中的时间和努力的总和，二是院校为鼓励学生参与而提供的人员、资源、机会和服务等。Kuh 认为，影响教育质量的核心要素就是学生的投入程度。[①] 而大学里所有政策、管理和资源配置等都应该鼓励学生更好地投入到各项校园活动中去。[②]

SSLD 问卷中关于“学生投入”的题目共有 37 道，为了将这一高维变量进行最佳综合和简化，以下对其进行降维处理，在进行因子分析之前，我们发现选定的 29 个变量之间的相关系数较高，Barlett 球形检验的相应概率值 $P<0.001$，同时 KMO 值为 0.937，大于 0.9，说明这组数据可以进行因子分析。

主成分分析和极大方差旋转的因子分析得到 5 个主因子，变量相关系数矩阵的特征值解释了原始变量标准化方差的 58.8%。因此，将“学生投入”分为这 5 个主因子，并根据相关题项内容以及问卷的理论基础，对 5 个主因子进行命名，如表 2-3 所示。

表 2-3 “学生投入”各因子的权重

主因子	特征值	方差贡献率/（%）	方差累计贡献值/（%）
生师互动	9.690	33.413	33.413
课程学习	2.774	9.564	42.977
课外学习	1.831	6.315	49.292
远距生生互动	1.480	5.105	54.397
近距生生互动	1.276	4.399	58.796

第一个主成分方差解释的贡献率为 33.413%，在第一个因子中负荷大于 0.5 的题项有 7 个，包含“就业指导”“心理咨询”等，这 7 个题项主要是考查学生与教师交流的频繁程度，故将第一个因子命名为“生师互动”。

第二个主成分方差解释的贡献率为 9.564%，在第二个因子中负荷大于 0.5 的题项有 10 个，包含“课堂上主动提问”“学习新知识前事先预习所学内容”等课程学习问题，因此将第二个因子命名为“课程学习”。

---

① Kuh G D. Assessing What Really Matters to Student Learning: Inside the National Survey of Student Engagement [J]. Change, 2001, 33 (3): 10-17.

② Pascarella E T, Terenzini P T. How College Affects Students: A Third Decade of Research [M]. San Francisco: Jossey-Bass, 2005: 605.

第三个主成分方差解释的贡献率为6.315%，该因子中负荷大于0.5的题项有6个，包含“我会时常分析并完善自己的学习方法”“学习开始时我会制定本学期的学习目标与计划”等课外学习题目，故将其命名为“课外学习”。

第四个主成分方差解释的贡献率为5.105%，在第四个因子中负荷大于0.5的题项有4个，主要是“关于与党员/学生会成员、学生社团成员、其他年级同学和老乡/中学同学的交往”，故将其命名为“远距生生互动”。

第五个主成分方差解释的贡献率为4.399%，该因子中负荷大于0.5的题项有2个，反映了学生与舍友以及同班同学的交流频繁程度，将其命名为“近距生生互动”。

学习效果（learning outcomes）又被译为学习成果、学习收获、学业成就等，是对学习收益、个人投入和院校环境产出质量的衡量标准。关于学生“学习效果”的概念，不同的研究者基于不同的研究角度而产生不同的理解和定义。在教育学领域，最早由Eisner于1979年提出，他认为，学习效果就是学生以某种形式参与之后，有意或无意获得的结果。[①] 在单纯的概念界定方面，Otter指出，学习效果就是学生通过学习所知道或者所能够做的事情[②]；Pascarella和Terenzini则坚持学习效果是由学习而导致的个人转变和收益，这样的转变和收益是由高等教育经验所导致的[③]。而从具体内容上来看，Kuh和Hu将“学习效果”定义为学生在完成一系列课程或者培养计划之后，能够证明自己在知识、技能以及价值观念上具备应有的能力[④⑤]；黄海涛认为，学习效果的核心含义包括学生经过某种学习后，知识、技能、态度和情感，以及习得的能力得以增长，这种增长是具体的、可测量的[⑥]；舒忠梅、屈琼斐将学习效果界定为学生在参与特定的一系列大学学习后所获得的

① Eisner E W. The Educational Imagination [M]. New York：Macmillan，1979：103.

② Otter S. Learning Outcomes in Higher Education. A Development Project Report [R]. Unit for the Development of Adult Continuing Education. Pairs：OECD，1992：18.

③ Pascarella E T，Terenzini P T. How College Affects Students：A Third Decade of Research [M]. San Francisco：Jossey-Bass，2005：37-45.

④ Kuh，G. D，Hu S. Learning Productivity at Research University [J]. The Journal of Higher Education，2001，72 (1)：1-27.

⑤ http：//www2. bakersfieldcollege. edu/courseassessment/Section _ 3 _ SLOs/Section3 _ 1. htm.

⑥ 黄海涛．美国高等教育中的“学生学习成果评估”：内涵与特征［J］．高等教育研究，2010，31 (7)：97-104.

认知、技能、能力、态度及情感体验[①]。虽然学者们的表述不同，但本质上关注的都是学生通过学校学习在知识、技能以及情感、态度与价值观方面获得的效果。本研究对“学习效果”的定义主要结合 Pascarella 等人的理解，将其界定为：学生在完成一系列课程或者培养计划之后，能够感到自己在知识、技能以及价值观念上具备应有的能力。

在 H 大学“本科学生学习与发展调查”问卷中，第 16 题“请评价一下您大学期间在以下各方面的提高状况”就是用来测量学生的“学习效果”，它包括 27 道小题，选择其中呈中度相关的 21 道小题进行因子分析得到：Barlett 球形检验的相应概率值 $P<0.001$、KMO 值为 0.953（大于 0.9），说明“学习效果”数据同样适合进行因子分析。

通过旋转成分矩阵，共得到 5 个因子，解释了 74.343%的总方差，如表 2-4 所示。根据这 5 个因子所包含的题项内容并结合 H 大学培养目标，分别将其命名为“学科知识”“其他综合能力”“人文素养”“国际视野”“创新意识”。这五个方面的“学习效果”与“精神充实、意识独立、视野开阔、能力全面”的培养目标相契合。

表 2-4 “学习效果”各因子的权重

因子	特征值	方差贡献率/（%）	方差累计贡献值/（%）
学科知识	10.652	50.723	50.723
其他综合能力	1.665	7.930	58.653
人文素养	1.440	6.858	65.511
国际视野	1.056	5.027	70.538
创新意识	0.799	3.805	74.343

本研究在对“学生投入”进行因子分析的基础上，进行标准化转换，然后用 K 均值聚类的方法，将学生分类。通过对 3～10 个类别的尝试并结合相关理论，最终得出 7 个“学生投入”类型。为了更清楚地了解不同类型间学生“学习效果”的差异，在对“学习效果”进行因子分析之后，通过计算变量的方法，得出每名学生“学习效果”值，再将“学生类型”作为自变量、“学习效果”作为因变量，进行回归分析。

① 舒忠梅，屈琼斐．基于教育数据挖掘的大学生学习成果分析［J］．东北大学学报（社会科学版），2014（3）：309-314.

（二）基于对“学生投入”的分析，H大学工科类学生存在7种类型

依据学生在5个投入因子的不同得分进行聚类，可将学生分为7种类型。本研究结合 Horowitz、Clark、Astin、Kuh 和 Hu 等人的相关研究结果，将7种类型分别命名为游离型、自主型、传统型、学院型、全面型、社交型和叛逆型，具体描述如表2-5所示。

表 2-5　最终聚类中心（标准分数）

	游离型	自主型	传统型	学院型	全面型	社交型	叛逆型
生师互动	－0.43121	－0.94750	0.00106	－0.29226	1.42297	0.86273	－0.41081
课程学习	0.89134	0.25574	－0.00861	－0.67872	0.49316	－0.52136	－0.47355
课外学习	－0.65533	1.29592	0.00196	－0.27863	0.75034	－0.84661	0.35728
近距生生互动	－0.06331	0.5263	0.01505	0.95675	0.26009	－0.41247	－1.00819
远距生生互动	0.31682	0.16184	－2.28149	0.30101	0.22060	0.16499	0.27760
总人数	1239	617	625	1033	812	832	1103
有效百分比/（%）	19.8	9.8	10.0	16.5	13.0	13.3	17.6

1. 游离型

这类学生在“课程学习”和“远距生生互动”2个维度上高于平均水平，但是在与教师的“生师互动”、与同班同学和室友的“近距生生互动”和“课外学习”这三个方面得分较低。由此可见，这类学生除了能够在主流的“课程学习”方面有所投入之外，更多地投入在“远距生生互动”，但却游离于学校传统上强调的与教师和班级互动文化。借鉴 Kuh 和 Hu 等人的学生分类研究中的“Disengaged”类型，将其命名为游离型[①][②]。有近五分之一的工

① Kuh G D，Hu S，Vesper N. They Shall Be Known by What They Do：An Activities-based Typology of College Student，Journal of College Student Development，2001，41（2）：228-244.

② Hu S，McCormick A C. An Engagement-based Student Typology and Its Relationship to College Outcomes［J］. Research in Higher Education，2012（53）：738-754.

学类本科生属于该类型。

2. 自主型

在“课程学习”“课外学习”“近距生生互动”“远距生生互动”4个维度上的得分都高于平均水平，甚至在课外的“自主学习投入”上高于平均值1个标准差，但是在“生师互动”方面却得分为负。可见，该类学生更倾向于通过学习和与同伴交往来提升自己，而向教师咨询与交流的投入较少。故将其命名为自主型。这类学生所占的比例最少，只有9.8%。

3. 传统型

这类学生在“生师互动”“课外学习”“近距生生互动”3个维度上得分与平均水平基本持平，在“课程学习”“远距生生互动”2个维度上的得分较低，尤其是与班级和宿舍之外的“生生互动”方面甚至低于平均水平2个标准差。这类学生的表现类似于传统学校学生的表现，参考Kuh等人和Hu等人的学生类型，将其命名为传统型。该类型的学生占总人数的10.0%。

4. 学院型

这类学生在“生师互动”“课堂学习”“课外学习”3个维度的得分均低于平均水平，但是在与校园里的各类生生互动，即“近距生生互动”“远距生生互动”方面却高于平均水平。由此可见，此类学生对学校的社会生活更感兴趣。所以，借鉴Horowitz的“college man/college woman”术语，将其命名为学院型①。有16.5%的学生属于该类型。

5. 全面型

这类学生在“学生投入”的5个维度上得分均高于平均水平，且在“生师互动”上比平均分高出1个标准差。即该类型的学生无论在学习上，还是在人际交往中，都投入较多。与此同时，他们更频繁地向教师咨询学习、职业规划等问题。全面型的学生体现出善于利用多种渠道追求全面发展的特质，对于学校来说是一种理想的学生类型，占总体的13.0%。

---

① Horowitz H L. Campus Life: Undergraduate Cultures from the End of the Eighteenth Century to the Present [M]. New York: Knopf, 1987.

6. 社交型

这类学生在学校的主要经历是互动，包括“生师互动”和“远距生生互动”。而在“近距生生互动”“课堂学习”“课外学习”3个维度上得分均低于平均水平。由此说明这类学生在学习和班级、宿舍活动方面的投入度较低，但与教师、学校社团以及老乡等的社会性交往很多、关系较好。有13.3%的学生属于该类型。

7. 叛逆型

该类学生在“生师互动”“课程学习”“近距生生互动”3个维度得分都低于平均值，但是其“课外学习”和“远距生生互动”高于平均水平。一般来说，学校的传统是课堂上的学习、学生和教师之间的互动、班级以及宿舍交流，但是这种类型的学生却呈现出相反的特征，能够学习但是更多的是“课外学习”，能够交流但在主流的互动方面投入很少。故参照Horowitz分类中的“Rebel”，将该类型命名为叛逆型。这类学生所占的比例为17.6%。

从各类别聚类得分比较（见图2-3）可以看出，各方面均衡投入的是全面型，而类别间差别最大的是全面型和叛逆型。

（三）“学生投入”类型呈现性别和年级差异

通过对7种类别的男女学生比例分析发现：女生在游离型、自主型、学院型上的比例高于男生，而在传统型、全面型、社交型和叛逆型的分布低于男生，如表2-6所示。

表2-6 不同类别的男女学生分布

	游离型	自主型	传统型	学院型	全面型	社交型	叛逆型	合计
女	278	137	118	267	152	153	202	1307
占比/（%）	21.3%	10.5%	9.0%	20.4%	11.6%	11.7%	15.5%	100%
男	961	480	507	766	660	679	901	4954
占比/（%）	19.4%	9.7%	10.2%	15.5%	13.3%	13.7%	18.2%	100%

进一步考察7种类型的年级分布比例可知：其中，除了三年级分布最多的是叛逆型之外，其他4个年级中比例最大的是游离型，而传统型在一、二年级的占比最少，三、四、五年级比例最少的都是自主型，如表2-7所示。

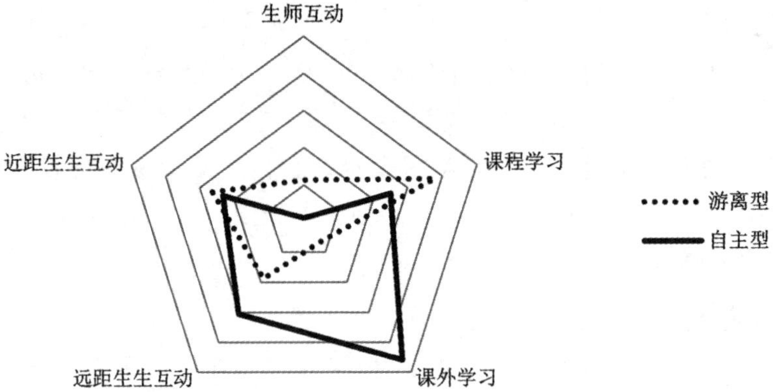

(1)

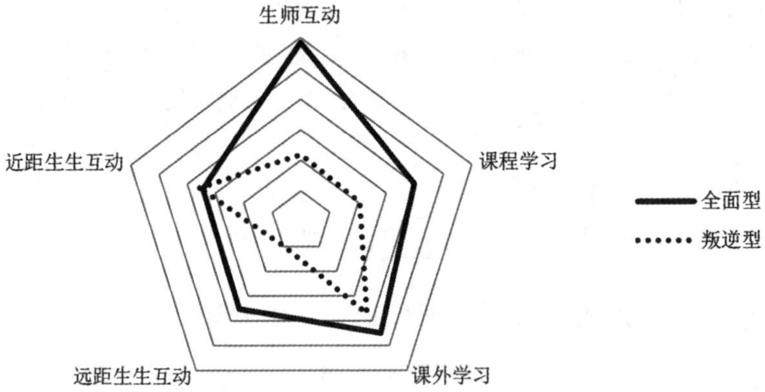

(2)

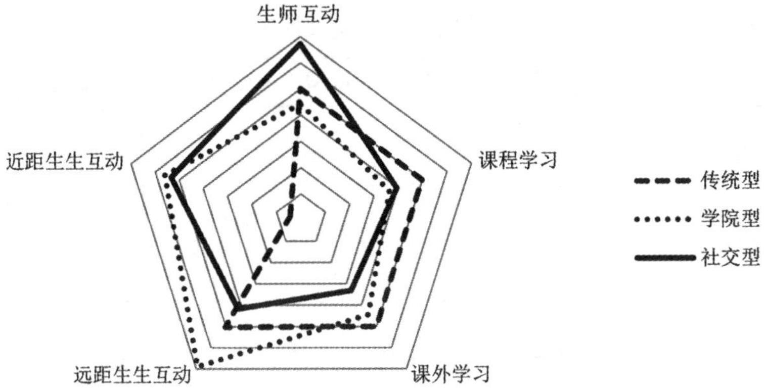

(3)

图 2-3　7 类学生在 5 个投入维度上的得分比较

表 2-7　各年级的类别分布

	游离型	自主型	传统型	学院型	全面型	社交型	叛逆型	合计
一年级	327	210	169	307	289	196	266	1764
占比/（%）	18.5%	11.9%	9.6%	17.4%	16.4%	11.1%	15.1%	100%
二年级	356	190	178	296	205	227	307	1759
占比/（%）	20.2%	10.8%	10.1%	16.8%	11.7%	12.9%	17.5%	100%
三年级	290	126	157	264	148	233	313	1531
占比/（%）	18.9%	8.2%	10.3%	17.2%	9.7%	15.2%	20.5%	100%
四年级	253	89	118	163	165	173	213	1174
占比/（%）	21.5%	7.6%	10.1%	13.9%	14.1%	14.7%	18.1%	100%
五年级	13	2	3	3	5	3	4	33
占比/（%）	39.4%	6.1%	9.1%	9.1%	15.1%	9.1%	12.1%	100%

（四）基于投入的学生类型对“学习效果”的影响存在显著差异

通过对 7 种类型的学生在“学科知识”“人文底蕴”“国际视野”“创新意识”和“其他综合能力”五个方面的“学习效果”进行均值比较发现：全面型学生在“学习效果”五个指标方面均有最高得分；自主型得分略低于全面型，高于平均水平；游离型学生在“国际视野”和“其他综合能力”得分低于平均水平，其他三个方面的“学习效果”与平均分基本持平。而传统型、学院型、社交型和叛逆型这 4 种类型的所有“学习效果”得分都低于平均水平，其中，在“学科知识”方面，学院型学生得分最低，在“人文底蕴”方面，传统型学生取得最低分，其他三个方面获得最低分的是叛逆型。具体如表 2-8 所示。

表 2-8　不同类型学生“学习效果”得分的均值比较（标准分数）

	学科知识	人文底蕴	国际视野	创新意识	其他综合能力
游离型	0.077	0.029	−0.124	0.046	−0.025
自主型	0.351	0.335	0.246	0.415	0.466
传统型	−0.174	−0.298	−0.002	−0.124	−0.208
学院型	−0.333	−0.114	−0.245	−0.231	−0.115

续表

	学科知识	人文底蕴	国际视野	创新意识	其他综合能力
全面型	0.728	0.591	0.871	0.665	0.772
社交型	−0.321	−0.213	−0.188	−0.286	−0.294
叛逆型	−0.157	−0.256	−0.316	−0.290	−0.357

在对各类型学生的“学习效果”有了初步的了解之后，为了进一步分析学习类型对“学习效果”的影响，本研究将“学生类型”作为自变量、“学习效果”作为因变量进行多元线性回归。由于传统型在“学习效果”均值比较中处于中间层次，所以将传统型的学生作为虚拟变量的基线。

线性回归分析发现：与传统型学生相比，游离型学生的“学习投入”对“学科知识”“人文底蕴”“创新意识”三个方面的学习效果上都有显著的积极影响，对“国际视野”有显著的消极影响，对“其他综合能力”无显著影响；自主型和全面型在“学习效果”的五个指标上都有显著的积极影响，其中全面型的回归系数高于自主型；社交型在五个方面都有显著的消极影响；学院型除了在“学科知识”“国际视野”“创新意识”方面有显著的消极影响之外，与传统型无显著差异；而叛逆型除了在“学科知识”方面无显著影响之外，其他四个方面都有显著的消极影响。具体如表2-9所示。

表2-9　学生类型与“学习效果”的线性回归结果

	学科知识	国际视野	创新意识	人文底蕴	其他综合能力
游离型	0.067***	−0.063***	0.035*	0.057***	0.029
自主型	0.128***	0.059***	0.131***	0.130***	0.162***
学院型	−0.085***	−0.102***	−0.067***	0.002	−0.005
全面型	0.266***	0.268***	0.229***	0.229***	0.281***
社交型	−0.073***	−0.073***	−0.079***	−0.031*	−0.063***
叛逆型	−0.022	−0.131***	−0.090***	−0.050**	−0.095***
传统型	—	—	—	—	—
R^2	0.109	0.072	0.127	0.100	0.125

注：*为$P<0.05$，**为$P<0.01$，***为$P<0.001$。（下同）

（五）结论与讨论

1. 从"学生投入"视角下的学生类型总体来看，自主型学生和全面型学生"学习效果"与学校培养目标较为契合

I-E-O模型的路径强调院校环境中的"学生投入"对"学习效果"具有一定的影响。[①] 同时，Astin在学生参与理论中指出的：学生越多地将精力投入在校园的各项活动中，那么其实现学习效果和个人发展的可能性就越大。[②]

基于以上的分析结果发现，全面型学生在"课程学习""课外学习""生师互动""近距生生互动""远距生生互动"五个维度上的投入均远高于理论均值和实际均值，并且各维度之间呈现出均匀发展的态势。而自主型学生除了在"生师互动"方面上低于平均值，其他各维度上的投入均有较高得分。同时，这两种类型的学生在"学习效果"各维度的均值都高于平均水平，且对"学习效果"具有显著的积极影响。可见，自主型（9.8%）和全面型（13.0%）的工科类学生实现了学校期望学生实现的"学习效果"，即H大学约23.0%的工科类学生获得的"学习效果"与学校培养目标较为契合。

2. 从7种类型分布在各年级的比例来看，H大学工科类大三学习在"学习投入"方面遭遇了"中年危机"

7种类型的学生在性别上并没有显著差异，但是年级间的差异较大。从自主型和全面型所占比例来看，大一占比最多，达到28.3%，大二、大四和大五也都在21%以上，而大三只有17.9%，远低于平均水平，如表2-10所示。

表2-10 各年级实现学校培养目标的比例/（%）

	一年级	二年级	三年级	四年级	五年级
自主型	11.9	10.8	8.2	7.6	6.1
全面型	16.4	11.7	9.7	14.1	15.2

① Astin A W. The Methodology of Research on College Impact，Part One [J]. Sociology of Education，1970，42（3）：223-254.

② Astin A W. Student Involvement：A Development Theory for Higher Education [J]. Journal of College Student Development，1999，40（5）：518-529.

续表

	一年级	二年级	三年级	四年级	五年级
总比例	28.3	22.5	17.9	21.7	21.3

无独有偶，麦可思“2018—2019学年学生成长评价”研究显示，受访的2018—2019学年本科大三学生对所在学校的总体满意度（87%）、表示愿意推荐所在学校的比例（58%）、对所在学校学生工作的总体满意度（90%）、对所在学校生活服务的总体满意度（81%），均低于接受调研的大一、大二和大四学生。[①] 本研究进一步发现：大三学生的投入较为分散，且除了“近距生生互动”，其他维度都低于实际均值，出现这种原因，可能是因为大三学生面临着未来道路选择的压力而表现出来的茫然无措，以至于不知道应该在哪些方面进行投入。Astin参与理论的第二个假设是：参与是一个连续性的过程，不同的学生在同一活动上有不同的参与度，同一学生在不同的时间对待不同的活动有不同程度的参与。大三学生作为一个整体呈现出的差异性论证了这一假设的成立。

3. 从7种类型的各维度分布来看，“生师互动”投入是实现良好的“学习效果”的充分不必要条件

很多研究表明，“生师互动”对学生的学习与发展有着重要的影响，甚至也有人认为“生师互动”是决定学生发展和教育质量的关键因素，如哈佛大学前校长博克所说：“真正影响教育品质的事是发生在大学课堂、在生师互动的教学情景中。”[②]

但前文分析发现：虽然自主型的学生在“生师互动”这一维度上严重低于理论均值和实际均值，但是该类型的学生在“学习效果”方面仍获得了全面的发展。这说明学生通过在其他活动上的多投入，同样可以弥补与教师交流所获得的知识与技能。尤其在信息化时代的今天，教师不再是知识的专属拥有者，“生师互动”只是学生学习与发展的促进条件，而不能成为其关键甚至是决定因素。

---

① 麦可思研究. 大学生的“中年危机”：他们茫然若失，有些不知所措［EB/OL］.［2020-03-06］. http://mp. weixin. qq. com/s/c4483JsGNIonYbYHfemikQ.

② Bok D. Our Underachieving Colleges：A Candid Look at How Much Student Learn and Why They Should Be Learning More［M］. Princeton：Princeton University Press，2008：900-902.

4. 学生类型由“学生投入”的量判断，而“学习效果”不仅受“学生投入”的量还受其质的影响

Astin 和 Kuh 等学者都强调“学生投入”有质和量两种特征。一般来说，人们可以用时间来衡量“学生投入”的量，用对投入内容的反思和领会来评价“学生投入”的质。

本研究中，“学生类型是根据学生”在“生师互动”“课程学习”“课外学习”“近距生生互动”“远距生生互动”5 个维度上投入的时间频繁程度等可量化的指标进行聚类，但“学习效果”却受“学生投入”的质的影响。通过以“学生投入”为自变量、“学习效果”为因变量的回归分析，再结合已有的研究发现，上述 5 个维度对“人文底蕴”和“其他综合能力”均有积极的显著影响，且“远距生生互动”对这两方面的学习效果影响最大，而“生师互动”除了在“创新意识”方面没有影响之外，对其他四个“学习效果”方面都有显著的积极影响，尤其是在“国际视野”方面。此外，“课程学习”最能促进学生“学科知识”和“创新意识”的提升，如表 2-11 所示。可见，量的“学生投入”并不能保证高质量的“学习效果”，“学习效果”还受投入质量的影响。

表 2-11 “学生投入”与“学习效果”的线性回归分析结果

	学科知识	国际视野	创新意识	人文底蕴	其他综合能力
生师互动	0.088***	0.297***	0.019	0.079***	0.141***
课程学习	0.248***	0.129***	0.170***	0.101***	0.168***
课外学习	0.204***	0.166***	0.110***	0.087***	0.228***
近距生生互动	0.088***	−0.104***	−0.022	0.115***	0.085***
远距生生互动	−0.059***	0.074***	0.014	0.128***	0.241***
R^2	0.122	0.150	0.042	0.054	0.166

综上研究结论：基于投入的学生类型对学生“学习效果”有直接影响，学生性别与年级间的投入度存在着差异，这种投入有着质和量的特质，其在某种程度上证实了学生参与理论和 I-E-O 模型的相关论点。此外，从这一研究结果可以得出学校管理者和教师应从如下几个方面努力。第一，基于学生的类型差异，有针对性地进行指导与帮助。给予全面型和自主型的学生稳定

的环境支持和服务，使其继续保持均衡而又全面的投入，引导学院型的学生更多地投入学习活动，帮助叛逆型和社交型的学生回归课堂和班级，促进游离型的学生增加课外学习和与班级、宿舍同学间的互动投入，鼓励传统型的学生走出班级和宿舍、学会利用其他校园资源，加强除全面型以外所有类型的学生与教师进行积极互动。第二，关注各年级学生发展所面临的阶段性问题与需求。如促进大一新生适应新环境，加强大二学生的专业学习与训练，指导大三学生进行职业规划，帮助大四、大五学生有效地完成学位论文和职业选择，在不同阶段吸引学生在不同方面提高投入。第三，改善沟通方式，增进“生师互动”。教师应适时引进如混合课堂等新的教学模式和课堂形式，注重“生师互动”的方式和质量，课下利用网络等社交媒体，或者通过参加各种学生活动，与学生进行多元化的交流，让学生真正从有质量的“生师互动”中受益。第四，实行增值性评价方式，注重学生的投入过程和投入质量。实现学校的培养目标固然是好，但是也应该结合学生个体的性格特征及自身的发展状况，注重对“学生投入”过程的表现和质量进行评价，以此不断地吸引和激励学生投入到不同的校园学习与活动中，而不仅仅只是单纯评价学生的投入时间和最终的“学习效果”。

第三节　大学教育力影响下大学生类型的分布变化及其影响因素

如前所述，关于大学生分类的研究更多的是横截面式的调查研究，这种研究虽然可以帮助我们了解在同一时间和空间的大学生的不同类型及其表现，但很难帮助我们分析不同群体或个体发展变化的一般趋势以及个体间的差异，难以探索变化规律和变量间的因果关系。而对同一群体的追踪调查则可以帮助解决这些问题。“长时期的追踪调查在探究罕见事件，探究缓慢展开的过程，或是探究一些以未知的模式重复着的复杂过程……都格外能有帮助。”① 毫无疑问，追踪调查研究有着巨大的价值，但其耗费的时间、精力和财力也是巨大的，因此，国内外关于这方面的研究相对较少。

---

① Martha S H，李唯君．追踪调查研究的设计议题［J］．调查研究（台湾），1997（3）：183-186．

Koljatic 和 Kuh 关于大学生调查的纵向调查发现，随着时间的推移，大学生在与同龄人的合作、积极学习、教师与学生的互动三个指标上的投入并没有发生很大的改变。这三个指标变量的得分在不同年份和院校类型中变化很小，表明在这期间，大学生学习投入度在一个相对稳定的模式中随机波动。[①] Kevin Saunders 和 Will Baumann 把每一年接受调查的大一和大四学生作为整体进行纵向研究发现，问卷调查年份、班级排名、年龄、性别、民族、父母受教育程度、高中排名、入学考试成绩、院系、住宿、兄弟会/姐妹会成员等会对学生的学习投入度、学校满意度和学习产生影响。[②] 其中，班级排名和院系最具影响效果。大四学生在高阶思维、学术融合、主动合作学习、师生互动等方面得分较高，大一学生在多样性体验、支持性校园环境、学习效果增值等方面评分较高。此外，不同院系学生的学习性投入度存在差异，有些院系，如工程与设计学院学生的得分相对较高。这些研究虽然被称为纵向追踪研究，但他们是把大一和大四学生作为一个整体来分析的，虽然有时间上的跨度，但其调查的主体并不一致。本章采用 H 大学 2014 年和 2016 年前后两次本科生学习与发展调查的数据，并选取 H 大学 2012 级和 2013 级本科生（含港澳台学生，不含留学生）中两次均参与调查的学生为研究对象进行追踪研究，保证调查主体的一致性，将对这些学生在经历两年大学生活前后的类型及其变化进行追踪分析，探索起变化的过程和呈现的规律，并从大学教育力的视角，尝试性探讨究竟大学里哪些因素影响了学生的变化。

（一）大学教育力分类模型及其在本研究中的应用

1. 大学教育力理论及其分类模型

如前文所述，有关大学生分类的研究是伴随着高等教育大众化和普及化发展而兴起的。如美国学者 Clark 和 Trow、Astin 以及 Kuh、Hu、Vesper 等人的研究多结合美国高等教育发展的阶段特征和学生的多样性展开，在此基础上探讨大学对学生的影响。我国近年来有关研究大多借鉴了这些研究成

---

① Koljatic M，Kuh G D. A Longitudinal Assessment of College Student Engagement in Good Practices in Undergraduate Education ［J］. Higher Education，2001，42 (3)：351-371.

② Kevin S，Will B. A Longitudinal Study of Iowa State University 2000—2003 National Survey of Student Engagement Data ［R］. Research Institute for Studies in Education，2004：22.

果，但由于美国的高等教育制度建立在其特有的社会经济结构与文化传统之上，其大学的培养目标与学生表现出的类型特征与我国存在较大差异，因此，本章选择以日本学者金子元久的大学教育力理论及其分类模型作为基础。

金子元久认为，包括中国、日本和韩国在内的东亚高等教育具有两个明显的共同特征：第一，和欧美各国相比，社会一般民众对进大学读书的期望值非常高，因而大学入学率在社会经济发展水平相对较低的阶段就开始大幅度上升；第二，围绕大学升学产生了激烈的高考竞争，家长和学生把考上大学作为奋斗目标，但未必是为了接受更好的教育。这样的机制也导致两大问题：一是数量扩大化和质量空虚化并行不悖成为东亚各国高等教育的发展方式；二是经济的快速发展带来了社会富裕，也带来了大学生多样化和个性化的价值观，而习惯了考试竞争这样一元化社会价值观的父母、学校和社会无法向他们提供充分的支持，大学生也无法形成对自己以及将来的明确期待。也正因如此，东亚的高等教育正面临教育本质转变的压力，而转变的焦点就是教育如何才能给予学生实质性影响，金子元久将这种影响称为大学的教育力量（简称为“大学教育力”），而大学教育力发生于大学方面的教育规律与学生方面的成长规律的交接之处。一方面，作为施教方的大学，以培养什么样的学生作为目标，对教育活动周围多大范围的学生给予了积极的影响，就是教育的“射程”；另一方面，从学生个体的角度来看，学生对其自身的认识、自己在将来社会中的角色预见及其产生的对大学的期待，被称为“自我认知和社会认知”。①

基于上述观点，金子元久用两条轴线对大学生进行分类。纵轴以学生是否进入大学教育的“射程”为基准，横轴则显示学生的“自我-社会认知”的确立程度，将大学生分为四种类型：高度匹配型、独立型、被动顺应型、排斥型。四种不同类型的学生由于自我-社会认知的确立程度与大学教育的匹配度不同，所受到的大学影响力也不同。其中，高度匹配型的学生大多被纳入教育的“射程”且受到的影响最深，被动顺应型学生也大多进入了教育的“射程”。但由于其自我-社会认知尚不明确，因此受到的影响力稍弱，而独立型与排斥型的学生大多未能进入教育的“射程”，如图2-4所示。

① 金子元久．大学教育力［M］．徐国兴，等译．上海：华东师范大学出版社，2009：3.

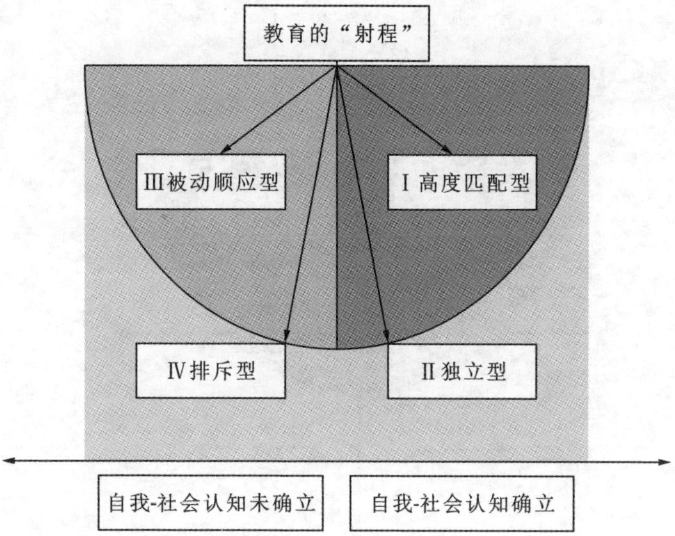

图 2-4　大学教育的“射程”及学生“自我-社会认知”的确立程度

2. 大学教育力分类模型在本研究中的应用

本研究对大学生的分类在借鉴该模型基础上依托 H 大学 2014 年和 2016 年前后两次的“本科生学习与发展调查”数据进行，根据大学教育力理论中“教育的‘射程’”内涵——大学依照其培养目标对多大范围内的学生给予了积极影响，本研究将该问卷中基于学校培养目标设计的学生“学习效果”和学生对“学校支持度”的“满意度与归属感”两个指标加总平均得到一个新指标，将其命名为“大学教育射程”，并作为测量大学教育射程的操作性指标，分值越高，表明离大学教育射程越近；把问卷中用来测量学生对自我、大学学习和未来生活目标的认识与期待的“学生期望”指标，与金子元久提出的“自我-社会认识”相对应，分值越高，表明学生自我-社会认知确定程度越高。以理论均值 2.5（问卷采用李克特 4 点量表）为基准，从“大学教育射程”和“学生期望”两个维度将学生分为四类，形成本研究的分类模型，如图 2-5 所示，其中阴影部分表示受到的大学教育力影响，颜色愈深所受影响愈强。

（二）数据处理与分析方法

1. 数据处理

本研究的数据来源于 H 大学 2014 年和 2016 年前后两次的“本科生学习与发展调查”，2014 年该调查的回收率为 37.66％（12134/32220），有效问卷

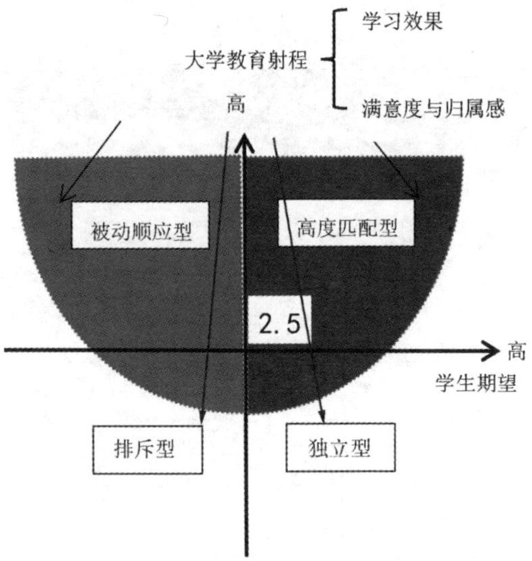

图 2-5　本研究的分类模型

率 93.09%（11295/12134）；2016 年的回收率为 42.09%（12786/30376），有效问卷率为 97.52%（12469/12786）。本研究采用严格意义上的追踪研究，抽取两次均参与调查的学生作为样本，即 2014 年参加调查的大一、大二学生，在经过两年的大学生活后，作为大三、大四的学生于 2016 年再次参与同一问卷调查。对两次调查的数据进行整合处理后，得到追踪数据 2926 份，剔除转专业和留级的学生外，剩余有效追踪样本 2703 份。H 大学全体本科生数以及本研究样本数的对照如表 2-12 所示。由此可知，本研究样本数的学科分布与 H 大学全体本科生数的学科分布基本一致，调查样本能够较好地代表总体。

表 2-12　本研究样本与调查总体样本学科构成

学科	追踪样本及比重	2014 年总体样本及比重	2016 年总体样本及比重
法学	50（1.9%）	208（1.8%）	297（2.4%）
工学	1601（59.2%）	6885（61.0%）	7291（59.1%）
管理学	299（11.1%）	1080（9.6%）	953（7.7%）
经济学	87（3.2%）	259（2.3%）	429（3.5%）
理学	173（6.4%）	724（6.4%）	1043（8.4%）
文学	119（4.4%）	433（3.8%）	546（4.4%）
医学	346（12.8%）	1471（13.0%）	1542（12.5%）

续表

学科	追踪样本及比重	2014年总体样本及比重	2016年总体样本及比重
艺术学	19（0.7%）	210（1.9%）	188（1.5%）
哲学	9（0.3%）	25（0.2%）	57（0.5%）
合计	2703（100%）	11295（100%）	12346（100%）

对本研究所涉及的学习效果、满意度与归属感以及学生期望三大指标的调查数据进行KMO及Barlett球形检验，2014年KMO值为0.950，Barlett球形检验卡方值为51513.019（df=496），2016年KMO值为0.952，Barlett球形检验卡方值为58248.610（df=528），两年的P值均为0.000，假设被拒绝，非常适合进行因子分析。经过因子旋转之后，提炼8个公因子，根据其所包含的问卷题项内容，将其分别命名为就业期望、学业期望、学科知识、实践能力、文化素养、创新意识、国际视野以及满意度与归属感。在2014年和2016年调查中，8个因子分别解释了70.452%和72.209%的总方差，如表2-13所示。

表2-13　学生期望、学习效果、满意度与归属感各因子的权重

指标体系		初始特征值（2014/2016）	方差贡献率/（%）（2014/2016）	方差累计贡献率/（%）（2014/2016）
学生期望	就业期望	1.020/0.872	5.570/5.468	5.570/5.468
	学业期望	0.913/0.916	5.297/5.498	10.867/10.966
学习效果	学科知识	12.407/2.227	12.707/11.680	23.574/22.646
	实践能力	2.240/13.318	12.228/13.074	35.802/35.720
	文化素养	1.896/2.138	10.824/10.639	46.626/46.359
	创新意识	1.640/1.1777	8.873/9.260	55.499/55.619
	国际视野	1.333/1.169	8.311/7.846	63.810/63.465
满意度与归属感		1.096/1.411	6.642/8.744	70.452/72.209

2. 分析方法

本研究在进行分析时，为确保两次调查的学生分类数据具有可比性，特采用列联表的方式对学生类型进行统计分析，以理论均值2.5为基准，从“大学教育射程”和“学生期望”两个维度将学生分为高度匹配型、被动顺应型、独立型和排斥型四类，并比较两次调查中不同类型学生的分布和变化。为进一步探讨影响学生类型及其分布和变化的因素，研究基于大学教育力等相关理论，提出作为施教方的“学校支持”和受教方的“学习投入”对大学生类型的分布变化有影响的假设，将学生类型作为自变量，“学校支持”和“学生投入”作为因变量，建立多项logistic回归模型，对各具体影响因素进行分析和检验，并找出影响不同学生类型分布和转化的核心因素。

（三）结果分析

1. H大学学生分类及各类型学生分布变化

利用本研究学生分类模型，根据H大学2014年和2016年前后两次的“本科生学习与发展调查”相关数据，采用列联表的方法将学生分为四类。其中，高度匹配型的学生“大学教育射程”得分和“学生期望”得分均＞2.5。这类学生自我认知清晰，对将来的发展规划十分明确。同时，大学的教育意图和学生的发展规划趋于一致，学生对大学教育的满意度也极高。这类学生绝大多数被大学教育射程覆盖，所受到的大学影响最深远，因而也是大学教育的理想目标类型。

被动顺应型学生的“大学教育射程”得分＞2.5，“学生期望”得分≤2.5。这类学生的自我认知和对未来的发展规划不清晰，但依然会遵循大学的要求去行动，由此获得较高的满意度和学习效果。这类学生绝大多数被纳入了大学教育射程，但由于不明确自己的要求所在，对学校的培养目标也不是特别清晰，学校对其的教育影响力较之高度匹配型学生偏弱。

独立型学生的“大学教育射程”得分≤2.5，“学生期望”得分＞2.5。这类学生的自我-社会认知确立程度比较高，但由此所形成的未来发展规划未必与大学教育目标相符。这类学生对学校满意度不高或者说对学校的很多行为不认同，只有极少部分进入大学教育的射程。

排斥型学生的“大学教育射程”和“学生期望”得分均≤2.5。这类学生的自我和社会认知不清晰，并且与大学教育意图的符合程度也低。这类学生在大学中的存在感极低，对学校满意度也底，只有极少数能进入大学教育的射程。

各类型学生分布中，高度匹配型学生最多，其次为被动顺应型和独立型，排斥型学生最少，如表 2-14 所示。

表 2-14　学生分类结果及各类型学生人数

学生类型	高度匹配型	被动顺应型	独立型	排斥型	合计
2014 年各类型人数	1733	393	417	160	2703
2016 年各类型人数	1968	444	192	99	2703

通过纵向比较发现，经过两年的学习后，四类学生在数量分布上发生了较大变化，2014 年高度匹配型学生人数为 1733 人，占本研究样本的 64%，2016 年这一类型增加到 1968 人，所占比例上升到 73%，涨幅达 9%；2014 年被动顺应型学生为 393 人，占比 15%，2016 年这一类型学生为 444 人，占比 16%；2014 年独立型学生为 417 人，占比 15%，2016 年这一类型学生为 192 人，占比 7%，降幅达 8%；2014 年排斥型学生为 160 人，占比 6%，2016 年这一类型学生减少到 99 人，占比 4%，如图 2-6 所示。

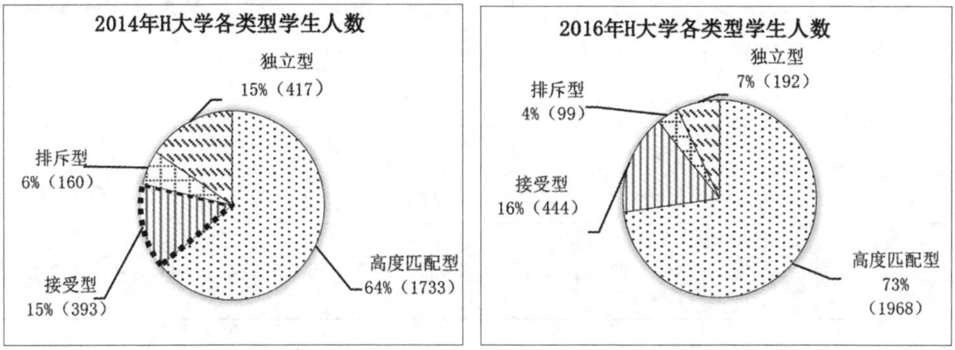

图 2-6　2014 年和 2016 年 H 大学样本中各类型学生人数及占比

上述学生分类结果及其分布变化说明：H 大学对大多数学生产生了较大的影响，而且经过两年的大学学习，进入大学教育影响力较强的射程的学生有一定程度的增加，独立型和排斥型学生数量则减少了 11%。由此也可见，大学生类型并不是固定不变的。

2. 大学生类型分布变化的影响因素分析

那么，究竟是哪些因素影响了学生类型的分布并促使其产生转变呢？金子元久认为，大学的教育力在很大程度上是由学生对大学教育所持的态度并由此产生的行为决定的。Pascarella 和 Terenzini 通过对多年来的相关文献进行梳理后发现，大学对学生的影响主要取决于两个方面：一是大学生自身的努力与参与程度，二是院校为鼓励和吸引学生参与而提供的各种支持。①本研究在相关理论基础上，将该问卷中反映学生态度与行为的“学生投入”和为学生的学习与发展提供的“学校支持”作为影响大学类型分布变化的两大维度进行进一步考察。根据相关题项，在概念化操作上，把体现“学生投入”的各项指标归纳为“自主学习”“课程学习”“生师互动”和“生生互动”4个方面。经过 KMO 和 Barlett 球形检验发现，2014 年调查数据的 KMO 值是 0.939，Barlett 球形检验卡方值是 41971.833（$df=435$）；2016 年 KMO 值为 0.951，Barlett 球形检验卡方值为 47152.515（$df=435$）。两年的 P 值均为 0.000，假设被拒绝，非常适合进行因子分析。经过因子旋转之后，4 个因子具有较高的结构效度，如表 2-15 所示。“学校支持”包括“专业与课程支持”“教师教学行为支持”“学生指导”“校园设施支持”4 个指标。经过因子分析，在 2014 年调查中，KMO 值为 0.913，Barlett 球形检验卡的方值为 27192.627（$df=378$）；2016 年 KMO 值为 0.950，Barlett 球形检验卡方值为 27192.627（$df=351$）。两年的 P 值均为 0.000，非常适合进行因子分析，具体如表 2-16 所示。

表 2-15　“学生投入”的因子分析

学生投入	自主学习（2014/2016）	课程学习（2014/2016）	生师互动（2014/2016）	生生互动（2014/2016）
总方差解释比例/（%）	14.908/17.911	12.462/8.778	7.659/13.194	20.238/19.028

表 2-16　“学校支持”的因子分析

学校支持	专业与课程支持（2014/2016）	教师教学行为支持（2014/2016）	学生指导（2014/2016）	校园设施支持（2014/2016）
总方差解释比例/（%）	13.894/12.663	8.345/12.012	16.062/18.036	15.268/16.552

分析发现，四类学生在“学校支持”和“学生投入”上存在明显的异质化倾向。两次调查均表明，高度匹配型学生所感知的学校支持度较高，自身投入度也大，除“生师互动”指标外，其余 7 个因子得分均超过理论均值

① Pascarella E T，Terenzini P T. How College Affects Students：A Third Decade of Research［M］. San Francisco：Jossey-Bass，2005：32-47.

2.5；被动顺应型学生次之；独立型和排斥型学生 7 个因子均值都较低。四类学生中，都是“生师互动”一项得分最低，且均低于理论均值 2.5。具体情况如图 2-7 和图 2-8 所示。

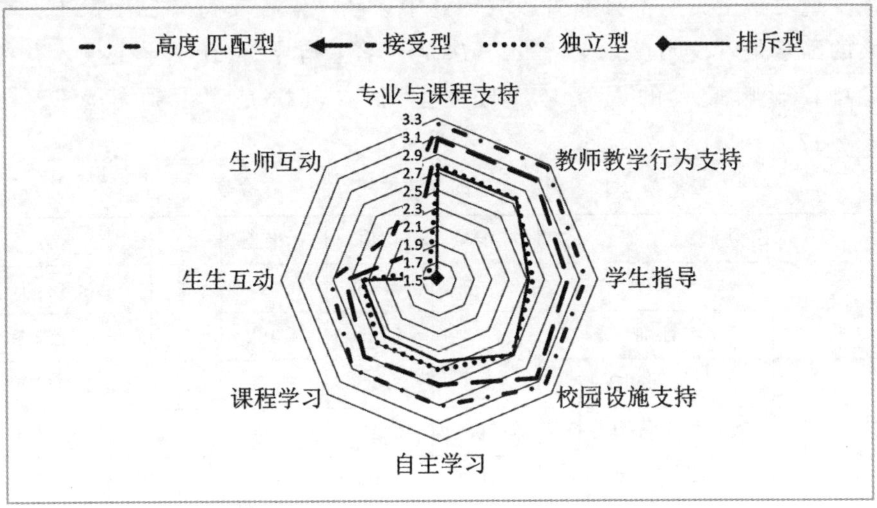

图 2-7　2014 年各类型学生“学校支持”和“学生投入”均值比较

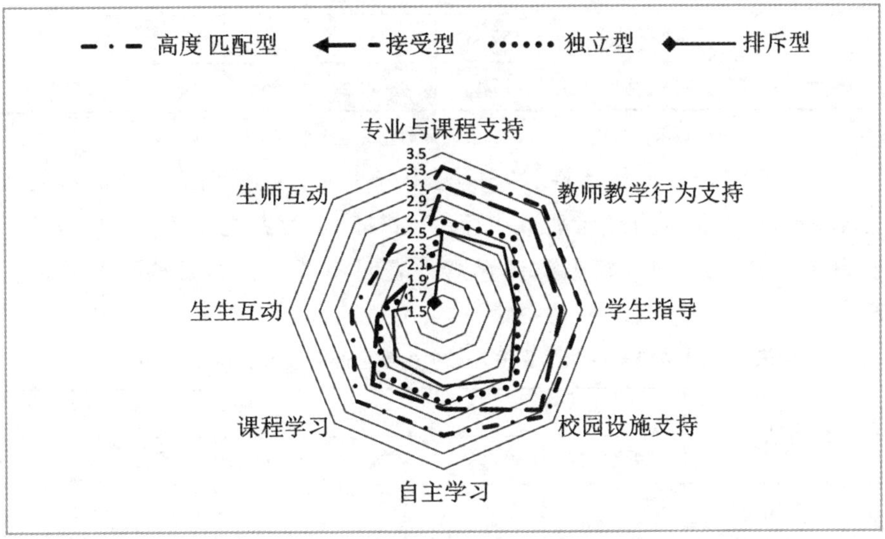

图 2-8　2016 年各类型学生“学校支持”和“学生投入”均值比较

这一结果很大程度印证了大学影响力理论与本研究分类模型。为进一步探索不同因素对不同类型学生的影响差异，并由此分析导致不同学生类型分布和转化的核心因素，本研究将影响学生类型的因素分为三类：一类是控制变量，包括学生的年级和性别；一类是“学校支持”变量；还有一类是“学生投入”变量。将2014年的研究样本数据进行分析，卡方检验的结果显示：各项变量对学生类型都有显著影响。其中，在“学校支持”各变量中，影响最大的因素是“校园设施支持”，其次是“学生指导”；在“学生投入”各项变量中，影响最大的因素是“自主学习”，其次是“生师互动”。具体见表2-17。

表2-17　影响因素的描述性统计和卡方检验

模型变量		样本量	均值	标准差	df	卡方
控制变量	年级	2703	1.45	0.497	3	6.625*
	性别	2703	0.63	0.482	3	9.735**
学校支持	专业与课程支持	2703	3.12	0.532	3	17.071***
	教师教学行为支持	2703	3.12	0.566	3	23.694***
	学生指导	2703	3.01	0.630	3	47.134***
	校园设施支持	2703	3.06	0.572	3	77.354***
学生投入	自主学习	2703	2.78	0.481	3	44.606***
	课程学习	2703	2.78	0.541	3	8.335**
	生师互动	2703	2.05	0.730	3	34.979***
	生生互动	2703	2.63	0.653	3	9.031**

注：*、**、***分别表示参数在0.1、0.05和0.01的显著性水平上显著。

继续对模型进行似然比检验，模型中未引入自变量时，－2倍对数似然值为4597.127，引入自变量后减少至3681.876，两者之差等于915.251，自由度为30，$P<0.001$，模型整体显著，表明模型拟合结果较好，如表2-18所示。

表2-18　学校支持和学生投入对学生类型的多项logistic回归分析

模型变量		排斥性		独立型		被动顺应型	
		系数B	Exp（B）	系数B	Exp（B）	系数B	Exp（B）
控制变量	一年级（参照二年级）	－0.041	0.960	0.078	1.081	－0.343**	0.710
	女性（参照男性）	－0.407	0.666	0.199	1.220	－0.263	0.769

续表

模型变量		排斥性		独立型		被动顺应型	
		系数 B	Exp（B）	系数 B	Exp（B）	系数 B	Exp（B）
学校支持	专业与课程支持	−0.400*	0.670	−0.577***	0.562	−0.158	0.854
	教师教学行为支持	−0.394*	0.674	−0.641***	0.527	−0.222	0.801
	学生指导	−0.792***	0.453	−0.762***	0.467	−0.188	0.828
	校园设施支持	−1.049***	0.350	−1.072***	0.342	−0.231	0.794
学生投入	自主学习	−1.558***	0.211	−0.992***	0.371	−0.591***	0.554
	课程学习	−0.709***	0.492	−0.250	0.779	0.019	1.019
	生师互动	−0.725***	0.485	−0.663***	0.516	−0.284 * *	0.753
	生生互动	−0.199	0.820	−0.305***	0.737	−0.190	0.827

注 1：*、**、***分别表示研究参数在 0.1、0.05、0.0l 的显著性水平上显著。

注 2：在估计这个模型时，本研究将高度匹配型学生作为参照组，将其系数标准化为零，自变量的估计系数反映与高度匹配型相比之下的独立型、排斥型和被动顺应型学生群体的倾向。如自变量系数为正，意味着相对于高度匹配型来说，该变量对处于因变量学生类型的相对概率为正的影响，即学生更倾向于进入因变量学生类型。自变量系数为负，意味着相对于高度匹配型来说，该变量对处于因变量学生类型的相对概率为负的影响，即学生更不容易成为因变量学生类型。

（1）控制变量对学生类型分布变化的影响有限。从分析结果来看，年级、性别对排斥型和独立型学生均不存在显著影响，但年级变量对被动顺应型学生存在显著影响，回归系数为−0.343。即相对于大二年级学生，大一年级学生更易成为高度匹配型学生。

（2）“学校支持”对排斥型和独立型学生影响显著，但对被动顺应型学生无显著影响。具体而言，“专业与课程支持”“教师教学行为支持”“学生指导”“校园设施支持”对排斥型和独立型学生均存在显著影响，其中影响最大的是“校园设施支持”和“学生指导”，即提高相应支持会降低学生成为排斥型和独立型学生的概率，提高其成为高度匹配型学生的概率。

（3）“学生投入”对不同学生类型的影响差异较大。具体而言，“自主学习”“课程学习”“生师互动”对排斥型学生的回归系数分别为−1.558、−0.709 和−0.725，表明如果促进学生“自主学习”、认真参与“课程学习”并且加强“生师互动”，都将会降低学生成为排斥型学生的倾向。对独立型学生而言，“自主学习”“生生互动”“生师互动”3 个因素对其存在显著影响，即学生“自主学习”“生师互动”“生生互动”投入程度越高，学生越不容易成为独立型学生，而更倾向于成为高度匹配型学生。“自主学习”和“生师互动”对被动顺应型学生存在显著影响，提高学生“自主学习”的积极性和“师生互动”水平，能促进其向高度匹配型学生转变。

（四）结论与建议

1. H大学具有较强的教育力，进入教育射程和高度匹配型学生比例较大，且经过两年的学习，大学对学生的影响进一步扩大和增强

在2014年和2016年两次调查中，高度匹配型学生占研究样本的比例最高，同时，经过两年的大学学习，2016年高度匹配型学生人数比2014年有所增长；被动顺应型学生占的比例次之；独立型和排斥型学生比例较小。同时，经过两年的大学学习，两种类型尤其是独立型的学生比例降幅较大。从整体上看，H大学体现出较强的教育力，对大多数学生都产生了积极影响，而且该影响随着学生的大学经历的增长而扩大和增强。但值得注意的是，被动顺应型学生分布变化较小，未能发生让人期待的实质性转变；排斥型学生占比虽小，但因为这一类型学生本身在大学中的存在感弱，所以有可能很多这一类型的学生根本就没有参与该项调查（调查遵循自愿填报原则），因此现实情况中比例会更高。

2. 四类学生在对待“学校支持”的态度和“学生投入”的表现上存在明显的异质化倾向

两次调查数据均表明，对自我认识和未来发展规划清晰、且对大学拥有较高满意度的高度匹配型学生在“学校支持”和“学生投入”的8个因子得分都较高，他们不仅善于利用学校提供的各项设施和服务，还能主动调整自己的学习方法并增加投入度，与大学环境呈现一种良性互动；被动顺应型学生虽然对大学提供的各项设施和服务比较满意，但由于缺乏对自我和大学的明确期待，在自主学习和交往（生师互动和生生互动）方面表现较弱；独立型学生虽然对自己和未来有清晰认识和明确规划，但对当前的大学所提供的各项支持并不满意，学习投入，尤其是与教师的互动也很少；排斥型学生各项得分均为最低，这种类型学生对学习缺乏主动性，和老师、同学交流极少，对学校提供的各种支持和服务也不认同。

3. “学校支持”和“学生投入”对学生类型分布变化的影响显著，但对不同类型学生的核心影响因素有一定差异

本研究显示，“学校支持”和“学生投入”对不同学生类型均有显著影响。具体而言，“学校支持”对排斥型和独立型学生的影响更为显著。而在“专业与课程支持”“教师教学行为支持”“学生指导”“校园设施支持”4个方面，“校园设施支持”和“学业指导”对排斥型和独立型学生的影响更为突出。Pascarella 和 Terenzini 的学生变化评定因果模型指出，院校环境建构是影响大学生学习与发展的五大关键变量之一。[①] 提高校园设施支持和学业指导水平，能给学生提供促使其融入的物质环境和心理支持，让学生体会到自己被接纳和尊重，从而增强对大学教育的认同感，降低学生成为排斥型和独立型学生的概率。在“学生投入”各项指标中，虽对不同类型学生影响有一定差异，但“自主学习”和“生师互动”是对所有类型学生影响最大的两个核心因素。而从中国高等教育范围看，缺乏生师互动和学生自主学习能力弱，是当今大学教育中普遍存在的突出问题。

由上所述，要想提升大学的教育力，让其学生朝着高度匹配的理想类型发展，学校管理者和教师应从以下几方面努力。

第一，把握不同类型学生的需求和关键转化阶段。对高度匹配型学生而言，大学应在整体上为进一步满足其需求而继续努力，保持两者的良性互动，促进双方的共同发展。对被动顺应型学生，要特别抓住大一的关键时期，加强学业指导，帮助其明晰自我认知和对未来的发展规划，奠定好整个大学生涯的发展基调。要多鼓励独立型学生参与第二课堂活动，促进其与同伴和教师的互动交流。可加强对排斥型学生的关注，主动了解他们的思想和经历，以帮助他们逐步明确自我和社会认知，培养他们对学习的兴趣。

第二，建立和完善高校支持体系，形成促进学生发展的外部驱动力，增强其对学校的认同感和归属感。首先，要注重对学生影响最大的校园设施建设，满足学生的基本需求。虽说中国的高校在学生规模急剧扩张过程中，硬件设施有了很大的改善，但在满足各类学生尤其是少数群体的特殊需求方面仍有很大改进空间。其次，要加强对学生的学业指导。在进大学之前，学生

---

① Pascarella E T，Terenzini P T. How College Affects Students：A Third Decade of Research［M］. San Francisco：Jossey-Bass，2005：116.

多被激烈的高考竞争裹挟，很难有机会去思考和形成对自己将来的明确期待，因此大学期间的学业指导显得尤为迫切而重要，但当前中国高校并未形成专业化的学业指导体系。

第三，引导学生从被动的“应试学习”向“自主学习”转化，促进学生形成发展的内驱力。本研究显示，“自主学习”在“学生投入”各指标中对学生类型影响最大，但如何让习惯了“填鸭式教育”的中国学生学会自主学习，激发其学习的内部动力，还有待进一步探索。

第四，要大力加强“生师互动”。Michael 的研究表明，来自教师的帮助与交流能够提升大学生的学习兴趣，使学生更加努力地追求学业成就。① 本研究显示，“生师互动”是影响学生类型的核心因素，但在各学生类型中得分均为最低值。如何在中国大学校园营造一种师生平等对话的氛围，让教师乐于与学生互动，让学生勇于主动寻求与教师的交往，让大学作为一种“师生共同体”，在学习共享的文化氛围中扩大其教育影响的射程和增强其力度，仍是值得进一步研究的议题。

---

① Furlong M J，Whipple A D，Jean G S，et al. Multiple Contexts of School Engagement：Moving Toward a Unifying Framework for Educational Research and Practice [J]. California School Psychologist，2003 (1)：99-113.

第三章

不同阶段的学习经历及其关键转变

大学教育是一场整体的经历，有前后顺序，是浸入式体验。①

——威廉·德雷谢维奇

① 威廉·德雷谢维奇．优秀的绵羊［M］．林杰，译．九州出版社，2016：172.

本科生在大学期间的发展不是“平铺直叙”的，每一阶段都有其面临的任务和发展的重点，从大一到大四个人的学业安排、生活轨迹等，既有其特殊性，又体现着集群性的特征。为了解大学生在不同年级阶段的心路状态和行动轨迹，并归纳和总结出每一年级的大学生发展特征和面临的关键问题，2018年秋季，笔者在“高校学生事务管理的理论与实践”研究生课程上，给学生布置了一项作业：当代大学生是如何经历他们的大学生涯的？将选课学生分为5个小组：大一学生组，大二学生组，大三学生组，大四学生组以及其他学生组（如降级或延迟毕业学生）。每个小组由3～4名成员组成，要求根据所在组别去访谈对应年级的10名左右大学生，并进行资料分析和小组汇报。

课程小组为保证受访学生的个体差异性，抽样选取来自H大学不同年级、覆盖不同学科门类的22个院系41名在校本科生，首先通过线上或线下方式对访谈者的基本情况进行初步了解，在此基础之上对每名学生的情况采用半结构化访谈的形式进行资料搜集。为促进沟通的流畅和深入，访谈过程总体以受访者自述为主，访谈记录在事后根据研究者记忆或现场录音整理，并经由受访者本人确认，访谈时间在2018年11—12月。受访学生基本情况如表3-1所示。

表3-1 受访学生基本情况

变量	类别	数量
年级	大一	9
	大二	11
	大三	11
	大四	7
	其他	3
性别	男	21
	女	20
专业	理工类	23
	文史类	18

第一节　大一学生：当“高四生”面对大学教育

大一新生是一个比较特殊的群体。其一，由于大一新生一般在 18 岁左右，正处于青春转折的关键时期，其心理具有幼稚和成熟两面性；其二，由于一直以来中学教育与大学教育缺乏沟通和有意识的衔接，导致大一新生在进入大学之初会感受到诸多的落差；其三，大学对于大多数新生来说是一个全然陌生的地理和人文环境，大一新生需要在文化、心理、学科专业、学习节奏与学习方式等方面进行快速适应。大一作为中学教育阶段与大学教育阶段的“接口”，“大学新生适应”是人生全部适应过程中较为特殊的一种适应，需要高中毕业生脱离原来熟悉的中学环境进入大学新环境，并根据新环境的要求，积极调整自己的心理与行为，顺利实现角色转换，达成与新环境的平衡。[①] 这一阶段表现出的种种特征导致大一新生入学之后会有诸多的不适应产生。受访大一学生基本情况如表 3-2 所示。

表 3-2　受访大一学生基本情况

学生编号	性别	所在院系	专业	学科
Q1	女	公共管理学院	公共事业管理	管理学
Q2	女	外国语学院	德语语言文学	文学
Q3	男	电气与电子工程学院	电气工程	工学
Q4	男	电子信息与通信学院	通信工程	工学
Q5	男	生命科学与技术学院	生物医药工程	工学
Q6	男	公共管理学院	公共事业管理	管理学
Q7	男	数学与统计学院	统计学	理学
Q8	女	土木工程与力学学院	建筑工程	工学
Q9	女	管理学院	工商管理	管理学

（一）专业选择与专业学习：“我学非我想”

在“大学新生适应”中，如何帮助新生从基础教育阶段有序衔接至大学

① 龚放．大一和大四：影响本科教学质量的两个关键阶段［J］．中国大学教学，2010（6）：17-20.

专业教育，是一个普遍性的问题，大一期间建立的专业认同状况对之后各阶段专业学习的积极性与职业选择具有直接影响，奠定了学生大学发展的基调，同时大一新生的专业学习状况也关系到本专业培养目标的实现与专业的建设发展。在访谈中可以发现，由于全国各地基础教育情况参差不齐，志愿填报时不同专业对应不同地区的录取分数差别较大，学生具备多样化的类别和层次，而高考志愿填报中的学校优先和父母主导倾向，导致他们在入校后面对各自的专业选择、专业认同及自我期望与教育者的期望尚存较大差距。

“我选择H大学首先是根据我的高考成绩省内排名，分析了一下自己所在的分数段能够报考的学校，当时想去另一所大学的，分数差了一点点，就想着H大学也还可以，离家也近。选专业的时候是考虑到H大学在文科方面不太强，得在里面选一个比较好点儿的，然后网上了解到公管还不错，就报了这个。不过来了之后发现很多人是调剂过来的，所以我们专业想转专业的人挺多的。”（Q1）

“一开始想要转专业去计算机学院，后来觉得电信业的发展前景也很好，就放弃了。想等到大二的时候再根据自身的职业规划、兴趣爱好等再辅修一门专业。目前没有出国的打算，大学期间希望能够通过自己的努力获得保研资格，去一个平台更好的学校深造。”（Q4）

“现在的专业不是我的第一志愿，我的第一志愿填的是计算机，然后是电信、自动化。但是由于分数比较低，就只能选择目前这个专业。转专业的计划是有的，比较想往计算机和电信、自动化专业转，生物学科的就业前景不好而且我本身也不是很感兴趣。”（Q5）

“我目前所学的专业是公共事业管理，说实话我没有搞清楚它将来是要做什么的，对这个专业感到很迷茫。”（Q6）

“我就想问问我们学校，但这么说很不公平，每个学校都是这样的，其实我还是觉得大一不应该分科，说实话，大一进来就分专业，这件事很愚蠢。你要知道我这样的情况不是个例，就是对于这门课完全没兴趣。你去问问咱们××（转入）专业的人，更有体会。他们60%都不是自己填的志愿进来的。真的是很多，我们老师当时问谁是按自己填的志愿进来的，举手的寥寥无几。”（Q9）

（二）组织参与：跃跃欲试显身手

大学生社团作为根据学生兴趣爱好组织起来的一种非正式组织，对学生个体的发展起着不可或缺的作用。社团参与是大学生校园参与中重要的一部分，指高校学生卷入社团及其活动的状态，不仅包括学生在社团活动中的行为参与，也包括学生在认知和情感方面卷入情况。[①] 大一新生初入校园，新鲜且新奇的大学活动激发着他们满满的探索欲，参与社团等学生组织是将个人兴趣与能力提升期望相结合的良好契机，大一新生普遍意识到了参与社团的价值、在其中发挥着参与社团的主体性，但与此同时也体现出一定的盲目性和随意性。

“我加入了公管院的资助中心，所以9、10月特别忙，当班长也是偶然机会，军训期间帮班助的忙，因为高中当了三年班长，还加了一个院级党建，在纪检部，负责监督党支部活动流程。最主要身份就是班长。”（Q1）

“参加了台球社和桌游社，主要是根据自己的兴趣爱好来的。参加了学院的学生会，希望能够多认识朋友，锻炼自己的组织能力。喜欢下象棋，但是没有找到合适的棋社社团。感觉H大学给予我们发展兴趣爱好的空间很小。”（Q4）

“报了一个科协、课外辅导员以及乒乓、排球、新闻中心和心理协会。课外辅导员主要是给校外学生上课，自己准备科普类的课程给初中小学的学生讲，如科学、环保等，但好像没报进去；心理协会，是出于兴趣报的，想着有课程可以去听；还报了新闻中心，目前已经进入，但具体什么情况自己还不清楚，目前只给别人拍过一次照。”（Q7）

“加了学生组织、英语社、自行车协会，因为平常喜欢摄影，还加入了校党建宣传部。先加入，后面慢慢看哪个有意思或者能学到东西吧！”（Q8）

（三）时间管理与自主学习：“无向”的忙碌

心理学家用时间管理倾向来定义一个人对待时间的态度、价值观和行

---

① 吴思，樊博．基于心理契约理论的大学生社团参与度研究［J］．高教探索，2015（9）：107-113.

为。认为时间管理倾向是个人在时间价值感、时间监控观和时间效能感上的稳定特征，是一种人格特质。[①] 它在不同个体之间存在差异，这种差异会影响他们的处事风格和处事方式。在本研究开展之前，我们通过对 H 大学来自 4 个不同学科门类的 7 名 2018 级大一新生进行半结构化访谈，发现这些大一生对这一时期的时间分配普遍存在着困扰，很多大一新生因入学后没有教师或父母对自己的学习和生活进行安排，在时间自由度变大的环境下，自身缺乏时间管理能力，从而导致没有方向感的忙乱。时间对于每个人来说是最为公平的，但对于时间的不同管理方式，导致不同学生在利用有限时间去完成的事情上存在较大差异。

> “感觉大学和高中区别还挺大的，暂时我还不太适应这种区别。在高中任务明确，只需要按老师的安排学就可以了。大学相对来说没有那么明确，凡事都需要自己操心，自己进行时间分配。所以我经常感觉自己在瞎忙。”（Q2）
>
> “事实上是每天都好忙，事情特别多特别杂，忙了一天，晚上想想不知道自己这一天到底忙了些什么，都感觉在瞎忙活。”（Q4）
>
> “在高中时期，我曾经幻想过要时常泡在图书馆里，遍读中外名著。上了大学之后反而觉得特别不现实，杂事很多，时间都被碎片化了。此外，我们的课业不少，课程作业任务很重，基本上占去了我们全部的业余时间。对目前的学习不是完全适应，不知道哪些是重点，应该怎么学，只能机械地完成老师布置的作业。”（Q5）
>
> “感觉大学与高中相比最大的区别是，高中是早出晚归，大学相比来说过得太清闲了，有一些空闲时间不知道该如何安排，通常会选择在宿舍待着。”（Q6）
>
> “压力主要是来自学业吧！感觉很忙，很多事情，课后任务多而杂。”（Q8）

同时，对大一学生访谈信息中的部分语句进行提取，可以发现在自主学习方面，大一新生具备较强的能力培养意愿，普遍承认这一能力在大学学习中的重要性，但他们也困惑于不知从何种途径适应和开展自主学习——“学什么”和“怎么学”是这一阶段最大的难题。

> “我觉得大学主要靠自学吧，上课老师讲得少，老师都是默认

---

① 黄希庭，张志杰．论个人的时间管理倾向［J］．心理科学，2001（5）：516-518.

学生是预习过的，讲得很快，不会像高中一样把知识点拆开了、揉碎了给我们讲。所以主要还是得靠自己自学。”（Q3）

“与高中相比，大学的课程没那么多，有很多的业余时间可以自己安排，但是同时又有很多事情需要自己去做，而以前这些都是由家长安排的。这种区别我认为是好的，因为毕竟已经18岁了，一个成年人应该学会去独立生活，独立思考，学会去管控自己的时间，去做自己想做的事，而不是一味地被安排。”（Q4）

“大学很多时候都是要靠自主学习，对你的自主性要求比较高。我觉得自主学习的方式很好，更有易于启发我去思考。但是同时，自主学习也容易遇到困难，目前我还不是很适应，不知道怎么去适时寻求帮助。”（Q4）

“自主学习的方式我还需要一段时间去调整适应。我觉得自主学习主要看的还是自律的程度，除此之外，解决问题的能力也很重要，还要有解决问题的方式和渠道。”（Q5）

（四）小结

大一阶段属于从一种性质的活动过程向另一种性质的活动过程过渡的阶段，这类过渡阶段对事物的发展变化起着居间联系、承前启后、由此及彼的作用。[①] 在论及大学与学生发展的关联时，西方学者认为，学生个人的努力和融入程度是决定大学影响力的关键性因素，因此，为鼓励学生的积极参与，学校围绕教育目标去重点营造的学术环境、人际关系和课外活动氛围十分重要。[②] 然而，大一学生面对基础教育与高等教育两种不同培养模式的教育，往往出现一定的适应不良。

“大学目前的这种学习方式我还不是很适应，时常不知道应该学些什么，哪些是重要的，老师通常是上完课就走，跟我们的交流很少。有了问题和困惑也不太好意思去问老师。我有去问学长学姐，

---

① 胡建华，陈列，周川，等．高等教育学新论［M］．南京：江苏教育出版社，2006：390-395.

② Pascarella E T，Terenzini P T. How College Impact Students：A Third Decade of Research［M］．SanFrancisco：Jossey-Bass，2005：602.

但是也很少得到有效的解答，效果不太好。相比现在，我更怀恋高中，这种区别对我来说不是很好，很难适应。”（Q5）

同时，不少大学在新生入学时的流程为举办入学仪式、开办几场校园宣讲会，或配备指导教师，然而这些并不足以满足新生的需求。在问及大一新生对入学以来开展入学教育的感觉和效果时，学生的感受体现出学校在入学指导方面缺少一定的设计与重视，入学教育活动的开展在一定程度上陷入形式化的泥潭。

“在开学之初，学院开展过一些安全方面和校规校纪的入学教育会。但是这些会议十分枯燥，大家都不怎么听得进去，感觉效果并不好。”（Q4）

“入学以来，学院开过新生入学大会，大概就是给我们介绍了一下学院，主要是在夸学院怎么怎么好；班级组织开过两次团会，是关于爱国教育的。除此之外，关于安全教育之类的学院并没有组织。感觉像团会以及其他，更多的是偏于形式的，并没有起到很大的作用。”（Q6）

因此，在大学教育方面，为应对大一学生在这一阶段产生的诸类问题，国内外高校都进行了一定探索。如21世纪以来，日本在解决“高大衔接”问题时，针对大学一年级学生实施“初年度教育”，以此从“选拔衔接”转向重视包括招生选拔、课程和教育方法在内的“整体衔接”，使高中和大学之间达成教育上的合作，即“高大协同”[①]；而美国的新生研讨课（Freshman Seminar）作为高影响力的大学实践，已成为美国高等教育的一个亮点。大一新生研讨课作为一种“在学生向大学转型过程中，在学术和社会发展方面帮助学生”的小型课程[②]，要求教师和学生在讨论的过程中交流信息和观点，以此帮助和引导学生在入学第一年快速了解大学的教育目的并找到学习方向，开始在专业生涯规划中树立起批判精神、团队意识、独立思考意识和社会责任感，这实际已起到了入学教育的功能。高校在结合学校特色和学生需求的基础之上，可进一步开设适应型、学术型等多元的新生教育课程。

---

① 饶从满，徐程成．日本“高大衔接”中的“高大协同”：背景、现状与问题［J］．外国教育研究，2014（12）：19-30．

② 林冬华．美国新生研讨课全国调查20年：背景、发展与启示［J］．中国高教研究，2011（11）：33-36．

另外，对学生个人而言，初入学时，周遭环境以及自身角色都经历着阶段性转变，学习内容、知识掌握程度和学校生活感受对于学生未来发展的选择和态度有着极大的影响，直接影响了学生情感的发展状况和学业的成功与否。因此，大一新生也需要将自己的学习、生活以及人际环境等各方面的行为与态度进行全方位的规划和管理，以适应高等教育新环境——这将是一场个人与环境共生共进的修炼。

第二节　大二学生：初现分水岭

经过一年的大学生活体验，大二学生与大一初入学相比对大学生活逐步适应，并开始出现一些分化。美国部分研究型高校在实证研究基础上生成的大学生发展理论认为，大二阶段学生的主要任务是开始形成独立性和相互依赖性，大二学生学业的成功和满意度将有助于促进学校的学术研究和学生个人的转变成长以及职业发展。① 同样，国内华东师范大学 CCTL 调查组通过对大二学生进行独立分析，发现大二学生的合作性、主动性和创造性在四个年级中均为最弱，因而表现出一种独特的“大二塌陷”现象。② 大二学生在学习发展阶段产生的诸多特殊现象，一方面反映了学生成长过程的规律性问题，另一方面也暴露出学校在教育教学制度上的缺陷，这些都有待进一步去研究和讨论。表 3-3 为受访大二学生基本情况。

表 3-3　受访大二学生基本情况

学生编号	性别	所在院系	专业	学科
S1	女	新闻与信息传播学院	播音与主持	艺术学
S2	女	新闻与信息传播学院	播音与主持	艺术学
S3	女	公共管理学院	政治学与行政学	法学
S4	男	人文学院	哲学	哲学

① Maryetal S H. Helping Sophomores Succeed：Understangding and Improving the Second Year Experience［M］. San Francisco ：Jossey-Bass，2009.

② 阎光才．我国本科教与学过程的特征与问题分析［J］. 中国高教研究，2020（5）：1-8.

续表

学生编号	性别	所在院系	专业	学科
S5	男	材料科学与工程学院	材料成型及其控制工程	工学
S6	男	软件学院	软件工程	工学
S7	女	新闻与信息传播学院	广播电视学	文学
S8	女	社会学院	社会学	法学
S9	女	法学院	法学	法学
S10	男	数学与统计学院	数学	理学
S11	女	经济学院	国际商务	经济学

（一）与谁交往：有选择的社会性人际互动

依据对覆盖七个不同学科门类的11名H大学2017级大二本科生进行一对一的访谈，可以将大二学生在校期间的社会性人际互动划分为师生互动、生生互动、社团组织互动三类。访谈资料的分析显示，多数大二学生在社团活动中逐渐明晰自身定位并有所舍弃和调整，选择留任的同学对学生组织普遍具有较高的认同感及获得感。

“在校记者团认识了很多同学，我学到了很多自己感兴趣的知识和实用的技能，未来也想从事这方面的工作。”（S4）

“（参加学生工作）对我来说就是类似公文等的写作能力有一些提升；第二个的话就是跟党建工作很贴近，会有更多的机会去走近这种主流价值观；然后还可能对我的领导力有一些帮助，包括交流沟通技巧方面有很大的提升……就是大二已经确定了自己可能几年以后的工作方向，我可能会想去做一些行政工作，因为对法学这块的话，我可能不能以它为今后的专业，但是我会希望通过学习法学找到一些有效的思维方法，为我以后的工作提供一些便利性。”（S9）

另外，师生互动却体现出大二学生较低的参与感，具体表现为：一是与任课老师的互动较少；二是与辅导员的互动主要基于事务性原因，如请假、学生工作等；三是与班主任的互动较为被动。这实际与大二学生逐步建构的学习方式、发展规划和学习兴趣有着诸多关联。

“我习惯了自己思考，不太习惯就是有什么问题就天天去找老师。可能跟个人习惯有关，就是有什么事情发生了，我喜欢自己先思考，然后实在解决不了才去找别人。”（S2）

“其实对一些一心想工作不想再继续学习的同学，他们不希望有人管自己，他们不希望有老师、辅导员一直盯着他。但对于想做科研的人，他们就希望老师们的资源更多一些，这样他们可以和几个同学一组做这个项目或者做另一个项目，总有一个老师来指导他们、来带他们。每个人的需求是不一样的。”（S5）

“如果他们所研究的领域，或者说他们所经历的事情是我感兴趣的，就是会和我日后有重叠的地方，我会很主动地去找他们。”（S8）

（二）学习方式：效率与投入的“二重奏”

我国多数大学大一学生的课程总体以公共课为主，仅开设 2～3 门专业基础课程，学生在进入大二年级后逐渐步入专业学习的正轨。在对 11 名大二学生的访谈中，部分学生对自主学习能力展开自评，从中可以提炼出不同学生在学习投入度上具有的鲜明个体性差异：部分学生依旧显示出“不在场”的状态，而另一部分学生在专业认同的建立过程中开始有意识地规划课外时间，并对学习的内容和方式开展了多样化的探索。然而，大二阶段的学生大多困囿于课程考试，因而更注重表层的考前记忆，在学习策略上稍显深度不足。

“课上我还不是那种特别努力的人，基本上该听的课会认真听，笔记也会认真做，老师布置的作业我肯定都会完成，一般不会自己很主动地去提前预习。课下投入可能就比较少，因为还有其他很多事情的干扰和诱惑。”（S3）

“上课听得比较多，但是后面复习比较少，导致后面都忘了，就这个情况来说效率不是很高，有时会玩手机，学习效率一般，就是不想做的时候就很难专注到学习上面去，因为我比较容易受到身边发生的一些事情的影响（课业内容繁多），精力有限啊！”（S11）

“在大一时自主性学习投入时间少，现在有调整。”（S9）

“课外阅读农村社会学这方面就投入比较多，像费孝通老师的文章，不到一天我就能看完，如《乡土中国》。”（S8）

同时，大二阶段的学生基于自身体验，对于院校氛围对学生学习投入的强调有所感知并提出期待，呈现出一幅具有差异性的图景。

“每个学期都有对自己以后发展无帮助的课，特别耗费时间和精力；对专业系方向的课程安排不太满意；方向的区别性不是很大；没有多大的专业性，本科毕业出来没有优势。”(S11)

“在文科院系，但人文氛围不浓，感觉学院在用理工科的思维培养学生；很少去问老师问题，缺乏氛围。”(S3)

“我觉得学院为我们提供的资源已经很好了，学院硬性资源较好，单独一栋楼。暑假期间，学院专门请公司的工程师来上课。实验室建设得很好，培养了很多人才。”(S8)

（三）学业规划：探微未来何从

与高年级学生相比，大二学生在就业、升学等方面的压力相对较轻，但随着专业教育的深入、就业指导等通识课程的开设以及外界信息的耳濡目染，现实依然会给大二学生带来一定程度的思想压力。在学生期望上，大二学生的阶段性学业目标相对于大一学生而言更为明确，对自身能力普遍具有明晰的提升意愿，对职业规划也开始有所想法，进而构建未来发展的雏形。时间管理以及自主性投入这一个在任何学习时期都无法避免的议题，在大二阶段则与学生期望表现出较强的相关性。大二学生比较有意识地规划时间，但这一阶段的学习犹如“在一间黑暗的屋子里洗衣服”，面对未来诸多不稳定的因素，大二学生强烈的提升动力往往伴随着模糊的发展定位。

“定位目前其实还比较纠结的，就是到底是考研或保研，或工作再读研，或出国等，还没有明确规划。”(S6)

“认真上课，提高自控能力，提高加权成绩；要准备六级，下个学期要准备计算机二级，大三可以考虑考教师资格证；还想读研，读自己喜欢的专业。”(S3)

“职业规划方面，我希望能争取保研的机会，如果不能保研的话，也会考虑考研，如果保研和考研都没有成功的话，我们学校有那个‘2+3辅导员’(岗位)。”(S1)

“想去《国家地理》实习，想做职业摄影师，但最终目标是导演。”(S2)

“行政保研，争取到支援西部计划的名额。”(S10)

（四）小结

相比于大一学生的“懵懂”，许多大二学生在寻找自身发展目标、意义与方向的过程中，逐渐淡出学校重点关注的视线。他们摸索出一套应对大学学习的方法，对专业和未来职业有一定的认识，但同时这一阶段的学生在心理上往往出现缺乏支持、经常犹豫不决的现象，在学业学习中目标模糊而自主性强、专业学习的愿望强烈，却缺乏深入学习的方法和路径。针对大二年级学生在学业模糊期容易出现的无序和混沌状态，学校应抓住大二学生学习主动性强的这一特点，将学习压力转化为学习动力：首先是发挥学生事务管理者和专业教师的合力，帮助学生进一步认识自己和专业，找到自己发展的方向和目标；其次要设计各类高影响力的教育活动，将学生吸引到有意义的活动中去，包括各类课程（通识课、专业课、新生研讨课、实验课、网络课等）、本科生科研、社团活动、参加比赛、社会实践、国内外游学、讲座、学术会议、工作实习等，将优质学习发生的共性要素作为高质量学习的核心标准，加强学生的阅读和写作训练，将体验多元文化作为人才培养的重要组成部分。[①] 另外，还应引导大学生在专业学习领域分解学习目标，挖掘学习兴趣点，构建学习团队，拓宽专业学习途径，提升学习自我效能感，充分将大二学生学习过程和学校支持性资源有机结合。

第三节　大三学生：遭遇“中年”危机

大三意味着大学生活过半，毕业警钟已经敲响，但距离正式毕业又有些许遥远，哈佛大学有学生将大三阶段称作“大学学习的中期危机”，具体表现为“现实世界的非理性恐惧”以及“不知道在校园学习过程中想学点什么”两类特征。有研究者通过对各年级学生投入的类型进行考察与分类，将学生分成七大类别，其中“叛逆型”在大三学生中分布最多，即行为与学校传统的课堂学习、生师互动、班级和宿舍交流呈现出相反的特征，这类学生具备较高的学习与交流能力，但更多投入于课外学习之中，主流方面的互动也很少。大三学生作为一个整体呈现出的差异性恰好论证了 Astin 学生参与

---

① 许丹东，吕林海，傅道麟．中国研究型大学本科生高影响力教育活动特征探析 [J]．高等教育研究，2020（2）：58-65．

理论中“参与是一个连续性的过程，不同的学生在同一活动上有不同的参与度，同一学生在不同的时间对待不同的活动有不同程度的参与”① 这一假设。表 3-4 是受访大三学生基本情况。

表 3-4 受访大三学生基本情况

学生编号	性别	所在院系	专业	学科
J1	男	公共管理学院	政治学与行政学	管理学
J2	女	公共管理学院	政治学与行政学	管理学
J3	女	管理学院	市场营销	管理学
J4	男	人文学院	汉语国际教育	文学
J5	女	社会学院	社会学	法学
J6	女	社会学院	社会学	法学
J7	男	能源与动力工程学院	能源与动力工程	工学
J8	女	机械科学与工程学院	机械制造与自动化	工学
J9	女	能源与动力工程学院	能源与动力工程	工学
J10	男	水电与数字化工程学院	水利工程	工学
J11	男	化学与化工学院	化学	理学

（一）专业学习：志行合一

相比其他年级的学生，大三学生随着个体心智的不断成熟和大学学业内容的深化，逐渐将个人学业发展与个人社会价值的实现结合起来，对专业发展、个性特点和个人能力有了更客观、理性的认识，从而建立起一套符合自身特点的学习理念和方法体系，同时对专业领域的学习也循序渐进。不同学科专业的 11 名大三学生的访谈资料反映出，这个阶段的大学生学习动机受自我提高内驱力影响强烈，专业认同度相对较高，并表现出积极的学习行为和较强的自我效能感，体现了三年级作为大学学业发展的主动扩展期与巩固期的特征。另外，大三学生也透露出自身在专业学习中依旧容易受到各种不良学习习惯的影响。

① 李丹，张俊超．学生投入视角下学生类型对学习效果的影响研究——基于 H 大学本科生学习与发展调查［J］．高等工程教育研究，2016（4）：117-123.

“我从来没有歧视或者是看低我的专业，我喜欢它，我总有那种想法，就是无论你干什么，干一行爱一行必然能够精一行，行行出状元嘛！但是你在社会上做什么，分工有不同，如果你混得好，你就是管理层，如果你混得不好，那你就是一个小专员，这与个人的背景、努力程度、机遇有很大的关系，所以这个真不好说。对我个人而言，我不歧视任何的分工和地位评价，但我会觉得在底下搞基础研发的生活很单调，个人可能有不同。”(J1)

“我刚开始还想过转专业的事，但我后来觉得太折腾了，我就是属于那种随遇而安的性格，就算了吧。有两次转专业的机会，一次是在刚开学，结果我请假错过了，后来的一次我也没去，因为我听说我们学院也不放人，好几个想转的都没转成，面试的老师不给过。大二的时候我觉得再回去读又太浪费我的时间了，而且我已经适应了，觉得这个专业也还可以。”(J2)

“学习动力主要是专业课的分数吧，因为一直会有学长学姐告诉你要好好学习啊，分数考高了你就可以怎样怎样，我觉得这是学生普遍会持有的一种思想。然后学习某些课程也是提升自我吧，有些课程自己还是挺喜欢的，学好了之后就会有成就感，而且还会有实用性，就比如说数学，它在你编程时都能用到，你会觉得学起来很有用。”(J3)

（二）互动交往：活动重心转移与有效信息获取

在紧凑的学业安排以及更具个人色彩的时间管理下，大三学生对于参与各类学生组织的热情有所衰退，即便是在社团中担任核心成员的学生，也更倾向于在不占用过多时间的条件下进行工作，多数学生的重心逐渐往社会实习、出国交流以及科研竞赛上转移。

“我了解的大三学生，除了那些打算找工作的，其他人包括我自己，学生工作、社团活动都已经不再参与了。然后就是学习，我是公管的，文科的，专业课比较多，课程很紧凑，难度较大，花在专业课的时间比较多，没有时间搞别的事情，其余的时间不是在复习上课讲的内容就是在看专业课相关的书籍。”(J2)

“我也没时间了，大三也比较忙，后来就渐渐不去了或者很少了，像一些社团活动什么的，没什么意思还耽误时间。”(J8)

“近阶段学生工作对我就没什么影响了，大概大二阶段的时候，参加辩论队为参与辩论所做的相关准备，应该说还是对学习产生了一定的负面影响，它占用的时间跟精力还是相当可观的。”(J10)

“我就是因为出国更多地会看简历，所以和简历相关的内容要更加丰富，比如说要科研，那么我就参加暑校，这是一个方面。然后我会更多地接触国外的一些东西。还有像现在很多申请，比如说加拿大有一个国家留学基金委的项目，还有UCLA的申请，所以我会根据相关要求去努力，而不是照着之前的方向去努力。另外，出国可能更多地还有对参与社会公益有要求，所以我也要去做一些社会公益活动。”(J5)

与此同时，在生师互动方面，相比于大一、大二期间低频的事务性沟通以及课程内容的答疑解惑，大三学生与任课老师、辅导员、班主任的互动频度相对增多，互动深度也有所增加。部分有意愿继续深造的学生通过主动与教师的互动，进而帮助自身建立学科知识体系、获取前沿知识并树立学术道德观。而对于准备就业创业类学生，则会对主动与有相关背景的教师和学长广泛接触，获取一些职业规划的经验之谈。

“我有时候也会找导师讨论，这导师不是正式的导师，是给我们上过课的老师，是自己私下联系，如果有兴趣他就可以带我们。他平时就会带我们做一些有关销售影响的课题，或者给我们一些写论文方面的指导。我们也可以自己提出想法，他就会给我们一些指导和提供实践思路，对我们以后的学业很有帮助。”(J8)

“我跟我们院另一个老师关系很近的，因为他特别关心学生，而且他会主动去联系你，因为他也是搞统计学方面的，我有问题他基本上都会解答，我收获很大，我自己的一些论文也会请教老师，我其实觉得他反而有点像我的导师。”(J5)

（三）未来规划：一路“研”行

大三年级仍以专业课学习为主，这一年的学习质量将直接影响学生以后的职业发展或学业深造。对于本科毕业后的发展和规划，大三学生在前期构造的“草图”基础之上，进一步依据外部客观条件以及对自身主观的能力判断规划一条明晰的发展路径，其内容具体到职业选定、深造途径、深造地点等方面。值得注意的是，参与访谈的11名大三学生中，虽然社会、家庭以及个人背景呈现出多元化，但均表示自己未来有读研深造的学业打算。这一方面与学生就读的 H 大学研究型的氛围有关，另一方面与当前社会用人单位的人才需求有关。

“我自己倾向于读研——公共管理方向，但我的老师推荐我读经济学方向研究生。我不知道我适不适合经济学，我的成绩没办法保研，只能考，这对我来说有点压力。第一是题目比较难，第二是有‘二战’经历的比我们更熟悉题目，第三是社会上有工作后重新回来读研究生的，这就说明他们在社会上没有竞争优势所以才读研。总体来说，读研是大的趋势。”(J2)

“本科毕业之后准备去香港读研究生，现在在准备考雅思。我们专业保研率在25%左右，我应该可以保研，但基本上可以保到外校的就是第一第二，我想换个环境读研究生，那边主要就是看雅思还有 GRE 的成绩。”(J3)

“未来规划，如果条件允许的话我会考研，之后读博，算是把社会学这个专业读到底吧。我这个人可能比较单纯吧，如果条件允许，包括资金啊精力什么都可以，那我就继续读博。将来可能到高校里面去当老师。”(J6)

“专业方向还没有定好，如果是选择往电气方向深造的话，本校的难度可能会比较大。我会尽力尝试，如果准备阶段最后发现不行的话，那可能就要考虑一些其他学校了。第二个考虑的方向可能跟计算机有关，这方面的话也是能在本校深造最好。如果做不到的话，那可能会去考虑一下，华南理工这类的学校都有可能。”(J10)

（四）小结

大三是大学生从低年级迈入高年级的承上启下的学年，对于本科生而言，是非常重要的“十字路口”，在这一阶段下，很多学生的自信心下降，紧张感、焦虑感随着大学生涯接近后期而上升，学生的学习与发展往往出现“中期危机”：一边陷入自我构筑的“信息茧房”之中，一边权衡利弊，推着自己对人生的下一步棋该如何走做出预判和选择。同时，大三学生在个人与愿景间产生的“创造性的张力”，也正是推动他们实现自我超越的力量之源。

因此，针对大三学生面临的“中期危机”，学校需要进一步帮助学生建立明确的专业认知及自我认知。一方面，学校可在学生大三前期为学生进行相对密集的生涯规划指导和就业指导教育，引导大三学生进一步明确个人发展目标，了解未来意愿从事的职业类型和层次，了解不同职业类型和职业层次对人才的要求，以及应具备的学科知识、学历水平以及职业素质，进而整合个人发展资源，提高自身的综合素质和竞争力；另一方面，对于有学业深造意愿的学生，学校可为其提供更加丰富的科研项目和实践平台，配备科研团队、指导教师等。在此基础之上，学生才会更加合理地规划自身发展走向，坚定努力的目标，而不是盲目地通过考研等方式来逃避就业带来的挑战。

第四节　大四学生：开启“转型”时代

大学生的发展是一个动态的过程，大学学习也是一个随年级纵深发展的过程，由于学生的认知水平在不同情境下程度不一，因此很难对自身大学体验进行客观且完整的判断。大四年级作为本科生在校发展的最后阶段，是大学生成长和发展过程中一个不容忽视的阶段。一方面，大四意味着青春期与成年之间的过渡期大致完结，学生在心理认知等方面面临着转型；另一方面，大四也意味着学生进入人生新阶段的转折关口，面临着毕业后何去何从的难题。国外研究中往往把大四学生看作高等教育的“产品”，对他们的研究更关注就业期望、可雇佣能力和择业行为等“出口”指标，但实际上，大四学生的学习过程和学习特质也不容忽视，相应具有转型期的重要特征。[①]因此，大四学生这一特殊群体对他们基于回溯以及当下感受所做出的相关评价，或许更能在整体上反映出我们大学教育的整体状况。[②] 表 3-5 为受访大四学生基本情况。

---

① 文雯，史静寰，周子矜．大四现象：一种学习方式的转型——清华大学本科教育学情调查报告 2013［J］．清华大学教育研究，2014，35（3）：45-54，80.

② 阎光才．我国本科教与学过程的特征与问题分析［J］．中国高教研究，2020（5）：1-8.

表 3-5　受访大四学生基本情况

学生编号	性别	所在院系	专业	学科
K1	男	机械科学与工程学院	工业设计	工学
K2	女	经济学院	经济统计学	经济学
K3	男	光学与电子信息学院	光电信息科学与工程	工学
K4	男	船舶与海洋工程学院	船舶与海洋工程	工学
K5	女	机械科学与工程学院	工艺装备及自动化	工学
K6	男	能源与动力工程学院	能源工程	工学
K7	男	电子信息工程学院	信息与通信工程	工学

（一）学习方式：一场自我修行

大四学生对于课内学习的收获普遍具有较高的评价，但课程知识的学习并不是他们在这一时期的主要投入点，他们的精力明显集中于学业深造以及求职等方向的学习和准备。同时，他们在学业发展前期形成的应对考核的表层学习策略正在逐步转变，大四学生在学习方式中体现出反思性和整合性的特征，自主探究性学习的兴趣凸显。

> “大一、大二的时候是以课程的知识为主，就是老师讲什么、考试要考什么，我就学什么。到大三的时候，因为我自己当时是想继续学应用统计类，就自己开始看一些关于统计类的书。我们本科还是以经济学为主，关于统计原理、统计推断这方面内容学得特别少，只学到了一些皮毛，比如只知道这些知识在某个方向怎么用，并没有去深究。”（K2）
>
> “刚入学的时候是感觉自己创新性和独立性比较弱，希望在大学期间能够锻炼自己。现在觉得自己的独立性已经做到，创新性还不足。我现在保研成功，时间比较充裕，希望能有更多的机会跟老师学到进一步发展的经验，在未来的研究生生涯锻炼自己，促进成长。同时，我也希望能学到更多的工作性的经验。但是目前还不是很明确大四的目标，就希望能够顺利。”（K6）

面对就业、深造等现实问题的挑战，部分大四学生对专业的认同再度怀疑，对个人能力提升也进行了重新的定位。同时，因个体学业目标的不同，大四学生学习投入程度也表现出差异性，部分同学只争朝夕，部分同学则得过且过，学习的自我效能感下降，这些也表明大四又是大学生的另一个学业发展困惑期。

“我正在准备考公务员。主要我是想回老家那边工作。另外，我们这个专业大部分好的工作都在北上广深这些发达地区，我们老家那边基本上没有来招制造类专业的工作。当初会选择现在这个专业完全是瞎蒙的吧！因为当时我就是很想来这个学校，我的分数也不是很高，看到这个专业的录取分数差不多，然后看到网上对这个专业评价特别好，说是‘万金油’，工资待遇很好。但是当时没有考虑到这个专业虽然在发达地区特别好，在西部地区不是很好。就这样莫名其妙地进来了。刚开始的时候觉得这个专业挺厉害的，但是大一、大二上的课特别杂，我当时还是很抵触的。到大三的时候又觉得这些课的目的不是学习一门课，而是有一些思维训练，掌握一些方法。应该说我现在对这个专业不是很看好。”(K1)

“像我们这个专业出去找工作的话就是跟经济学专业的学生没有很大的差别，本科毕业的话，我们专业要么就去做跟本科没有关系的岗位，如产品经理之类的，要么就去银行。由于去证券公司的话，现在用人单位一般都要求有研究生学历，我个人对金融方面也不是特别感兴趣，所以就选择了读研，继续选一些自己比较感兴趣的方向再深入学习下，对未来的就业方向暂时还没有很明确。”(K2)

“我自己消磨了意志，变得懒散了一些。原因在于平时的生活习惯吧，还有就是环境，同伴环境影响很大。比如，我室友都是晚起床的，我大一的时候是我们寝室起床最早的，后来有段时间我就起得不是最早的，现在起得也不是最早的，也不是最晚的。”(K3)

（二）生师互动：社会化进程“加速器”

生师互动作为基本的教育活动方式，往往以课堂教学以及课外广泛的活动参与作为载体，师生以教学互动信息传递为主，情感交流为辅。有效的生师互动一方面是知识技能的传递，另一方面也是对学生情感与价值观的形塑。大四学生的生师互动在内外部环境的影响下，形成了与内外部动机相结合的独特行动逻辑，在学术探究外更多地聚焦在对各类人生发展经验的学习和获取，这些也推动着大学生社会化的进程。

“如果我遇到有一些关于学业方面或者是自己没有办法完成的

作业会问比较有经验的老师，考研保研这方面的问题可能辅导员会对我们更有帮助，我就会去找辅导员询问。我现在是党员，入党的工作是我们辅导员负责的，可能在这一方面有一个引领性的作用吧！他会结合一些他所经历到的事情给我们讲一些关于党的理论知识。这方面在他身上还是学到了很多东西。”（K2）

“有位思修老师就挺不错。有一次上课的时候我们组织过一个关于性格、价值观的讨论，我课后给他发了一封邮件，阐述了自己的一些看法，后来他不仅回复了邮件，还亲自打电话来和我商讨。那个老师对我影响挺大的，包括后来自己对大学的一些看法也有所改变，还挺感谢他的。”（K4）

“跟授课老师其实接触不算太多。除了上课实际上就没有很多的接触，毕业设计的导师给的是指导性的建议，不会过多地干涉我的毕业设计的细节，就是一个月会跟他交流一次，交流一下毕业设计的情况，主要还是一个学长带着我做。我更多是跟辅导员的接触，因为我当分团委副书记接触最多的就是学院的辅导员，学习方面他们可能会更关心我一些，然后就是一些学生工作方面的指导。他们毕竟工作能力比我们强很多，他们的某些看法也会影响我们，也会让我们受益匪浅。”（K6）

（三）回首得与失：大四之思

在自我评价和自我意识层面，大四学生以一种审视的眼光看待自己的大学经历。一方面，会反省自己在学习方面的时间和精力投入度不够高，没有进行合理的规划，学习成绩没有达到期望值，参加活动的积极性不够，自制力不强和心理调节能力差等遗憾；另一方面，他们对责任意识、奉献意识、心态的平和、成熟、自信以及处理问题的方式等在大学期间的能力提升也表示了一定的认可。

“成长我觉得首先表现在学生组织经历的一些人和事情上面。我觉得对自己来说一方面是阅历增加，从一个只会学习的小娃娃到现在还可以去组织些活动，去做一些事情，这方面的能力肯定是有提高的。另一方面就是交了很多很有意思的朋友，也认识了我的室友，她们每个人都有特色。我觉得认识了很多不一样的人，还是很有意思的、很有收获的。”（K2）

“我最近也在自嘲，要是大一、大二也像这几天的学习状态的话多好。之前被‘毒鸡汤’毒害得还挺深的，说什么成绩不挂科就行。现在才知道不是这样，到哪儿成绩都差那么一点儿。还有一个是大学没有玩好，既没有学好也没有玩好。尤其是大一的时候，像脱缰的野马一样，闲着没事就会上网玩手机。”（K5）

“刚入学对学校的期望和现在的收获相比是低于我的期望的。当初也没想过考研，但是到现在发现什么事情老是差那么一点儿，比如说成绩也差那么一点儿。最后悔的还是没有争取入党，因为现在考公务员都需要这个条件。”（K6）

（四）小结

美国亚瑟·奇克林提出，在大学生发展任务的七要素中，成熟的人际关系、建立自我同一性、发展个人目标、实现整合性是高年级大学生面临的主要任务。[①] 大四时期不仅是实践意义上本科阶段的终结，而且是学生前三年学习成果的延续与检验，更是一名大学生迈进新的人生轨道的“缓冲带”。为了规避学生在大四期间带着“冲澡”的目的去读书，在这一年仅仅提交一份实践实习报告，抑或一篇毕业论文。大四阶段的教育目标和教育内容需要审慎确定，这一时期学生的身份不仅仅由学校赋予，更注入了诸多社会要素。

针对“大四现象”，南京大学推行的“三三制”人才培养方案可以作为高校帮助不同发展方向的大四学生进行阶段性过渡的一种借鉴。在大四期间，根据学生自身能力和自行选择的发展路径，学校将大四学生分为专业学术类、交叉复合类和就业创业类，依据“个性化教育、多元化培养”的基本原则实行分流教学，为不同群体打造满足不同需求的个性化课程体系。如针对继续深造类学生，学校打通本科阶段和研究生阶段之间的壁垒，为大四学生提前攻读深层次课程、积极参与导师科研项目等提供合法化的政策支持；而对于就业创业类学生，学校则可构建与研究型大学相适切的就业指导课程体系，以相关岗位实习和求职技巧为核心，辅以就业心理辅导、就业政策法

---

① Chickering A W, Reisser L. Education and Identity [M]. 2nd Ed. San Francisco: Josey-Bass, 1993.

规等内容的指导教育，为促进大学生就业提供全方位服务，同时提供更多进入相关领域实习或实践的机会，通过实践激发学生的创新意识与创新能力。[①]

第五节 “其他”学生：不容忽视的群体

虽然我国规定大学实行弹性学制年限，学校按学分制管理，如除部分专业外，本科生最长学习年限四年制为 8 年，但如没有在 4 年内毕业，还是会被人另眼相待。因此中国大学的 4 年本科毕业率一直保持在 98%左右。而在美国，大学 4 年毕业率多年保持在 40%左右，6 年毕业率也只勉强达到 60%。笔者所在的 H 大学，已经算是学风好、要求严的“双一流”建设大学，四年制本科生毕业率多年一直在 94%左右。该校对大学生的学习年限与学籍处理的相关规定如下。

第五十七条　学校各专业的培养计划按照国家规定学制年限制定。学校按学分制管理，实行弹性学习年限。凡在我校注册的学生，最长学习年限四年制为 8 年，五年制为 9 年，六年制为 10 年（含休学时间和延长学习时间），超过此学习年限未完成学业者，应予退学。

第五十八条　在规定的学制年限内未修满培养计划规定的各类学分和总学分者，在尚未作退学处理的条件下，可向学校申请延长在校学习年限，延长在校学习年限累计最长不得超过 2 年。

第五十九条　超过允许的在校学习年限，学生必须离校。离校时仍未获得培养计划所规定的各类学分和总学分，学生可在规定的最长学习年限内申请回校考试，合格后获得学分。

第六十条　学校对学生所获学分每学年末清理一次，并按下列标准每学年度进行一次学籍处理（休学学生不算在内）：

1. 在规定学制的第 1 学年度学分清理时，未达到该学年度培养计划总学分的 2/3 者，学校给予黄牌警示。未达到该学年度培养计划累计总学分的 1/2 者，学校给予红牌警示。

---

① 刘晶月．研究型大学大四阶段教学管理的困境与突破——基于南京大学的实证研究[J]．高校教育管理，2012（3）：99-103.

2. 在规定学制的第 2、3 学年度学分清理时，未达到培养计划累计总学分的 3/4 者，学校给予黄牌警示。未达到培养计划累计总学分的 2/3 者，学校给予红牌警示。

3. 五年制专业学生在第 4 年度学分清理时，未达到培养计划累计总学分的 3/4 者，学校给予黄牌警示。未达到培养计划累计总学分的 2/3 者，学校给予红牌警示。

4. 受到黄牌警示者，院（系）根据实际情况，可提出编入原专业下一年级学习的建议，并报教务处批准。

5. 受到红牌警示或受到两次黄牌警示者，须按学校相关规定转入专科学习或作退学处理。

6. 毕业年级在毕业学年的第 2 学期中期进行学分清理，未达到培养计划累计总学分，可持结业证离校或学校申请延长学习年限。

随着高校内外部环境的影响，近年来也有一些毕业生因为创业、深造或找工作等原因主动申请延迟毕业，但一些因为学业困难或心理问题等被迫降级或延迟毕业的大学生，也是随着高等教育规模迅速扩张和高等教育质量问责等逐渐增加的一个群体，本轮访谈中有 3 个案例就属于此类。以下将聚焦这 3 名学生的特殊学业经历，探寻其艰难融入大学场域的逻辑与机制。

个案 C1：挂科延毕——“脚踩西瓜皮”型

C1 于 2012—2017 年就读于 H 大学某工科专业，作为一名经历过“大五”的学生，他的校园经验显得颇为“丰富”——本科期间挂科 20 多次，因此未达到培养计划规定学分，无法按时毕业；同时，所在院系规定延毕手续的办理必须经由家长同意，因听闻在此之前有学生在家长不知情的情况下自主办理了延毕手续，家长发现后到学校来“闹”。为不牵涉家长，C1 直接选择不办理延毕手续，最终勉强修足学分，仅取得毕业证。

个案 C2：服兵役——“曲线救国”型

C2 于 2011 年入学，按正常四年制早应毕业，由于期间经历了 2 年兵役以及 3 次跨院系转专业，接受访谈时已是他入学的第八年，其中诸多的迂回曲折不言而喻。2011 年入学时，C2 调剂至医科专业就读大一，由于志不在此，大二他转入工科专业继续学习，第二年因成绩问题选择留级。辅导员和家长为了帮助他调整学习状态，建议他脱离学校环境进行调适，于是 C2 休学后进入部队服役 2 年。退伍后，他回到原工科院系，因一时无法补上课程进度，辅导员建议他再转专业，他便于 2017 年转入文科专业读大二。

个案 C3：学习困难与抑郁症——艰难自救型

C3 接受访谈时是她入学的第四年，但因转专业等原因于 H 大学某文科专业就读大三。入学初，由于和室友的生活作息不一致，且在交流过程中她们发生了数次摩擦，遭到室友的孤立，经院系多次调和，前后更换了 2 次宿舍。大二上学期，C3 被确诊为重度抑郁症和焦虑症，大二下学期期末考试前夕，迫于复习难度和心理压力，她申请从所在商科专业转入另一个文科类专业学习，因距离学校规定的转专业申请时间已超期 2 个月，C3 只能待到新学期开学后与大一转专业学生一同办理，所以她需要在转入的文科专业重新上一年大二。

（一）前奏：大学模式的初期适应

1. 志愿填报——被绑架的选择偏好

实际上，高考结束后的准大学生们在志愿填报时已处于“一只脚踏进高等教育门槛”的阶段。在新一轮高考改革前，我国大多数省市均实行“知分填报、平行志愿”的填报机制，在“总分匹配”的价值判断方式下，这一时期的高考无疑将分数的重要性推到极致。[①] 这种“分数至上主义”的观念使学生和家长们达成了共同的认识——不仅要考高分，还要在志愿填报中将分数的有效性加以最大化，即越接近该校/专业录取的最低分越好，至于孩子的兴趣志向，一般不会作为优先考虑的因素。

以上提到的 3 个案例均在入学当年以一定意义上的高分进入“985 工程”“双一流”建设高校之一的 H 大学就读，他们在志愿填报和专业选择时的被动与偶然仿佛已预示着未来的遭遇与曲折，背后也体现出家庭因素、学生个人因素、教育环境因素的权衡与博弈。

> “学校是亲戚推荐的，专业嘛，我当时也不知道学什么，有一个想报的专业，但是学费太贵了，家里人就说换一个，就换到这个专业。然后发现我自己好像不太适合，不过也不知道该学什么，没办法，就这样呗。”（C1）

---

① 刘海峰．“平行志愿”投档模式的利与弊［J］．教育发展研究，2011（18）：87.

“我当时高考分数也就刚比这学校高一点，当时我填的是共建生，相当于是对××市考生的一个照顾，就是可以加 10 分录取的那种，但专业比较受限，只能选择其中的几个专业。大家都说学校的招牌最重要。我当时没有填任何医学专业，但录取时被调剂到这个医科专业。当时我家里也想我转专业，我自己也不太想学医，学医的话感觉要背很多课本记很多东西，反正我不是特别喜欢学。因为我高中读的理科，我本身也是想读理工科，我们学校理工科也比较强。”（C2）

“（当时选这个学校是）家里逼的。我虽然是云南的，但是我爸爸这边的家人都是这个省的，我考上大学之后，妈妈也会过来，他们希望我离家近一点。我现在想回家大概走 40 分钟就到了。对于专业呀学校呀真的无所谓，就，你们选吧！都是这个样子。我当时没有什么偏好，唯一的偏好就是一定要把分考高，考高了就好了，然后也没有什么特别喜欢的，就是这个选择很随意。就随便你们安排。你们安排好了，我就去体验好了。感觉也很‘甩手掌柜’，包括后面遇到了一些问题，也是觉得，遇到问题再解决就好了。”（C3）

学生的高考志愿选择行为对其是否能被理想的大学和合适的专业录取至关重要。然而，就高考制度而言，一方面，学校发挥了“母鸡带小鸡”的效应，强化了学生和家长对高校整体排名和声誉的注重，而弱化了对学科专业的选择，使得学生按学校优先的方式填报志愿；另一方面，学生与家长仅注重了解高校的专业优势，不探究学生自身的兴趣爱好和学科特长，造成学生入学后的专业认同度不高和学习积极性不强，既浪费了教育资源，又给个人今后发展带来了困扰。同时，部分学生填报志愿时为减少退档风险，往往会降低专业预期而选择一些相对冷门的专业，或是填报专业服从调剂，真正的专业意向也往往无法得到真实体现。①

最终，案例中的 3 名学生入校后的专业仿佛是经程序化处理后得到的“计算结果”而不是个体意愿的充分表达，去哪所高校、读什么专业成了家长选择、学校调剂此类幕后工作，而台前的学生要做的就是等系列安排结束

① 王存宽，吕慈仙，杨桂珍．从“总分匹配”到“专业导向”——高考志愿模式的转变对高校专业建设的驱动作用分析［J］．教育研究，2016（6）：81-88.

后开启“即兴的表演”。同时，应试教育的长期思维模式使学生在信息不对称的情况下认为“不知道学什么”“没有什么喜欢和偏好”，反而心甘情愿让自己作为“甩手掌柜”被安排，这也在某种程度上显示出高中教育与高等教育的协同中缺乏生涯规划教育的联动。

2. 入学衔接—— 骤然断线的风筝

数年寒窗苦读，高考过关斩将，最终实现大学之梦——这是一条绝对正统的中国学生的“成功”路径。尚未进入大学前，大学是老师与家长描绘下的“乌托邦”，为困于课业、大小考试的高中生构建了关于大学的美好憧憬，而待到真正升入大学后，理想中的大学生活与现实形成的巨大反差使不少学生产生了心理障碍，失去奋斗目标，感到失落迷茫。在时间的分配上，高中与大学的一“紧”一“松”未得到妥当的引导，导致案例中的 3 名学生入学初期在学业学习、人际交往、时间管理上一时难以适应，渐入困境。这不仅与他们入学前的成长经历息息相关，更对他们入学后的努力程度和融入程度产生了直接影响。

> “上大学以前被管得太严了，都不能带手机，假期也很少，没什么自由；上大学以后，我有了自己的第一部手机，还有电脑，就老想玩，一直刷一直刷，还有打游戏，控制不住自己，根本停不下来，比较空虚。”（C1）
>
> “对整个环境的不适应可能是大学前期吧，可能由于我高中管得比较严，上大学之后比较放纵自己，就是玩得比较多，也没有特别上心去学习，反正上大学之后自己也没有下定决心要特别努力学习。服兵役之前，我觉得自己确实不太成熟，就各方面，包括同学关系，经常只跟自己宿舍里面几个玩得比较好一点，平时也没什么社交活动，反正也没什么特别的朋友，自己就觉得很宅，只跟室友玩得比较好。学习方面，也不怎么去学习，感觉自己在大学里的状态比较糟糕。”（C2）
>
> “（不适应的地方）那多了去了。比如，在学习方面，我感觉自己以前的学习方式都是：我稍有不懂的，我的父母会帮我找老师一对一地进行补习，也就是说我基本上所有的知识点都是老师带着我走过来的。但是上大学之后，这些全部都要依靠自己，甚至有时候你课上没有听懂，或者说没怎么听讲的话，考试前基本上全都是靠自习，但是我觉得自己自学能力比较差，所以就很难适应这个大学

的学习方式。在生活方面，我觉得自己不是很适应大学的交友方式，我在人际交往方面出现过非常大的波折。”（C3）

大学新生适应是一个老生常谈的问题，初入大学校园的新生将自身状态由高中教育调整至高等教育不是一蹴而就的，现实的大学也并非高中的延续，高中的首要目的是“考大学”，而真正到达大学阶段，身边的一切是新鲜且充满吸引力的，如果将大把的时间和热情去感受和探索大学，就难以避免陷入“目标缺失”的迷茫。强调新生的入学教育，不仅仅是引导学生为专业教育做好准备，更是在他们依旧对大学饱含美好憧憬的同时鼓励他们明确和制定自身的发展目标，以目标指引方向，牵引前行，从而避免在落差感的积累中逐渐被现实打压得奄奄一息。

（二）间奏：大学生活的期中展示

哲学家涂又光先生曾提出“泡菜理论”，泡菜汤真正决定了泡菜的口感和风味，那么大学如同用于制作泡菜的坛子，学校里的制度、文化和氛围就像坛子里的泡菜汤，影响了浸泡其中的莘莘学子的精神风貌和行为风格，而在校园中学习生活的学生是浸润在坛里的泡菜，在环境的熏陶下经过发酵、酝酿，总会带着这个坛子里的味道。在众多社会性组织中，学校与大学生的关系最为密切，在短暂的四年时光里，大学生宛如坛中的泡菜一般深深浸润于大学的各种文化和制度之中，并接受学校各种制度的规范和影响。H 大学以其优良的学风著称，素有“学在 H 大”的美誉，而大学生的发展是多方面因素作用下的综合体，良好的校园氛围并不意味着每一名学生都能在其中获得最理想的发展，大学仿佛一个集合的“大圈子”，而在“大圈子”中的学生也会构建自身发展的“小圈子”，大学生在大学提供的资源和平台中与谁交往、付出与努力程度、面对和处理问题的方式等都存在一定的异质性，影响着学生的阶段性获得与未来发展的方向，案例中 3 名学生的不同经历能够进一步对此进行更为详细的阐释。

1. 深陷其中的“圈子”——“我的大学算是完整了”

C1 并不是在一开始便遭遇了学业困难，实际上，能够考入 H 大学便意味着他具备良好的知识基础和学习能力，先前学习的经验知识以及相关体验影响着他对新知识的理解和接纳。的确，在先拥观念引导下，C1 在大一期间表现良好，取得了较好的学业成绩。但高等教育与基础教育的差异性具体体现在学生的自主学习、知识迁移、时间管理等诸多学习能力方面，这些能力对学生基本素质的提升作用都会在大学时期得以明显的发挥。

一次学业失败也许是发挥失常，然而，在大学如果无法将自己调至“全然在场”的状态，那么即便能够在最初展现出良好的基础，也难以避免逐步迈入岔道口，最终在相互影响的恶性循环中逐渐麻木以致学业荒废。谈及第一次收到挂科通知邮件时的感受，C1 耸了耸肩说：“就觉得我的大学算是完整了。”

> “上大学之后，刚开始成绩也还行，大一时还有人管我叫学霸（耸肩）。第一次挂科好像是在大二上学期，不过当时也没放在心上，就觉得是自己没复习好，以后认真复习就好了。但之后好像一直也没有认真复习，后来挂多了，基础差，就算好好复习也考不好，就觉得自己真的很差，渐渐地就放弃了，也习惯了，麻木了，无所谓了，不想面对，只想逃避。”（吐舌头）（C1）

心理学研究认为，个体在面临失败时会采取一定的措施避免失败的消极影响以保护自我价值，这样的现象被称为“回避失败”。[①] C1 在大二上学期第一次面临学业上的失败，他在情感角度上做出的调节是并没有“放在心上”“以后认真复习就好了”，然而，一次次的挂科给予了他诸多的消极暗示，使他“觉得自己真的很差”，自我效能感随之降低。“能力”作为个体衡量自我价值的重要标准，对学生而言和成绩紧密联系，上述事实反映出 C1 在自我评价中倾向于将失败归因于稳定而不可控的先天因素，即自身能力不足，而忽视学习过程中可控的努力程度。

在同伴交往方面，C1 更愿意待在舒适的“小圈子”里，在这个“圈子”里，同伴们传递着共同的情感、价值观以及行为认同逻辑。Astin 认为，在大学 4 年经历中，同伴对学生的发展起到了重要的作用，詹姆斯·科尔曼也明确指出“同伴效应”产生的作用仅次于家庭背景对学生的影响。国内 CCTL 调查结果发现，“同伴效应”对于学生学习态度、学习动机激发以及学习结果具有明显的作用。而有关大学生同伴网络的实证研究同样表明，尽管学生各类学习行为均受到随机分配同伴的影响，但较之积极的学习行为，消极的学习行为更容易在同伴之间传播与扩散，也更可能影响其最终的学业

---

① 晏碧华，邹泓．学业情境中回避失败的成因及教育干预［J］．江苏高教，2008（1）：65-68.

表现。[①] 于是，C1在大学生活中，即便与同伴的家庭背景以及行为方式具有明显差异，他依旧将学习这一基本任务逐渐边缘化，取而代之的是在交友、玩乐中麻痹自己，并且以一次又一次的挂科补考作为代价。

> “刚上大学的时候，周围就有人挂科啊，我认识几个学长，挂了不少，然后身边同学也有挂科的。（吐舌头）我加入了一个社团，认识了几个朋友，有一个小圈子，有事没事就经常互相约，一起吃饭、唱歌、出去浪。他们没空的时候，我就自己出去走，也没有什么目标，就是想去陌生的地方走走。小圈子里有挂科的，不过人家上大学本就是体验一下而已，家里条件好，不着急工作，上大学主要是为了交朋友，其次混个文凭，也不在乎了。”（C1）

同时，学生的校园人际互动不仅仅来源于同辈，与授课教师、辅导员、职能部门工作人员之间交往的频度与深度同样对学生的校园参与起到了积极抑或消极的影响。任课老师的工作不仅仅呈现于课堂教学，课下及时有效的反馈对于学生学习投入度也有着积极的促进作用。辅导员作为一线的学生事务管理者，能够代表学校对学生在思想、学习、生活等各方面实行直接管理和指导，然而烦冗且琐碎的事务性工作以及师生比的失调，导致辅导员的管理规模相对过大，工作无法顾及每一位学生的方方面面，学生见辅导员的次数也寥寥无几。缺少与教师、辅导员的互动，学生对院校支持的感知度和归属感便相对较低，对于C1这类自制力相对较差的学生，管理的无力为其“野蛮生长”创造了自我纵容的培养器皿，沉迷游戏、挂科等问题日益吞噬着他的学习动力，最终变得“一发不可收拾”。

> “打游戏或者挂科没有人管，所以就一发不可收拾。这些事情肯定不会跟父母讲嘛，至于辅导员，我都没见过几次。被劝退这个制度，其实我也觉得很神奇，因为好像我每次都刚好在被劝退的边缘，也就是说，每次要劝退挂科严重的学生时，好像总有人比我当时更严重，所以就没轮到我，也就一直没人管我。心理辅导室值班的都是学生，没啥用，院系专业的老师找不到，连邮件地址都没有，就连毕设指导老师都只给QQ，还好几天不回，指望不上。”（C1）

---

① 程诚，王奕轩，姚远．大学生同伴网络影响的非对称性研究［J］．北京大学教育评论，2019（1）：163-185，192．

詹姆斯·科尔曼等人于1966年发表的《科尔曼报告：教育机会公平》一书指出，学生家庭背景对学生学业表现产生着十分重要的影响。[①] 关注对第一代大学生的研究，结论多数认为，父母文化程度以及家庭经济收入对家庭教育禀赋、教养方式具有显著的影响，进而影响子女的学业表现与学习秉性，具体体现在学生挂科门次与课程出勤率等方面。据C1所言，他并非来自条件优渥的家庭，志愿填报时便因难以承担相对较高的学费而与理想专业失之交臂，同时他也是"家里学历最高的人"。然而，即便是较差的家庭经济条件也并未正向推动C1与同伴群体的互动以及学业上的进取，青春期加剧了学生对独立和自由的渴望，曾经的"乖孩子"在大学迎来了自己延迟的"叛逆期"，"挂科""延毕"乃至失去学位证，他深知父母难以接受如此颠覆的自己，便怀揣着投机的心理直接截断了与父母的沟通渠道。

"我有什么事情也不想跟他们说，因为他们也帮不上什么忙，可能还会指手画脚乱七八糟说一大堆。我是我们家学历最高的人，从小成绩就不错，我爸妈也很难接受我大学变成这个样子。我一直生活在否定自我价值观的环境里，我的家庭环境就是这样，曾经我是一个乖孩子，谁说话我都要认真听，谁都可以教育我，就是这样的环境，所以我根本就没有自己的价值观。一个本身就自卑的人却要强行被教育去做自己做不了的事……父母对子女的养育是有偿的，子女要做好，让他们满意，他们才会给予认可或奖励，这就给人一种寄人篱下的感觉。这样的孩子长大以后会形成一种取悦型人格，并且极度缺乏自信和安全感，因为害怕被抛弃。很不幸的是，我中枪了。每当我考得好或者听话的时候，他们会口头表扬两句，但是一旦犯错或者没考好就给我摆脸色，我很怕这个。"（C1）

C1将父母的教养理解为"有偿的"，这实际反映了家庭教育中存在的某些问题。父母往往认为最重要的是为子女提供物质条件，只关注学习成绩的优异与否，却忽略了精神和心理上的关怀，当学生升入大学，生活环境脱离家庭后，这一问题更难以得到及时有效的沟通和解决。

---

① Coleman J S，Campbell E，Hobson C J. Equality of Educational Opportunity［M］. Washington，D. C.：U. S. Government Printing Office，1966：10-32.

2. 跳出原本的“圈子”——“换个环境重新找回学习的动力”

C2 自 2011 年入学至 2019 年毕业，除去 2 年的入伍时间，在校共计经历 3 次跨院系跨学科的专业更换，这让人不禁对其原因进行推本溯源。C2 当年是以“共建生”身份进入 H 大学，“共建生”特指当年 H 大学等 8 所部委所属高校与所在省市的合作建设招生模式，该类考生可在不低于高考省重点线、高校投档线 20 分内录取。然而，这一地方考生保护政策下能够选择填报的专业较为受限，这也为后期 C2 第一次转专业，去往一直心有所属的理工科专业埋下了隐患。

> “我自己也不太想学医，因此我本身也没有填报任何的医学专业，学医的话感觉要背很多课本记很多东西，反正我不是特别喜欢学。因为我高中是读的理科，我本身也是想读理工科，加上我们学校理工科比较强，当时我们转专业还不像现在这个样子，当时是明确告诉我们医科可以转工科，但是只能转国际班，不能转普通班，就是可以直接转中法班。他们有一个工科的中法班，跟法国的三家高校有专门合作。当时我就去报了转专业，然后也没特别严格的筛选，就直接转过去了。”（C2）

在家人的支持以及学校专门设置的转专业通道下，C2 得以顺利地从志愿调剂的医科转入工科专业。然而，在工科专业的学习并不是一个“船到桥头自然直”的过程，一开始他便屡屡碰壁。

> “因为我本身大一上学期的时候，学医科专业，就感觉学得相对比较轻松，专业课什么的，也不用花太多时间。但去了工科专业之后，本身我也没有做好心理准备，他们那些课确实比较难，再就是还要学法语，我也不是很喜欢学法语，所以功课也落下来。”（C2）

> “自己当时在大学的状况是，自己玩得也挺无聊的，学又学不进去，有时候想去图书馆或者哪个地方学一下，一打开书看那些内容，哇，课本都看不懂，确实看不懂，所以就像是陷入一种恶性循环。”（C2）

大学生“学习困难”问题一直是一个普遍现象，对高校“学困生”成因进行分析，可大致归结为学习策略的失调、学习动机不足以及各方面环境带来的不利影响等因素综合使然。[①] 即便对专业学习具有强烈的内部动机，C2转入理工科专业进行一段时间学习后，不仅对实际课程难度、课程体系感到不适应，且自身学习信念较低、有效学习策略缺乏等问题逐步暴露，在他“本身也没有做好心理准备”的情况下，即便付出大量投入，他的学习效率依然低下，这一过程实际挫伤了C2的自我效能感，消极的心态致使他以一种极其被动的状态面对学习任务。

C2并未因意志消沉彻底将自己放任自流，然而即便有心持志，现实依旧是“当头棒喝”——多次学业预警效果甚微，即便留级也是“治标不治本”。从学生的心理发展阶段上来看，青年学生具有强烈的求知欲与成才欲，学校、家庭在这一关键时期对学生进行合理引导能够帮助其建构人生的目标远景，找到合适的发展方向。合理转化“学困生”问题是辅导员管理事务中关键且具有一定难度的工作。同时，在军民融合发展国家战略的背景下，地方大学生入伍是依托普通高等教育为军队培养输送人才的一贯途径。[②] 国家出台了一系列鼓励大学生入伍的优惠政策宣传动员工作，恰好为希望“重新找回学习的动力”、脱离校园环境一段时间的C2提供了非常及时的机遇。

> “（入伍）是因为学习状况很糟糕，学院的辅导员就找到我说，你现在这样子勉强留在学校里，让你留级其实也是治标不治本，要不暂时离开学校一段时间。他说学校有一个可以休学2年政策，就问我要不要去外面找一份工作什么的，让我换个环境重新找回学习的动力吧，在学校里老是这样子，也不是个事儿。然后我爸就建议我去当兵，因为当兵也是2年，2年后如果想留在部队就留在部队，如果不想留，2年之后还是可以退伍回来读书。当时有个政策，就是大学生服兵役保留学籍。当时我想，也可以，去当兵正好。自己确实也觉得从小到大，父母什么事情都不让我主动去承担，就是我都在保护伞下面。所以当时让我去当兵，我说可以去尝试一下。”（C2）

---

① 张启钱，王小青，谈静艳．我国高校“学困生”的成因分析及对策研究——基于对“学习困难”定义回归解读的视角［J］．高等理科教育，2011（2）：77-82.

② 赵辉，张建卫，李海红．我国军民融合高等教育法规政策的现状分析与对策思考［J］．黑龙江高教研究，2018（7）：19-24.

3. 无法融入的“圈子”——“我觉得自己状态不对劲”

大学新生正处在崭新的人生发展路口，大学生的心理也正处于内心活动复杂多变、心理矛盾和冲突强烈的时期。大学的学习不仅意味着单一的知识汲取，更涉及对不同教育层次的衔接以及更为复杂的生活事件的处理。

C3 坦言，在初入校园时，自己最难适应的并不是学习内容和学习方式的转变，而是大学的人际交往方式。大学为大学新生掀开了人际交往的新篇章，相对于高中阶段，大学生作为一个独立的个体进入准社会交往圈，期间伴随着交往对象、交往形式及交往目的等方面的巨变，个体能否有效地建立协调的人际关系会影响到学习、心理和生活等其他非人际交往范畴的协调发展。大学实际上在高中阶段的线性学习型人际关系基础上扩展成了宿舍、同学、师生之间的多维的人际关系网。[①]

> “在生活方面，我觉得自己不是很适应大学的交友方式，我在人际交往方面出现过非常大的波折。我进入大学的时候，第一个宿舍，我当时因为被开水烫伤，回家休养了一个月，没有参加军训，回来之后 3 个室友就比较孤立我，是一种很严重的孤立。当时经过学姐的帮忙，就是让我的学生班主任、辅导员还有班级导师全部都出面，帮我们解决问题，但是最终问题没有得到有效解决。于是我又换到了我们班的另外一个宿舍，在第二个宿舍我也很难融入她们，感觉可能还是自身的问题比较多吧，就交友方面，很难融入。”(C3)

同辈关系是大学生人际关系网络中表现最为广泛而多元的一种，虽年纪相仿、求学于同一所大学，但学生生源地、家庭社会经济背景、教育背景、生活习惯、学业期待都具有明显差异。面对 2 次与宿舍成员关系协调的失败，C3 将其归因为自身人际交往能力较低。实际上，人际交往的障碍由多因素构成，主观来源于对自身性格的认知偏差，而客观上则是人际关系处理方法的缺乏，学生的人际交往障碍在主客观条件和学生差异化背景的催化中得以形成。与此同时，人际关系的处理失败作为重要的应激源导致 C3 的心理健康问题逐渐暴露与深化。

---

① 黄兆信，李远煦．大学新生人际交往障碍的疏导模式探析——基于高中与大学衔接的视角［J］．中国高教研究，2008（11）：70-72.

心理学相关研究一直强调抑郁情绪与人际关系之间的密切联系。如行为主义理论强调社会强化对抑郁形成的影响，抑郁产生于个体在与他人的社会交往中没有获得肯定性的强化，当个体在其社会行为中得到较少的肯定性强化时，容易产生消沉、沮丧和抑郁。而社会认知理论认为，抑郁的病因学是由两方面的因素决定的：一是认知因素，即个体本身所具有的易产生抑郁症的认知倾向性因素；二是社会应激因素，即消极的生活事件，如重大的灾难、日常生活烦恼、长期的适应不良等。引起抑郁症状发作的应激因素主要涉及两个领域——人际关系和自我成就。①

"嗯，如果说这个信息不会外传的话，其实我现在有比较严重的抑郁症，就是因为那段时间引起的，我现在正在吃药治疗。我们学院知道我这个情况，因为我曾经住院过一个月，然后向学院申请。因为我大一的时候被室友孤立，我自己感觉那段时间状况特别糟……我就只专注于学习，朋友之间矛盾什么的都不管，我要好好学习，就什么问题都不处理，所以我一直认为，我之前和室友闹矛盾一定程度上也有自己性格上的原因。后来我就觉得自己状态不对劲，我大二上学期时，在宿舍躺了整整一个星期，我就感觉自己特别想结束生命，那个时候我也自己做出伤害自己的事情，我就逼着自己起床，给学校的心理咨询室打了一个电话，然后我就自己过去进行咨询。"(C3)

大学生心理健康不仅是高校管理实践不可忽略的议题，更是社会公众密切关注的热点问题。大学生在学校生活中从压力事件到情绪反应再到应对方式是一个紧密联系的过程：当个体遭遇压力事件时，会产生情绪反应，并做出应对，努力来缓解压力感，以达成心理适应。基于对 H 大学的相关研究显示，大学生作为一个特殊群体，在压力情境下体验到的情绪以消极情绪为主，应对方式上情绪应对与问题应对虽均有体现，但情绪应对是使用得更为频繁的一种策略。②

C3 在大一遭遇人际关系危机中数次找辅导员协商得以换宿舍，她将其理解为辅导员"怕麻烦"达成的不得已的妥协，而在奖学金评比竞选中，

---

① 魏义梅．大学生抑郁的心理社会机制及认知应对干预［D］．长春：吉林大学，2007.

② 陈建文，王滔．大学生压力事件、情绪反应及应对方式——基于武汉高校的问卷调查［J］．高等教育研究，2012（10）：87-94.

她理所当然地认为失败的人际关系导致在班级中“自己也没有很熟悉的人，大家应该都不会投我”，因此对奖学金评比标准产生怀疑。这类自我消耗性事件同样在隐性层面对学生心理造成不具有灾难性但会逐渐销蚀自我的影响。

（三）尾奏：大学经历的期末验收

大学场域内，衡量学生成功与否并非单纯依赖学业成果等相关量化标准，学生的发展实际是基于多维度的能力获取与能力提升。帕斯卡雷拉等学者认为，大学对学生的影响程度在很大程度上取决于学生个人的努力程度以及参与程度，高校现存的政策、管理方式、资源配置等是为了推动学生更积极地参与各项校园活动。因此，对学生在校期间个人问题的自我剖析以及对成长和收获的自我报告同样值得关注。

1. 归因——特殊学生的自我认知

高等教育的首要目的不仅是发展学生的学习能力，为未来工作做好充分的准备，认知发展作为高等教育的产出也在学生评价中具备同样的重要性。[①] 正如维特根斯坦指出：“洞见或透识隐藏于深处的棘手问题是艰难的，因为如果只是把握这一棘手问题的表层，它就会维持现状，仍然得不到解决。因此，必须把它‘连根拔起’，使它彻底地暴露出来。”特殊学生对于自身校园经历的认知与态度实际也展现出他们独有的逻辑思维方式，让我们同样能借此洞悉困扰他们的“棘手问题”。

“（沉默）其实，我一直不能正视‘挂科’这个问题，所以越挂越多，用‘以后会努力的，以后会补上来的’来欺骗自己，结果就是永远也不会补上。后来的学习过程就暴露出很多问题，我没法逃避，所以就慢慢地去解决它们。我学分不够，因为之前挂太多科了，来不及补满学分，所以就没办法按时毕业，学分后来顺利地补上了，但也晚了，所以只拿到了毕业证，没拿到学位证，连毕业典礼也没有参加，现在想想还是挺遗憾的。”（C1）

“当兵对我的锻炼挺大的。我觉得当兵最大的一个收获是懂得拼搏吧，就是说作为一个男人要有担当，而且不要轻易对自己说

① Astin A W. What Matters in College? Four Critical Years Revisited [M]. San Francisco：Jossey-Bass，1993：186.

'不'。包括在部队里的自律方面、和战友之间的一些相处，反正各方面锻炼都挺大的。之前在学校里，可能确实陷入一种恶性循环。其实我自己也很不满意自己当时在大学的状况，自己玩也挺无聊的，学又学不进去，有时候想去图书馆或者哪个地方学一下，一打开书，哇，课本都看不懂，确实看不懂，所以就陷入一种恶性循环。换了一个环境，自己心态方面也成熟一些，从部队回来之后感觉还是好很多的。特别是这个学期，我感觉对自己的生活状态还是比较满意的。"(C2)

"我觉得现在大学生的这个观念，并不像我父母以为的那么落后。我其实很庆幸自己可以自助，就是找到心理咨询师去解决这些问题。我觉得很多人他们就是在害怕这些问题，他们明知道自己已经有一点点不正常，但他们仍然在自己欺骗自己说没事，这只是短暂的一个表象，我不需要去就医、我不需要去咨询，然后一直拖一直拖，最后矛盾再爆发，那个时候有一些代价就是他承受不住的。我觉得转专业是我最幸运的一件事情……我比较喜欢心理学课程，也是因为自身的状况，我现在正在准备明年的考研，我想考心理学。然后现在正在学习心理学相关的东西。"(C3)

自我同一性的确立是大学生发展过程的核心主题之一，它标志着人格的逐渐完善。埃里克森认为，自我同一性的形成是人格发展中的重要事件，它发生于青年晚期，包含着儿童期技能、信念和自主作用综合而成的一贯的独特整体，从而给年轻成人提供对过去的连续之感和将来的方向感。玛西亚则将自我同一性定义为由探索和承诺两个维度组成的结构：探索指个体努力寻求适合自己的目标、价值观和理想等的过程；承诺指个体为认识自己、实现自我，而对特定的目标、价值观和理想做出的精力、毅力和时间等方面的个人投资和自我牺牲。青少年经过探索和承诺，就可以建立自我同一性。①

大学生群体正处于青少年阶段的晚期，参与大学的学习与生活是他们与成人阶段过渡和衔接最重要的方式之一。C1 清楚意识到自身一直以来对于"挂科"这一问题的选择性回避；C2 则意识到当兵入伍前后自己学习状态和人生态度的转变，对现阶段的状态表示比较满意；而 C3 则从"甩手掌柜"

① 郭金山，车文博．大学生自我同一性状态与人格特征的相关研究［J］．心理发展与教育，2004（2）：51-55.

式地上大学到主动寻求和接受心理咨询，并在机缘巧合下将心理学作为未来深造的一个方向。这体现了他们在建立自我同一性的过程中，不仅对于自身有了更充分的了解，并且能够将个人的过去、现在和将来的时间维度组合成有机整体，以此确立自我目标与价值观念，并对未来的发展做出了更为理性的思考。对于“我是谁”“我的过去与未来如何”等这类问题的思考，实际体现了他们在自我意识的形成和发展中，对于“大学生”这个角色的自我认同也正由模糊变得逐渐清晰。

2. 收获——校园互动的正向影响

即便在就读期间经历了诸多的不顺，案例中的 3 名学生最后还是一步步走出来了，一些关键组织和关键人物对这些本科生的校园生活产生了深刻且积极的影响。

> “（能够一直坚持下来的事情）应该就是当 W 社团的队长吧，一直都在做。其实是换届了，但是因为新上任的人不太负责，也不太熟悉事务，加上老师们有什么事还是习惯喊我，所以实际上一直没变，都是我在管。说实话，我做这些事情本身就是一种逃避，逃避感情上的烦恼、逃避正常的学习……但是意外地收获了更好的东西，跟朋友们在一起，我很开心。所以我对这个感情很深。”（C1）

> “本来是打算转到 Y 院去的，但是因为那边的系主任不同意，没转成。之前我服兵役的时候，在武装部的一个老师那边备案了，他说之后有什么困难可以找他。所以我就找了他，他就帮我转了……（当兵对我的锻炼）挺大的……从部队回来之后感觉好很多。特别是这个学期，我感觉对自己的生活状态还是比较满意的……其实我觉得学校已经做得很好了。我的心态方面也成熟一些。现在很多人会抱怨，抱怨学校这不好那不好，我真觉得学校已经做得够好了，而且，与其抱怨，不如提升自己，我是这么想的。”（C2）

> “我觉得转专业是我最幸运的一件事情，包括 X（转入院系教务）老师，她真的是一个很好的老师，她会发消息鼓励我说，能看到我在一天一天地变好啊什么的……另外，我和 C 是××（学生组织）的小伙伴，都是通过××（学生组织）认识的，然后她就成了我在转入院系中除了室友之外唯一的朋友……我觉得 ××（学生组

织）是一个比较人性化的地方，我大一、大二的时间，基本上除了上课和去××（学生组织），就全在自习。”（C3）

C1 认为自己在社团中“意外地收获了更好的东西”，在社团中担任着重要职务意味着同学赋予的信任以及自身承担的一定责任，特殊身份给予的责任感进一步强化了他努力投入的内驱力自我效能感。C2 从部队返校后自身状态逐渐步入正轨，和以往学习困难、目标迷茫相比，他感受到经历一段时间的环境转换后再次开启专业学习“感觉好很多”，同时“心态方面也成熟一些”。C3 则是在主动寻求心理咨询以及相关院系教师的帮助下转入适合的专业，且心理状况得到了好转，除了上课和自习之外的时间都投入学生组织，并在组织中交到了“除了室友之外唯一的朋友”。

大学生的校园互动对象主要包括教师、同辈以及辅导员等，与这三类对象的互动能在大学生成长中发挥积极的影响作用。这些交往会直接影响到学生成长过程中的自我评价和学习参与程度，从而在深层次上促进学生知识的积累、认知思维能力的发展、组织表达能力的提升以及道德价值观的确立。关键组织和重要人物的互动对案例中 3 名学生的大学生活提供了不可或缺的帮助，积极影响和参与建构着他们的行为选择和校园经验，这其中同辈互动对学生在大学期间的影响没有引起足够的重视，高校对此可进行有效的引导和管理，发挥同伴文化积极的影响力，营造支持学生发展的同伴学习氛围。

（四）小结

大学中的学生学术融入与社交融入状态是影响学生发展的关键因素。学生参与作为一个全面的概念，包括课堂学习、课外学习、跨专业学习和课余活动等不同维度，学生在这些不同维度的参与程度越高，融入状态越好，学生成长的自我评价就越高，全面且积极的学习生活参与度会促进学生在知识积累、认知思维、组织表达、道德价值等不同维度的发展。[①]

而对于经历过“挂科”“延毕”等经历的特殊学生而言，同一所大学对他们产生的影响是差异化的，以上 3 个案例中的 3 名学生的校园经历在具备一定共性的同时也彰显着个性。这 3 名学生的经历验证了“学生个人的努力

① 朱红．高校学生参与度及其成长的影响机制——十年首都大学生发展数据分析［J］．清华大学教育研究，2010（6）：35-43，63.

和融入程度”与“大学的整体氛围以及学校为鼓励学生融入而采取的措施”作为两方面的因素对于学生发展产生的不同影响，个人家庭背景、校园参与程度以及差异化的行为选择和努力程度综合建构着他们个人化的环境，因此，虽同属一所大学，学生依旧能感知到大学赋予不同个体的差异化的氛围与支持，以及学生融入大学环境的不同程度与效果。这启发着高校需要更具针对性和连贯性地开展探索性的教育实践，关注大学新生的成长背景和入学适应问题，同时建立切合学生实际所需的问题预防、预警和疏导机制，针对学生的差异化需求开展个性化教育和社会化服务，以帮助学生在大学校园里获得更好的大学就读体验，同时促进学生的学业成功与全面发展。

第四章

大学生交往互动的形态与关键对象

生活世界由交往而成，交往可以促进社会及个体的发展。

——尤尔根·哈贝马斯（Juergen Habermas）

在全球化背景下，交往成为重要的能力和素养。最初的交往理论是由哈特利于1982年提出的狭义的信息（传播）理论，其仅涉及控制工程中讯息传播和反馈问题。随后，交往理论被引入哲学、社会学和心理学领域，并成为这些领域中的重要理论。代表人物有德国当代哲学家尤尔根·哈贝马斯，其提出的交往行动理论，试图为病理性的现代社会进行诊断治疗，希望通过话语共识的达成来改善社会的规制，借此约束人的行为和整个社会的实践。从交往的视角审视教育领域的问题也是一个古老而常新的议题。从杜威提出“所有交往都具有教育意义，交往可以使双方的经验得到扩展和改变”，到20世纪70年代，德国兴起“交往教学论学派”，再到20世纪90年代苏联教育学家季亚琴科提出“教学交往本质说”，关于教育交往的研究层出不穷。叶澜提出“教育的交往起源说”，指出“教育是一种特殊的交往活动，是教师与学生之间的一种相互作用”①。张应强教授将教育领域的交往研究概括为：“人们是在两种意义上把‘交往’引入教育学或心理学视域中的，一是把‘交往’作为影响学生发展的因素，揭示‘交往’对学生发展的影响，强调‘交往’同‘活动’一样具有发展价值；二是把‘交往’作为平等的师生关系的一种形式，强调学生是教育的主体，强调师生关系要体现‘人道主义’原则。”②不少学者从大学生参与理论出发，验证学生的校园人际交往互动投入对大学生能力提升有极其显著影响的实证研究。有研究发现，学生的校园人际交往互动对学生社会化发展能力提升具有极其显著影响。在校园人际互动的投入越多，理解力等方面的提升就越明显。③ 相关研究较多地关注课堂教学过程中的师生互动。郑家茂、潘晓卉等提出了全面构建师生互动本科教学模式④，叶子、庞丽娟较为具体地阐释了师生互动的内涵、结构、特点⑤，傅维利、张恬恬通过不同的标准划分了师生互动的类型⑥。唐文跃以DW大学为研究案例，对高校教师群体与学生群体之间的互动的内容、方式、过程

---

① 叶澜．教育概论［M］．北京：人民教育出版社，1991：41.

② 张应强．“交往的教育过程观”批判［J］．教育研究，2001（8）：25-29.

③ 周华丽，鲍威．大学生校园人际互动投入的实证研究［J］．高教探索，2014（4）：5-9.

④ 郑家茂，潘晓卉，丁德胜，等．构建研究型大学师生互动本科教学模式［J］．高等工程教育研究，2004（6）：23-26.

⑤ 叶子，庞丽娟．师生互动的本质与特征［J］．教育研究，2001（4）：30-34.

⑥ 傅维利，张恬恬．关于师生互动类型划分的研究［J］．教育理论与实践，2007（3）：29-32.

以及影响因素进行了研究。研究结果发现，高校师生互动的过程趋于同化和顺应，其影响因素主要有现行机制的压力和价值观的冲突。① 对同伴互动的研究相对而言比较缺乏，清华大学的吴志明和武欣调查了35个团队，通过分析发现：团队同伴间的沟通质量间接地影响了学习效果；“搭便车”的行为会降低学习效果等。杭州师范学院则在德育中使用“同伴教育”，该研究的结论为同伴教育能促进人与人之间的沟通，能够增强团队凝聚力。② 山东师范大学李群的研究与之相似，提出利用“同伴辅导”的模式。③

基于交往在教育中的作用，有学者甚至认为可以将“交往”作为现代大学的第四大功能，交往的重要性可见一斑。但由于现代信息技术的迅猛发展，人际交往更多地依赖于各种社交工具，因此，高校人际交往也随之发生变化，伴随网络社交工具长大的新一代交友形态出现多元化倾向。另外，由于现行教师评价考核形式重科研而轻教学，教师也将重心放在科研产出上而相对忽视教学，不可避免地造成了师生关系的疏离。

那么，当代大学生人际交往与互动的现状到底如何？大学期间，他们究竟与哪些人、哪些组织交往？这些不同形式与内容的交往对大学生的学习效果有哪些影响？它们又是如何影响的呢？本章将聚焦这一问题，结合相关理论与实证调查进行探究。

第一节　大学生人际交往互动现状

“社会性人际交往互动”的概念来自院校影响理论中的辍学模型和整体变化模型，尤其是帕斯卡雷拉（Pascarella）的院校影响模型，如图4-1所示。④ 帕斯卡雷拉明确提出“社会性人际互动”一词，并将它内涵定义为“师生互动”（或生师互动）与“生生互动”。结合我国实际情况，本章使用

---

① 唐文跃．高校教师与学生群际互动研究［D］．苏州：苏州大学，2006.

② 沈威，王炎栋．构建大学德育的同伴教育模式——以杭州师范学院开展同伴教育的个案为例［J］．中国德育，2006（6）：60-63.

③ 李群．运用“同伴辅导”模式提高大学生合作学习能力的研究［D］．济南：山东师范大学，2009：17-20.

④ Pascarella E T. College Environmental Influences on Learning and Cognitive development：A Critical Review and Synthesis［C］//Smart J C. Higher Education：Handbook of Theory and Reasearch. New York：Agathon，1985.

“人际互动”一词，指本科生在大学就读期间与教师以及同伴之间的交往互动关系。具体来说，“师生互动”指学生和教师在课堂内外各种形式的交往互动，“生生互动”主要指学生通过课堂内外的学习活动、社活动团、校内外实践活动、休闲娱乐活动等接触到的同龄人之间的互动（也可称为同伴互动）。本章将通过调查数据分析大学生在这些互动交往中获得知识、技能以及共享情感、态度与价值观的过程。

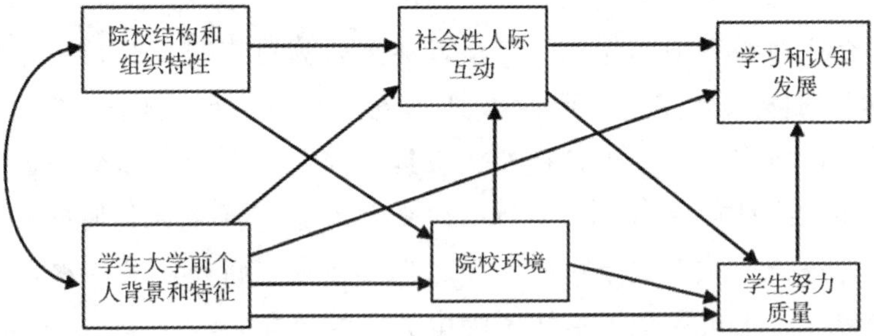

图 4-1 帕斯卡雷拉的院校影响模型

（一）数据来源及其指标说明

本章基于H大学2014年度“本科生学习与发展调查”所得数据进行分析，该轮调查涵盖5个年级，共发出调查问卷32220份，最终回收12134份数据。去除无效调查数据，还剩11295份有效问卷，调查回收率为37.66%，有效问卷率为93.09%，如表4-1所示。SSLD问卷各指标的内部一致性信度系数均在0.7以上，其中5个指标的信度系数为0.7～0.8，11个指标的信度系数在0.8～0.9，4个指标的信度系数为0.9以上。其中，“社交投入”中，“生生互动”的信度系数为0.74，“师生互动”的信度系数达到0.93[①]，表明这两项指标的指标信度很高，很好地达到了测量学的要求。

表 4-1 有效问卷的年级及人数分布

年级	人数/人	百分比/（%）
大一	3344	29.6
大二	3021	26.8
大三	2655	23.5

① 魏署光，陈敏，张俊超，等．“本科生学习与发展调查”的理论基础、问卷框架及信效度——基于华中科技大学的实践［J］．高等工程教育研究，2015（3）：114-120.

续表

年级	人数/人	百分比/（%）
大四	2091	18.5
大五	184	1.6
合计	11295	100.0

大学生人际交往互动的内涵与H大学“本科生学习与发展调查”指标体系中的两个指标（“师生互动”与“生生互动”）的含义是一致的。问卷中，第13题即测量“师生互动”，涵盖“学业交流”“就业职业规划交流”“思想及心理健康交流”三个方面。第12题则测量“生生互动”，从互动对象维度进行测量，分为“室友”“班内同学”“其他年级同学”“老乡/中学同学”“党团/学生会成员”“学生社团成员”等。从互动程度，分为“经常”“有时”“很少”“从未”4级。互动时间按每周小时数分为0、1～5、6～10、11～15、16～20、21～25、26～30、30以上8个层次，相关指标与问卷问题如表4-2所示。

表4-2 大学生人际交往互动的维度及其指标

师生互动（在本学年，您与教师交流以下活动的频繁程度如何?）	学业交流	学习计划
		选课指导
		课程作业
		学业讨论
		奖助学金
	就业职业规划交流	职业规划
		就业指导
	思想及心理健康交流	心理咨询
		思想汇报
生生互动（在本学年，您与以下各类同学交流的频繁程度如何?）	按照互动对象	室友
		班内同学
		其他年级同学
		老乡/中学同学
		党团/学生会成员
		学生社团成员

续表

<table>
<tr><td rowspan="10">生生互动
（一般来说，本学期一周 7 天您花在以下活动中的时间分别是多少?）（每周小时总数）</td><td rowspan="10">按照互动内容</td><td rowspan="2">学习互动</td><td>上课与实验</td></tr>
<tr><td>课外学习</td></tr>
<tr><td rowspan="8">课外活动互动</td><td>党团、学生会及社团活动</td></tr>
<tr><td>各类科技创新活动</td></tr>
<tr><td>人文阅读与讲座</td></tr>
<tr><td>志愿者服务、社会调查等社会实践活动</td></tr>
<tr><td>体育锻炼及健身活动</td></tr>
<tr><td>网上聊天、看电影电视及玩游戏</td></tr>
<tr><td>谈恋爱</td></tr>
<tr><td>兼职</td></tr>
</table>

（二）“师生互动”现状分析

本部分主要对“师生互动”情况进行数据呈现和讨论，了解高校教师和学生之间交往互动的现状，并以此为依据促进师生更有效地互动。本部分在问卷中由 9 道题构成，主要涵盖师生在“学业交流”“就业职业规划交流”“思想及心理健康交流”三个方面的互动。教师指代大学里所有专任教师以及教辅人员，包括辅导员；学生主要指被调查学校的在读学生。本部分题项均为 4 分量表，按照“经常＝4”“有时＝3”“很少＝2”“从未＝1”进行编码，理论平均值为 2.5 分。

1. 学业交流

学业交流是教师和学生之间关于学习的交流，是最主要的教育活动。问卷通过调查“学习计划”“选课指导”“课程作业”“学业讨论”“奖助学金”等来了解师生间的学业互动情况，通过 SPSS 软件对以上 5 项进行统计，得分情况如表 4-3 所示。

表 4-3　师生学业交流得分情况

	学习计划	选课指导	课程作业	学业讨论	奖助学金
均值	2.19	2.08	2.5	2.37	1.92
标准差	0.947	0.909	0.943	0.945	0.877

由表 4-3 可知，师生“学业交流”除在“课程作业”维度上得分 2.5 外，在其他维度得分均低于 2.5，“奖助学金”得分最低，为 1.92。由此可知，师生“学业交流”的总体得分情况一般，在交流中，更多的是围绕“课程作业”进行讨论，“课程作业”作为结果性评价的重要形式仍然是师生交流的关键部分，而“学习计划”和“选课指导”是本科生选择课程以及有效学习的关键环节，但这一环节中，学生与教师之间的交流却“很少”。

2. 就业职业规划交流

高校对本科生的就业指导和职业规划对学生未来的职业生涯至关重要。师生在就业职业方面的互动可以分为两大方面，即“职业规划”与“就业指导”。根据 SPSS 软件统计结果，“职业规划”维度的均值为 2.00，即学生与教师“很少”进行职业规划的互动，“就业指导”均值为 1.91，互动程度更低，得分情况如表 4-4 所示。

表 4-4 就业职业规划交流得分情况

		职业规划	就业指导
N	有效	11255	11230
	缺失	40	65
均值		2.00	1.91
标准差		0.897	0.885

从整体来看，有效样本量 11255 份中，37%的学生“很少”与教师进行职业规划相关互动，34.5%的学生“从未”进行职业规划互动，22.7%的学生选择“有时”，仅有 5.8%的学生“经常”与教师交流职业规划问题。在就业指导维度上，选择“从未”与教师进行就业指导方面互动的学生占 39.5%，34.9%的学生与教师“很少”沟通就业指导问题，“有时”互动的占 20.9%，仅 4.7%的学生与教师之间“经常”进行就业指导方面的互动。由此得出结论，师生之间关于就业职业的互动程度偏低，学生寻求就业职业指导的意识还有待加强，教师进行就业职业方面的辅导也有待加强，学校也应为学生提供更全面的就业指导和职业规划资源和制度。

3. 思想及心理健康交流

问卷通过调查学生在思想和心理健康方面与教师交流的频繁程度，来了解师生之间此方面的互动情况。心理咨询方面，学生与教师的互动程度均值为 1.76，思想汇报维度均值为 1.88，均小于 2，由此可得出结论，在思想及心理健康方面的师生互动程度偏低，如表 4-5 所示。从描述统计结果来看，选择“从未”与教师进行心理咨询的占 40.3%，选择“很少”进行心理咨询的占 36.1%，“有时”找教师心理咨询的占 18.8%，“经常”进行此项互动的占 4.8%。

表 4-5 思想及心理健康互动情况描述统计

		心理咨询	思想汇报
N	有效	11064	10971
	缺失	47	140
均值		1.76	1.88
标准差		0.852	0.876

（三）“生生互动”现状分析

根据帕斯卡雷拉对社会性人际交往互动的分类，“生生互动”是“师生互动”之外的另一大维度。本部分通过对互动对象和互动内容的调查，来了解学生与学生之间的互动交往情况。互动对象主要包括“室友”“班内同学”“其他年级同学”“老乡/中学同学”“党团/学生会成员”“学生社团成员”等。从互动内容来看，主要通过调查学习互动以及课外活动互动情况，来了解学生与学生之间的互动情况。“学习互动”主要包括“上课与实验”“课外学习”；课外活动主要包括“党团、学生会及社团活动”“各类科技创新活动”“志愿者服务、社会调查等社会实践活动”“谈恋爱”“兼职”等。问题答案按照每周小时数进行分组。

1. “生生互动”的主要对象

本科生的“生生互动”，主要指同伴之间的互动，也即同龄人之间或心理发展水平相当的个体之间进行的各项交流与活动。心理学研究表明，同伴之间通过互动建立起来的关系对儿童和青少年的发展和社会化起着主要作用，尤其对儿童和青少年发展社会能力、满足社会交往需要、获得社会性支持以及发展健全人格有着非常重要的影响。那么，学生与学生之间互动频率最高的那些对象是哪部分群体，互动最频繁又是哪些活动呢？以下将对互动对象的均值、各项回答百分比进行描述统计，问题答案分为“从未”“很少”“有时”“经常”4 个层次，分别赋值 1、2、3、4，以量化直观的结果将生生互动情况呈现出来。

根据对学生与学生之间互动对象的描述统计，各种互动对象之间的互动程度良好，如表 4-6 所示。其中，“室友”之间的互动程度最高，“班内同学”略低于“室友”之间互动程度；其次是“老乡/中学同学”“其他年级同学”“学生社团成员”“党团/学生会成员”。“室友”之间的互动均值达 3.85，接近最高分 4 分，互动程度最高；“班内同学”之间互动的均值为 3.57，平均互动频率介于“有时”与“经常”之间，位列第二；与“老乡/中学同学互动”频率的均值为 2.85，互动频率较好；与“其他年级同学”的互动均值为 2.63，大致介于“有时”与“很少”之间；与“学生社团成员”的互动频率则为 2.37，互动程度一般；与“党团/学生会成员”之间的互动均值为 2.26，互动程度最低。

表 4-6 “生生互动”对象描述统计

		室友	班内同学	其他年级同学	老乡/中学同学	党团/学生会成员	学生社团成员
N	有效	11255	11243	11236	11224	11230	11197
	缺失	40	52	59	71	65	98
均值		3.85	3.57	2.63	2.85	2.26	2.37
标准差		0.428	0.584	0.79	0.815	0.938	0.983
方差		0.183	0.341	0.625	0.664	0.88	0.965

在频率分析基础上，通过对年级和互动程度的交叉分析，结果如表 4-7 所示。其中，“室友”之间经常进行互动的占 87.90%；“班内同学”之间经常互动占 62.10%，有时互动的占 33.60%；在“老乡/中学同学”维度，44.40%的对象有时进行互动，很少互动的占 28.80%，经常互动的占 22.50%，4.40%的对象从未与“老乡/中学同学”有过沟通交流；43.60%的学生有时与“其他年级同学”互动沟通，36.70%的学生很少交流；“学生社团成员”中，34.80%的成员很少进行互动，28.40%的成员有时互动，21.70%的成员则从未与其他成员互动；在“党团/学生会成员”中，38.20%的成员很少与其他人互动，有时沟通交流的占 27.20%，从未互动过的占 23.60%。从总体来看，“室友”和“班内同学”之间的沟通交流是最频繁的，其次是“老乡/中学同学”以及“学生社团成员”，互动程度最低的群体是“其他年级同学”和“党团/学生会成员”。

表 4-7 “生生互动”对象频率百分比/（%）

对象频率	从未	很少	有时 0	经常
室友	0.10	2.10	9.70	87.90
班内同学	0.30	4.00	33.60	62.10
老乡/中学同学	4.40	28.8	44.40	22.50
其他年级同学	6.50	36.70	43.60	13.20
学生社团成员	21.70	34.80	28.40	15.00
党团/学生会成员	23.60	38.20	27.20	11.00

2. “生生互动”的主要内容

1）“学习互动”频率

学生与学生之间的互动交流根据内容可大致分为两个维度，即“学习互动”与“课外活动互动”。“学习互动”维度分为“上课与实验”“课外学习”两个方面；“课外活动互动”分为“党团、学生会及社团活动”“各类科技创新活动”“人文阅读与讲座”“志愿者服务、社会调查等社会实践活动”“体育锻炼及健身活动”“网上聊天、看电影电视及玩游戏”“谈恋爱”“兼职”等。问题答案按照每周时间数进行划分为 8 个时间段，包括：30 小时以上、26～30 小时、21～25 小时、16～20 小时、11～15 小时、6～10 小时、1～5 小时、0 小时。“学习互动”频率统计及百分比如表 4-8、表 4-9 所示。

表 4-8 “学习互动”频率统计

		上课与实验	课外学习
N	有效	11081	11036
	缺失	30	75
均值		6.07	4.06
标准差		2.125	1.889
方差		4.515	3.567

表 4-9 “学习互动”频率百分比/(%)

	0 小时	1～5 小时	6～10 小时	11～15 小时	16～20 小时	21～25 小时	26～30 小时	30 小时以上	总计
上课与实验	3.5	7.0	5.7	5.8	10.7	14.3	14.6	38.4	100.0
课外学习	2.7	19.8	25.0	18.2	12.8	7.4	5.5	8.6	100.0

根据表 4-8，“上课与实验”每周的平均用时为 6.07 小时，“课外学习”的每周平均用时为 4.06 小时。而大学生的学习过程中不可避免地掺杂小组合作学习、研究性学习等互动形式，因此，学生学习时间不足，其“学习互动”也会受到影响。

根据表 4-9，在“上课与实验”方面，每周 30 小时以上的人数占 38.4%，百分比由高到低依次为 26～30 小时（14.6%）、21～25 小时（14.3%）、16～20 小时（10.7%）、11～15 小时（5.8%）、6～10 小时（5.7%）、1～5 小时（7.0%）、0 小时（3.5%）。“课外学习”方面，25.0%的学生每周用时 6～10 小时，19.8%的学生每周用时 1～5 小时，其他由高到低依次为 11～15 小时（18.2%）、16～20 小时（12.8%）、30 小时以上（8.6%）、21～25 小时（7.4%）、26～30 小时（5.5%）、0 小时（2.7%）。

2）“课外活动互动”频率

作为大一新生，刚刚踏入大学生活，对各项活动满怀着青春的憧憬，他们或多或少都想加入一些学生组织，期望能够表现自己得到肯定，以及结交优秀的同学，共同分享共同进步。因此，这一时期的“生生互动”除了“学习互动”之外，更是通过众多精彩纷呈的“课外活动互动”，发挥自己的特长，分享自己的知识，一起做运动、玩游戏，更有不少的同学获得了甜蜜的恋情。正如德国学者斯普兰格描述的青年人希望被人接受、理解的心情：“在人的一生中，再也没有像青年时期那样强烈地渴望被理解的时期了……没有任何人像青年那样深陷于孤独之中，渴望着被人接近与理解；没有任何人像青年那样站在遥远的地方呼唤。”

本部分共调查 8 项学生活动的每周用时，即“党团、学生会及社团活动”“各类科技创新活动”“人文阅读与讲座”“志愿者服务、社会调查等社会实践活动”“体育锻炼及健身活动”“网上聊天、看电影电视及玩游戏”

“谈恋爱”“兼职”，这些活动无不渗透着学生与同伴群体之间的沟通交流。本部分主要通过对这8项“课外活动互动”进行频率统计来了解学生在此类人际活动的时间管理情况。

如表4-10所示，按照每周用时由高到低排序，“网上聊天、看电影电视及玩游戏”的每周用时为3.81小时，是学习之外最主要的活动；其次为“体育锻炼及健身活动”（2.78小时）、“党团、学生会及社团活动”（2.31小时）、“人文阅读及讲座”（2.10小时）、“志愿者服务、社会调查等社会实践活动”（2.01小时）、“各类科技创新活动”（1.84小时）、谈恋爱（1.81小时）、兼职（1.59小时）。

表4-10 “课外活动”频率统计

		党团、学生会及社团活动	各类科技创新活动	人文阅读与讲座	志愿者服务、社会调查等社会实践活动	体育锻炼及健身活动	网上聊天、看电影电视及玩游戏	谈恋爱	兼职
N	有效	11060	11031	11054	11021	11052	11036	11044	10999
	缺失	51	80	57	90	59	75	67	112
均值		2.31	1.84	2.10	2.01	2.78	3.81	1.81	1.59
标准差		1.39	1.29	1.21	1.18	1.28	1.67	1.53	1.23
方差		1.93	1.66	1.46	1.40	1.64	2.78	2.33	1.50

如表4-11所示，43.70%的学生每周用时1～5小时进行“党团、学生会及社团活动”，27.50%的学生每周在此项用时为0，15.10%的学生则每周用时达到6～10小时，即平均到每天有1小时以上用在此项学生活动。在“各类科技创新活动”上，则有超过一半的学生（51.40%）不参与此项活动，用时为0。在“人文阅读与讲座”方面，则有一半的学生（50.10%）每周花费1～5小时进行人文阅读及听学校讲座，此项数据显示H大学在文化素质教育实践方面具有较强的吸引力，当然还需进一步扩大宣传及提供更多的人文资源供学生选择。将近占有效样本的一半（46.10%）每周在“志愿者服务、社会调查等社会实践活动”上用时1～5小时，10.30%的学生则每周用时6～10小时，平均到每天有1小时以上进行社会实践活动，因此，可以推断，全校不到六成的学生经常进行社会实践活动。值得注意的是，每周进行

“体育锻炼及健身活动”1～5 小时的学生达到 48.20%，28.00%的学生每周则花费更多时间进行体育活动（6～10 小时），每周从不进行体育活动的学生占 5.10%，此项数据显示，体育活动的学生参与率达到约 95%。“网上聊天、看电影电视及玩游戏”是课外活动中每周用时最多的一项，虚拟世界对学生的吸引不容小觑，28.80%的学生每周用时 6～10 小时，即平均到每天有 1～2 小时沉浸在网络世界中，22.40%的学生则每周用时达到 11～15 小时，20.70%的学生每周用时 1～5 小时，在每周用时 30 小时以上的“课外活动”中，“网上聊天、看电影电视及玩游戏”的比例最高（5.60%），其他活动在 1.00%左右，网络活动成为学生继学习之外第二大选择，高校及教师应更好地关注如何引导学生更好地利用网络资源，有效管理时间，使学生在有限的 4 年时间里夯实知识基础，提高实践能力，养成健全的人格。“谈恋爱”是大学生在情感需求方面的一大表现，那么学生在此项的时间成本如何呢？11044 名本科生中，高达 68.30%的学生没有“谈恋爱”，花费时间每周 0 小时，11.00%的学生每周用时 1～5 小时，8.50%的学生每周用时 6～10 小时。“兼职”是大学生经常选择的社会实践活动，但 H 大学有 71.70%的学生每周在这一方面的用时为 0，13.50%的学生每周用时 1～5 小时，8.10%的学生每周用时 6～10 小时。

表 4-11　各项课外活动每周用时的百分比/（%）

活动类型 \ 每周用时（小时）	0	1～5	6～10	11～15	16～20	21～25	26～30	30 以上
党团、学生会及社团活动	27.50	43.70	15.10	6.40	2.90	1.70	1.50	1.20
各类科技创新活动	51.40	32.10	8.10	3.60	1.80	0.90	1.10	1.00
人文阅读与讲座	29.40	50.10	12.20	3.80	1.50	1.20	1.10	0.70
志愿者服务、社会调查等实践活动	35.80	46.10	10.30	3.30	1.60	1.20	1.10	0.60
体育锻炼及健身活动	5.10	48.20	28.00	9.80	4.20	2.20	1.30	1.20
网上聊天、看电影电视及玩游戏	1.70	20.70	28.80	22.40	11.70	5.80	3.30	5.60
谈恋爱	68.30	11.00	8.50	4.90	2.90	1.40	1.20	1.80
兼职	71.70	13.50	8.10	2.80	1.50	1.10	0.50	0.80

第二节　大学生人际互动对学习效果的影响

国外大量研究表明，学生在大学期间会发生多方面的重大变化。大学教育对学生有着如下 10 个方面的影响：① 语言、计数和学科知识能力；② 认知技能和智力成长；③ 自我身份、自我概念和自尊的变化；④ 对他人与外部世界看法的改变；⑤ 态度和价值观；⑥ 道德发展；⑦ 教育成就；⑧ 职业选择与发展；⑨ 经济利益；⑩ 大学毕业后的生活质量。在本问卷中，学生"学习效果"包含五大维度，即"学科知识""人文素养""创新意识""国际视野""综合能力"，如表 4-12 所示。

表 4-12　大学学习效果的维度及其指标

学习效果（请评价一下您大学期间在以下各方面的提高状况）	学科知识	系统掌握本学科专业知识和理论的程度
		系统掌握本学科研究方法的水平
		本学科专业知识的综合应用能力
		本学科专业资料的阅读、理解和处理能力
		运用信息技术进行学习和研究的能力
	人文素养	对人类历史文化的了解
		艺术鉴赏力
		对个人社会责任的理解
		对社会基本道德规范（含职业规范）的了解与遵从
		对民族文化精神的认同
		对生命意义与人生价值的理解
	创新意识	探索未知的兴趣与意愿
		质疑与辨析能力
		发现与提出问题的能力
		提出新构想的能力
		实施新构想的能力
	国际视野	运用国外（境外）学习资源的能力
		与国外（境外）人士沟通交流的能力
		对所学专业国际学术动态的了解程度

续表

学习效果 （请评价一下您大学期间在以下各方面的提高状况）	国际视野	对国际大事（全球问题）的关注度
		对世界文化多样性的理解和包容程度
	综合能力	口头表达能力
		书面表达能力
		时间管理能力
		主动学习能力
		团队合作能力
		组织领导能力

学生辍学模型是院校环境与个体行为相互融合作用的表现，也有许多研究者用辍学模型作为一种检验学生变化成长的影响机制。该理论模型是以法国社会学家迪尔凯姆（Durkheim）的自杀理论为基础，聚焦于学生个体特征和大学环境所强加的各种影响、期望、需求间的相互作用。迪尔凯姆的自杀理论认为，自杀动机是否产生，取决于个人与团体生活之间的融合程度。同样，个体学生是否做出辍学选择取决于学生与学校生活环境间的整合程度。学生在校期间，必须与学校学术系统和社交系统这两者之间有所整合，如果学生不能与学术系统相整合，将导致课业失败；如果学生无法与社交系统相融合，就会遭受校内人际的排挤和孤立而产生疏离感。因此，Tinto 认为，学生缀学的原因是学生与学校的学术和社交环境缺乏融合。目标承诺（Goal Commitment）是 Tinto 辍学理论模型中的一个关键性概念。目标承诺指的是学生对自我期待的水平和强度，一般来说，不同学生在进入大学之前都会对自身能力的变化具备某种独特的目标承诺；而在进入院校后，与大学环境之间的融合程度会对其成长变化产生影响作用，学生与所在院校环境的融合程度越高，就越会投入到其学校生活中去，其成长变化程度也就越大。①

帕斯卡雷拉同样指出，学生的成长受 5 组主要变量直接影响和间接影响，学生的改变则主要受学生的背景特征、与主要社会化中介的互动、投入学习和个人发展的努力质量的影响。

由此可见，在学生成长的影响因素中，社会性人际互动的作用是十分重要的。那么，学生与教师及同伴之间的互动对学习效果影响如何呢？以下运

---

① Tinto V. Dropout from Higher Education: A Theoretical Synthesis of Recent Research [J]. Review of Education Research, 1975 (45): 89-125.

用Tinto的辍学理论、帕斯卡雷拉的整体变化评定模型等院校影响理论，具体分析使用SPSS相关分析法，来分析“师生互动”及“生生互动”对学习效果的影响。结果表明，虽然“师生互动”和“生生互动”的情况良好，但互动过程中的融合程度一般，因此，二者对学习效果虽存在显著的影响，但影响程度较弱。

（一）“学业交流”对学习效果存在显著影响

根据Tinto的观点，学术系统代表学生的课业表现、智力发展、学业成就等表现，学生如果在大学期间不能进行很好的学术融合，就会面临学业失败的风险。国外大量研究也表明，学生在校期间的学术融合情况对学生学业方面的发展具有重要影响。学生与教师以及同伴的学业交流过程都是学术融合的过程，对学生专业知识的掌握及运用、国际视野的提高等均有积极的影响。

1. “师生学业交流”对学习效果的影响

在SPSS中使用相关分析前，首先将“师生互动”中“学业交流”的5个指标作为整体，计算数据得出新的变量“师生学业交流”，将学习效果的5个维度分别作为整体，计算出新的5个变量，“学科知识”“人文素养”“创新意识”“国际视野”“综合能力”。然后，对学业互动与学习效果5个维度进行相关分析，选择分析皮尔森（Pearson）系数，结果如表4-13所示。

表4-13　师生学业交流与学习效果的相关分析

		师生学业交流	学科知识	人文素养	创新意识	国际视野	综合能力
师生学术互动	Pearson相关性	1	0.397**	0.389**	0.405**	0.438**	0.437**
	显著性（双侧）	0.000	0.000	0.000	0.000	0.000	0.000
	N	10970	10745	10833	10825	10775	10728

注：**代表在0.01水平（双侧）上显著相关。

根据统计结果，可以看出，“师生学业交流”与5个维度的学习效果均在0.01的水平上呈显著相关，但Pearson系数均小于0.5，相关程度较弱。“师生学业交流”与“国际视野”的相关度相对较高，Pearson系数为0.438，与“综合能力”的相关系数为0.437，与“创新意识”的相关系数为0.405，与“学科知识”的相关系数为0.397，与“人文素养”的相关系数为0.389。

由此结果可以证明，大学期间教师与学生所进行的与学术相关的一系列交往活动，包括在“学习计划”“选课指导”“课程作业”“学业讨论”“奖助学金”方面的学业交流，对学生的学习效果均有显著影响，但对学生“学科知识”的作用不是最大的，而是对学生“国际视野”的提高最有成效，能提升学生在学术方面的国际化理解能力以及学术眼光，“师生学业交流”对“综合能力”的效果次之，对学生“人文素养”的提高作用相对较小。

那么，“师生学业交流”的5项指标对学习效果的各项指标影响如何呢？根据相关度的高低，选择性地使用双变量相关分析，依次分析学业交流对“国际视野”“综合能力”“创新意识”以及“学科知识”的影响程度。根据统计结果，师生间在“课程作业”方面的交流频率最高，但“学业讨论”却是影响学生学习效果的最主要因素，“奖助学金”的交流频率最低，对学生学习效果的影响也最低。

根据表4-14，“学业交流”5项指标对“国际视野”5项指标的相关分析结果，两两之间均在0.01的水平上呈显著相关。其中，“学习计划”是影响“国际视野”提高的最主要因素，“学习计划”对“运用国外（境外）学习资源的能力”相关系数为0.341，对“与国外（境外）人士沟通交流的能力”相关系数为0.361，与“对所学专业国际学术动态的了解程度”的相关系数为0.385，分别高于“师生学业交流”的其他4个指标与3项“国际视野”的相关系数。“对国际大事（全球问题）的关注度”影响最大的因素是“选课指导”，相关系数为0.251，“对世界文化多样性的理解和包容程度”影响最大的因素是“学业讨论”，相关系数为0.249。

表4-14　“师生学业交流”与“国际视野”的相关分析

		运用国外（境外）学习资源的能力	与国外（境外）人士沟通交流的能力	对所学专业国际学术动态的了解程度	对国际大事（全球问题）的关注度	对世界文化多样性的理解和包容程度
学习计划	Pearson 相关性	0.341**	0.361**	0.385**	0.247**	0.232**
	显著性（双侧）	0.000	0.000	0.000	0.000	0.000
	N	11025	11018	10994	11017	11011
选课指导	Pearson 相关性	0.322**	0.353**	0.370**	0.251**	0.221**
	显著性（双侧）	0.000	0.000	0.000	0.000	0.000
	N	11014	11007	10985	11007	10999

续表

		运用国外（境外）学习资源的能力	与国外（境外）人士沟通交流的能力	对所学专业国际学术动态的了解程度	对国际大事（全球问题）的关注度	对世界文化多样性的理解和包容程度
课程作业	Pearson 相关性	0.262**	0.278**	0.312**	0.225**	0.218**
	显著性（双侧）	0.000	0.000	0.000	0.000	0.000
	N	11021	11014	10990	11014	11007
学业讨论	Pearson 相关性	0.309**	0.323**	0.355**	0.244**	0.249**
	显著性（双侧）	0.000	0.000	0.000	0.000	0.000
	N	11015	11009	10984	11007	11001
奖助学金	Pearson 相关性	0.292**	0.333**	0.335**	0.220**	0.188**
	显著性（双侧）	0.000	0.000	0.000	0.000	0.000
	N	11018	11012	10986	11011	11004

注：**代表在 0.01 水平（双侧）上显著相关。

根据表 4-15，师生在“学习计划”“选课指导”“课程作业”“学业讨论”“奖助学金”5 个方面的互动与学生的“综合能力”在 0.01 的水平上均呈显著相关。对学生“综合能力”的影响最显著的因素是“学业讨论”，“学业讨论”与“口头表达能力”“时间管理能力”“主动学习能力”“团队合作能力”“组织领导能力”的相关系数依次为 0.301、0.323、0.299、0.317、0.319，均高于其他因素的相关度。由此可得出结论，“学业讨论”是“课程学习”的重要形式，师生在各项学术活动中的融合对学生各项“综合能力”的提高有着十分显著的影响，尤其是“学业讨论”。“学业讨论”有着多种形式，一般包括“学生回答教师提问”“学生回答同伴问题”“课后讨论”“小组合作讨论”“小组合作实践”等。在“小组合作讨论”过程中，“同伴之间的合作”“小组讨论的组织”“表达观点”“提交书面报告”“以问题为导向的主动学习”等都是融合过程，融合程度越好，学生的各项“综合能力”提高越多。因此，教师应给予更多地重视，在“学习计划”“选课指导”“课程作业”“学业讨论”“奖助学金”方面进行更科学合理以及个性化的指导及监督。

表 4-15 “师生学业交流”与“综合能力”的相关分析

		口头表达能力	书面表达能力	时间管理能力	主动学习能力	团队合作能力	组织领导能力
学习计划	Pearson 相关性	0.292**	0.351**	0.323**	0.274**	0.282**	0.312**
	显著性（双侧）	0.000	0.000	0.000	0.000	0.000	0.000
	N	11028	11023	11018	11002	10985	10920
选课指导	Pearson 相关性	0.288**	0.343**	0.320**	0.266**	0.277**	0.306**
	显著性（双侧）	0.000	0.000	0.000	0.000	0.000	0.000
	N	11017	11014	11008	10991	10974	10910
课程作业	Pearson 相关性	0.279**	0.311**	0.299**	0.268**	0.302**	0.291**
	显著性（双侧）	0.000	0.000	0.000	0.000	0.000	0.000
	N	11025	11020	11015	10998	10981	10917
学业讨论	Pearson 相关性	0.301**	0.344**	0.323**	0.299**	0.317**	0.319**
	显著性（双侧）	0.000	0.000	0.000	0.000	0.000	0.000
	N	11019	11015	11009	10992	10976	10912
奖助学金	Pearson 相关性	0.240**	0.298**	0.289**	0.225**	0.232**	0.283**
	显著性（双侧）	0.000	0.000	0.000	0.000	0.000	0.000
	N	11021	11018	11012	10996	10977	10914

注：** 代表在 0.01 水平（双侧）上显著相关。

“创新意识”是 21 世纪人才的重要能力，根据表 4-16，“师生学业交流”与“创新意识”各项指标均在 0.01 的水平上呈显著相关，对“创新意识”影响最大的因素依然是“学业讨论”，它与“创新意识”的各项相关度均高于“学习计划”“选课指导”“课程作业”“奖助学金”，“学业讨论”与“探索未知的兴趣与志愿”“质疑与辨析的能力”“发现与提出问题的能力”“提出新构想的能力”“实施新构想的能力”的相关系数依次为 0.270、0.284、0.333、0.332、0.339。根据现状统计，教师与学生在学业交流过程中的融合情况总体良好，其中“学业讨论”的均值稍高（2.37），即师生在“学业讨论”的互动频率较高，在此过程中，教师与学生以学业为中心的互动都促进了学生与学校学术系统的融合，因此，“学业交流”对“创新意识”的影响十分显著。

表4-16 “师生学业交流”与“创新意识”的相关分析

		探索未知的兴趣与意愿	质疑与辨析能力	发现与提出问题的能力	提出新构想的能力	实施新构想的能力
学习计划	Pearson相关性	0.258**	0.256**	0.299**	0.325**	0.347**
	显著性（双侧）	0.000	0.000	0.000	0.000	0.000
	N	11029	11033	11017	11030	11022
选课指导	Pearson相关性	0.254**	0.253**	0.301**	0.320**	0.344**
	显著性（双侧）	0.000	0.000	0.000	0.000	0.000
	N	11018	11022	11006	11017	11012
课程作业	Pearson相关性	0.249**	0.254**	0.300**	0.297**	0.309**
	显著性（双侧）	0.000	0.000	0.000	0.000	0.000
	N	11027	11029	11014	11025	11018
学业讨论	Pearson相关性	0.270**	0.284**	0.333**	0.332**	0.339**
	显著性（双侧）	0.000	0.000	0.000	0.000	0.000
	N	11022	11024	11010	11019	11013
奖助学金	Pearson相关性	0.212**	0.194**	0.240**	0.268**	0.298**
	显著性（双侧）	0.000	0.000	0.000	0.000	0.000
	N	11024	11026	11011	11023	11015

注：**代表在0.01水平（双侧）上显著相关。

根据表4-17，“师生学业交流”的5个变量与学生“学科知识”的5个变量在0.01的水平上均呈显著相关。根据Tinto的融合理论，学生与学术系统的融合程度越高，学生的变化越大。因此，可以得出结论，学业交流对“学科知识”的掌握及运用有着显著影响。“学业讨论”对“学科知识”的影响程度高于“学业交流”的其他变量，“学业讨论”与“系统掌握本学科专业知识和理论的程度”“系统掌握本学科研究方法的水平”“本学科专业知识的综合应用能力”“本学科专业资料的阅读、理解和处理能力”“运用信息技术进行学习和研究的能力”的相关系数依次为0.308、0.338、0.338、0.333、0.286。“课程作业”及“学习计划”对“学科知识”的影响次之，“奖助学金”对“学科知识”的影响程度相对较低。

表 4-17 “师生学业交流”与“学科知识”的相关分析

		系统掌握本学科专业知识和理论的程度	系统掌握本学科研究方法的水平	本学科专业知识的综合应用能力	本学科专业资料的阅读、理解和处理能力	运用信息技术进行学习和研究的能力
学习计划	Pearson 相关性	0.277**	0.324**	0.315**	0.294**	0.266**
	显著性（双侧）	0.000	0.000	0.000	0.000	0.000
	N	11055	11026	10999	11015	11000
选课指导	Pearson 相关性	0.261**	0.319**	0.312**	0.289**	0.254**
	显著性（双侧）	0.000	0.000	0.000	0.000	0.000
	N	11043	11014	10986	11001	10988
课程作业	Pearson 相关性	0.280**	0.300**	0.304**	0.305**	0.265**
	显著性（双侧）	0.000	0.000	0.000	0.000	0.000
	N	11052	11023	10995	11011	10997
学业讨论	Pearson 相关性	0.308**	0.338**	0.338**	0.333**	0.286**
	显著性（双侧）	0.000	0.000	0.000	0.000	0.000
	N	11047	11017	10989	11003	10988
奖助学金	Pearson 相关性	0.202**	0.247**	0.240**	0.214**	0.194**
	显著性（双侧）	0.000	0.000	0.000	0.000	0.000
	N	11049	11019	10990	11006	10993

注：**代表在 0.01 水平（双侧）上显著相关。

根据表 4-18，师生学业交流的 5 个维度与学生“人文素养”的 6 个维度在 0.01 的水平上均呈显著相关。其中，“选课指导”和“学业讨论”是提高学生“人文素养”的最主要因素，“选课指导”与“对人类历史文化的了解”“艺术鉴赏力”“对民族文化精神的认同”的相关系数依次为 0.306、0.337、0.278，“学业讨论”与“对个人社会责任的理解”“对社会基本道德规范（含职业规范）的了解与遵从”“对生命意义与人生价值的理解”的相关系数依次为 0.238、0.247、0.222。由此可见，大学生所接受到的教师“选课指导”直接影响学生与学校人文底蕴能否更好地融合，显著影响到学生“人文素养”的提升。因此，教师在此过程中的指导作用是不容忽视的，“人文素养”是作为合格的社会人所必备的基本素质，尤其作为国际未来的建设者，“人文素养”关系到个人的人生观、责任感、价值观等，作用不容忽视。

表 4-18 师生学业交流与人文素养的相关分析

		对人类历史文化的了解	艺术鉴赏力	对个人社会责任的理解	对社会基本道德规范（含职业规范）的了解与遵从	对民族文化精神的认同	对生命意义与人生价值的理解
学习计划	Pearson 相关性	0.291**	0.318**	0.217**	0.238**	0.262**	0.214**
	显著性（双侧）	0.000	0.000	0.000	0.000	0.000	0.000
	N	11226	11206	11227	11228	11223	11226
选课指导	Pearson 相关性	0.306**	0.337**	0.226**	0.246**	0.278**	0.210**
	显著性（双侧）	0.000	0.000	0.000	0.000	0.000	0.000
	N	11214	11193	11215	11216	11214	11216
课程作业	Pearson 相关性	0.247**	0.295**	0.222**	0.235**	0.238**	0.202**
	显著性（双侧）	0.000	0.000	0.000	0.000	0.000	0.000
	N	11224	11203	11224	11226	11221	11223
学业讨论	Pearson 相关性	0.276**	0.315**	0.238**	0.247**	0.250**	0.222**
	显著性（双侧）	0.000	0.000	0.000	0.000	0.000	0.000
	N	11220	11196	11218	11218	11217	11217
奖助学金	Pearson 相关性	0.267**	0.287**	0.193**	0.213**	0.246**	0.189**
	显著性（双侧）	0.000	0.000	0.000	0.000	0.000	0.000
	N	11221	11198	11220	11220	11217	11220

注：**代表在 0.01 水平（双侧）上显著相关。

2. “生生学业交流”对学习效果的影响

同伴关系是大学生人际关系中最重要的部分，学生与同伴的互动渗透在学习和生活的每一处细节中，因此，同伴关系是研究学习效果的重要对象。那么，同伴之间的学业交流对学习效果有何关系呢？在 SPSS 中，将“生生互动”中“学习互动”的两个指标，即“上课与实验”“课外学习”计算均值成为新的变量“生生学术互动”，将“学习效果”根据维度整合成为新的变量，即“学科知识”“人文素养”“创新意识”“国际视野”“综合能力”。将“生生学业交流”与“学习效果”5个指标放入相关分析中，结果如表4-19所示。

表4-19　“生生学业交流”与“学习效果”的相关分析

		生生学业交流	学科知识	人文素养	创新意识	国际视野	综合能力
生生学业交流	Pearson相关性	1	0.071**	0.033**	0.053**	0.008	0.061**
	显著性（双侧）	—	0.000	0.001	0.000	0.401	0.000
	N	11018	10791	10876	10866	10814	10770

注：**代表在0.01水平（双侧）上显著相关。

从表4-19可以看出，“生生学业交流”与“学科知识”“人文素养”“创新意识”“综合能力”在0.01的水平上均呈显著相关，与“国际视野”无显著相关，但Pearson系数均小于0.1，相关程度极其微弱。学生与学校学术系统融合的过程促进学生的各项变化。根据统计分析结果，学生与同伴之间的学业交流对大学生“国际视野”的提高没有显著作用，对“学科知识”的作用相对最大，相关系数为0.071，与“综合能力”的相关系数为0.061，与“创新意识”的相关系数为0.053，与“人文素养”的相关系数为0.033。将“生生互动”与“学习效果”5个维度进行相关分析，结果发现，“上课与实验”虽然每周用时最高（6.07小时），但与“学习效果”5个维度均呈负相关，且于“创新意识”“国际视野”“综合能力”方面在0.01的水平上达到显著负相关，相关度极其微弱，依次为－0.023、－0.071、0.019。

那么，具体变量之间相关程度如何呢，根据相关程度的高低（忽略“国际视野”因素），从其他四个方面进行双变量相关分析。

在SPSS中将“上课与实验”“课外学习”与“学科知识”的5个维度进行双变量相关分析，结果如表4-20所示。只有“课外学习”与“学科知识”的5个维度在0.01的水平上呈显著相关，“上课与实验”和“学科知识”的获得在0.01水平上没有达到显著相关。学生与同伴之间的“课外学习”与“系统掌握本学科专业知识和理论的程度”“系统掌握本学科研究方法的水平”“本学科专业知识的综合应用能力”“本学科专业资料的阅读、理解和处理能力”“运用信息技术进行学习和研究的能力”的相关系数依次为0.129、

0.098、0.118、0.118、0.098。“上课与实验”的平均每周时数为6.07小时，而“课外学习”只有4.06小时，但“上课与实验”中学生与同伴之间的互动对学生专业知识的获得并没有显著影响，反而是用时相对较少的“课外学习”使学生在“学科知识”的掌握及应用方面获得显著提升，这一现象应得到学校、教师及学生的重视。应对“上课与实验”的过程进行深入的探究及调整，在“课外学习”方面做好规划，以便更有效地实现学习目标。

表4-20　“生生学业交流”与“学科知识”的相关分析

		系统掌握本学科专业知识和理论的程度	系统掌握本学科研究方法的水平	本学科专业知识的综合应用能力	本学科专业资料的阅读、理解和处理能力	运用信息技术进行学习和研究的能力
上课与实验	Pearson 相关性	−0.002	−0.016	−0.010	−0.004	−0.015
	显著性（双侧）	0.855	0.093	0.312	0.702	0.112
	N	11060	11030	11002	11017	11002
课外学习	Pearson 相关性	0.129**	0.098**	0.118**	0.118**	0.098**
	显著性（双侧）	0.000	0.000	0.000	0.000	0.000
	N	11016	10987	10959	10971	10958

注：**代表在0.01水平（双侧）上显著相关。

根据表4-21，“生生学业交流”与“综合能力”的双变量相关分析得到以下结果。“上课与实验”与“书面表达能力”、“组织领导能力”的提高呈显著负相关，“课外学习”与“综合能力”的6项指标在0.01的水平上均呈显著正相关。“课外学习”与“口头表达能力”“书面表达能力”“时间管理能力”“主动学习能力”“团队合作能力”“组织领导能力”的相关系数依次为0.073、0.072、0.125、0.174、0.076、0.068。“课外学习”对学生“主动学习能力”的影响最大，对“组织领导能力”的影响相对最弱，应在“课外学习”方面正确引导学生，制订合理的“课外学习”计划，更有效地达到学习目标。

值得注意的一点是，学生与同伴之间在“上课与实验”中的互动与“书面表达能力”在0.01的水平上呈显著负相关（−0.048），与“组织领导能力”在0.01的水平上呈显著负相关（−0.026），即“上课与实验”的每周用时越多，学生的“书面表达能力”提升越少，“组织领导能力”也提升越少，这一现象说明了“上课与实验”与学生“综合能力”的提升是相互矛盾的，

“上课与实验”的时间越多，则减少了学生参加锻炼“综合能力”的机会，对学生“综合能力”的提高是不利的。2012年，“学霸”一词开始流行于网络，指代平时刻苦钻研、认真学习、学识丰富、学习成绩斐然的一类人。而根据以上结果，“学霸”群体将大部分时间都用于学习上，学习成绩高于其他人，但其“综合能力”也相对会受影响，因此，对学生的评价内容及其方式的改革也是当前大学的重要议题。

表 4-21　“生生学业互动”与“综合能力”的相关分析

		口头表达能力	书面表达能力	时间管理能力	主动学习能力	团队合作能力	组织领导能力
上课与实验	Pearson 相关性	−0.015	−0.048**	−0.014	−0.001	0.013	−0.026**
	显著性（双侧）	0.110	0.000	0.139	0.957	0.163	0.006
	N	11031	11027	11021	11004	10988	10924
课外学习	Pearson 相关性	0.073**	0.072**	0.125**	0.174**	0.076**	0.068**
	显著性（双侧）	0.000	0.000	0.000	0.000	0.000	0.000
	N	10986	10982	10978	10961	10943	10881

注：** 代表在 0.01 水平（双侧）上显著相关。

根据表4-22相关分析结果，“上课与实验”与学生“创新意识”的提高呈负相关，与“发现与提出问题的能力”以及“实施新构想的能力”在0.01的水平上均呈显著负相关，“课外学习”与“创新意识”的提高在0.01的水平上均呈显著正相关。“上课与实验”与“发现与提出问题的能力”的相关系数为−0.025，即学生在上课与实验中的用时越多，其“发现与提出问题”的能力提高越少。“上课与实验”与“实施新构想的能力”相关系数为−0.044，即“上课与实验”的用时越多，学生“实施新构想的能力”提升越少。“课外学习”与“探索未知的兴趣与意愿”“质疑与辨析能力”“发现与提出问题的能力”“提出新构想的能力”“实施新构想的能力”的相关系数依次为0.096、0.095、0.105、0.085、0.097。由此可得出结论，“课外学习”是提高学生“创新意识”的重要因素，学生在“课外学习”过程中加深了学术融合，在一定程度上有利于学生“创新意识”的提高。

表 4-22 “生生学业交流”与“创新意识”的相关分析

		探索未知的兴趣与意愿	质疑与辨析能力	发现与提出问题的能力	提出新构想的能力	实施新构想的能力
上课与实验	Pearson 相关性	0.009	−0.006	−0.025**	−0.026**	−0.044**
	显著性（双侧）	0.339	0.529	0.008	0.007	0.000
	N	11035	11037	11021	11032	11026
课外学习	Pearson 相关性	0.096**	0.095**	0.105**	0.085**	0.097**
	显著性（双侧）	0.000	0.000	0.000	0.000	0.000
	N	10991	10992	10976	10987	10981

注：** 代表在 0.01 水平（双侧）上显著相关。

根据表 4-23，学生与同伴之间的学业交流与“对人类历史文化的了解”以及“艺术鉴赏力”在 0.01 的水平上呈显著负相关，与“对社会基本道德规范（含职业规范）的了解与遵从”呈显著正相关；“课外学习”则与“艺术鉴赏力”在 0.05 的水平上显著正相关，与其余因素则在 0.01 的水平上均呈显著正相关。“上课与实验”与“对人类历史文化的了解”的相关系数为 −0.04，和“艺术鉴赏力”的相关系数为 −0.056，与“对社会基本道德规范（含职业规范）的了解与遵从”的相关系数为 0.024，即“上课与实验”的用时越多，学生“对人类历史文化的了解”越少，对“艺术鉴赏力”提升越低，而“对社会基本道德规范（含职业规范）的了解与遵从”的提升则越多。“课外学习”与“对人类历史文化的了解”“艺术鉴赏力”“对个人社会责任的理解”“对社会基本道德规范（含职业规范）的了解与遵从”“对民族文化精神的认同” “对生命意义与人生价值的理解”的相关系数依次为 0.043、0.022、0.063、0.071、0.051、0.073。“课外学习”中，学生实现的融合与“对生命意义与人生价值的理解”影响最为显著，“对社会基本道德规范（含职业规范）的了解与遵从”次之，对“艺术鉴赏力”的提高影响相对最低。

表 4-23 “生生学业交流”与“人文素养”的相关分析

		对人类历史文化的了解	艺术鉴赏力	对个人社会责任的理解	对社会基本道德规范（含职业规范）的了解与遵从	对民族文化精神的认同	对生命意义与人生价值的理解
上课与实验	Pearson 相关性	-0.040^{**}	-0.056^{**}	0.019^{*}	0.024^{*}	0.005	0.001
	显著性（双侧）	0.000	0.000	0.041	0.010	0.588	0.907
	N	11048	11026	11046	11049	11046	11046
课外学习	Pearson 相关性	0.043^{**}	0.022^{*}	0.063^{**}	0.071^{**}	0.051^{**}	0.073^{**}
	显著性（双侧）	0.000	0.020	0.000	0.000	0.000	0.000
	N	11003	10983	11002	11002	10999	11001

注：** 代表在 0.01 水平（双侧）上显著相关。

综上所述，师生在学术活动中的交流对学生“学科知识”的获得与运用、“人文素养”的提高、“创新意识”的培养、“国际视野”的开拓以及“综合能力”的提升均有显著的影响，“学术交流”对开拓学生的“国际视野”最有成效，其中师生间“学业讨论”是影响学生学习效果最主要的因素。学生与同伴互动中，“上课与实验”并没有对“学科知识”的获得产生显著的学习效果，并且在多个维度与学习效果呈显著负相关，这也可能与“上课与实验”过程中“生生互动”的频率与质量较低有关，但“课外学习”中的互动对学生学习效果的提高具有显著的正向影响。

（二）“社交互动”对学习效果存在显著影响

根据 Tinto 的观点，“社交系统”代表学生在校内与同伴、师生在课外活动中的社交行为，如果学生无法与社交系统相融合，就会遭受校内人际的排挤和孤立而产生疏离感，同龄群体环境、大学校园活动的频繁参与对学生教育成就有贡献作用。[1]

① Tinto V. Leaving College：Rethinking the Causes and Cures of Student Attrition [M]. 2nd Ed. Chicago：University of Chicago Press，1993.

Kuh 根据多年对大学生学习投入度的调查分析，总结出课外活动对学生以下方面产生影响：一是认知的复杂性，如批判性思考、智力方面多样性、沉思时判断；二是知识的获取及运用；三是人道主义；四是人际交往能力和自我调节能力；五是实践能力。[①] Pascarella 和 Terenzini 对有关学生课外活动参与的纯影响研究予以综合分析后发现，在对重要无关变量因素进行控制的情况下，课外活动参与对学生教育持续性、教育成就、积极的社会自我概念的发展和女性对非传统职业的选择有着适量而积极的影响。[②]

1. “师生社交互动”对学习效果的影响

“师生互动”包含“学业交流”“就业职业规划交流”“思想及心理健康交流”，后二者就包含在社交互动中，将二者通过“转换”，重新计算得出新的变量“师生社交互动”，然后将“师生社交互动”与学习效果的 5 个维度进行相关分析。结果显示，师生关于“职业规划”的互动频率相对最高（2 分）；同时，“职业规划”也是影响学习效果的最主要因素，投入与产出呈显著正相关。

根据表 4-24，“师生社交互动”与“学习效果”的各个维度在 0.01 的水平上均呈显著正相关，但 Pearson 系数均小于 0.5，相关程度中等偏下。与“师生社交互动”相关度最高的一项学习效果是“国际视野”（0.411），其次为“综合能力”（0.378）、“人文素养”（0.359）、“创新意识”（0.344），相关度最低的一项是“学科知识”（0.308）。教师与学生在学术交流中促进学生与学校系统的学术融合，从而获得“学科知识”以及其他方面的提升。而在社交互动中，教师与学生可能是长辈与晚辈的关系，也可能是亦师亦友，学生从这种非正式的互动过程中能够收获丰厚的师生情谊，其认知范畴、人生观、价值观都会在潜移默化中受到教师个人特点的影响。从总体上看，“师生社交互动”中，学生在“学科知识”方面相对提升较小，在“国际视野”方面提升最多，可见，H 大学教师可以在专业方面加强与学生的交流，提供给学生较为前沿的学术动态，增加学生对学术趋势的了解，培养学生关注学术发展的方法与意识。

---

① Tinto V. Leaving College: Rethinking the Causes and Cures of Student Attrition [M]. 2nd ed. Chicago: University of Chicago Press, 1993.

② Pascarella E T, Terenzini P T. How College Affects Students: A Third Decade of Research [M]. San Franciso: Jossey-Bass, 2005: 616-617.

表 4-24 "师生社交互动"与"学习效果"的相关分析

		师生社交互动	学科知识	人文素养	创新意识	国际视野	综合能力
师生社交互动	Pearson 相关性	1	0.308**	0.359**	0.344**	0.411**	0.378**
	显著性（双侧）	0.000	0.000	0.000	0.000	0.000	0.000
	N	11067	10843	10928	10921	10868	10828

注：** 代表在 0.01 水平（双侧）上显著相关。

根据与"师生社交互动"相关度的高低，将每个维度的下一级指标转换整合成为新的变量，然后分别进行双变量分析。

"师生社交互动"与学生"国际视野"的提高相关度最高。根据表 4-25，"师生社交互动"的 4 个维度与"国际视野"的 5 个维度在 0.01 的水平上呈显著正相关，师生之间在"职业规划"方面的互动是影响的主要因素。对"运用国外（境外）学习资源的能力"影响最大的因素是教师与学生"职业规划"的互动（0.328），对学生"与国外（境外）人士沟通交流的能力"影响最大的互动是学生与教师的"心理咨询"（0.368），但与其他因素的相关度差别较小，对学生"对所学专业国际学术动态的了解程度"影响最大的是"职业规划"（0.367），而学生与教师之间的"思想汇报"则对学生"对国际大事（全球问题）的关注度"产生主要影响（0.241），"职业规划"同样是学生"理解和包容世界文化多样性"的主要影响因素（0.221）。"职业规划"为何会成为提升学生国际化视野的主要互动因素，究其原因，"职业规划"需要对学科的国内外发展趋势及就业前景都有准确的判断。因此，学生在此过程中能更好地吸收前沿动态，开拓"国际视野"。

表 4-25 "师生社交互动"与"国际视野"的相关分析

		运用国外（境外）学习资源的能力	与国外（境外）人士沟通交流的能力	对所学专业国际学术动态的了解程度	对国际大事（全球问题）的关注度	对世界文化多样性的理解和包容程度
职业规划	Pearson 相关性	0.328**	0.364**	0.367**	0.237**	0.221**
	显著性（双侧）	0.000	0.000	0.000	0.000	0.000
	N	11203	11197	11170	11196	11188

续表

		运用国外（境外）学习资源的能力	与国外（境外）人士沟通交流的能力	对所学专业国际学术动态的了解程度	对国际大事（全球问题）的关注度	对世界文化多样性的理解和包容程度
心理咨询	Pearson 相关性	0.314**	0.368**	0.348**	0.210**	0.183**
	显著性（双侧）	0.000	0.000	0.000	0.000	0.000
	N	11196	11191	11163	11189	11181
就业指导	Pearson 相关性	0.296**	0.340**	0.344**	0.234**	0.202**
	显著性（双侧）	0.000	0.000	0.000	0.000	0.000
	N	11179	11173	11145	11171	11163
思想汇报	Pearson 相关性	0.303**	0.346**	0.351**	0.241**	0.204**
	显著性（双侧）	0.000	0.000	0.000	0.000	0.000
	N	11101	11097	11067	11094	11086

注：**代表在0.01水平（双侧）上显著相关。

根据表4-26，“师生社交互动”与学生的“综合能力”在0.01的水平上呈显著正相关，“职业规划”是最主要的互动因素，“心理咨询”则是影响最弱的互动因素。“职业规划”与“口头表达能力”“书面表达能力”“时间管理能力”“主动学习能力”“团队合作能力”“组织领导能力”的相关度依次为0.284、0.333、0.301、0.241、0.262、0.313。

表4-26　“师生社交互动”与“综合能力”的相关分析

		口头表达能力	书面表达能力	时间管理能力	主动学习能力	团队合作能力	组织领导能力
职业规划	Pearson 相关性	0.284**	0.333**	0.301**	0.241**	0.262**	0.313**
	显著性（双侧）	0.000	0.000	0.000	0.000	0.000	0.000
	N	11206	11203	11196	11180	11164	11099
心理咨询	Pearson 相关性	0.247**	0.303**	0.272**	0.207**	0.213**	0.275**
	显著性（双侧）	0.000	0.000	0.000	0.000	0.000	0.000
	N	11199	11196	11188	11172	11157	11092

续表

		口头表达能力	书面表达能力	时间管理能力	主动学习能力	团队合作能力	组织领导能力
就业指导	Pearson 相关性	0.265**	0.319**	0.292**	0.225**	0.250**	0.290**
	显著性（双侧）	0.000	0.000	0.000	0.000	0.000	0.000
	N	11180	11177	11171	11156	11138	11075
思想汇报	Pearson 相关性	0.265**	0.323**	0.289**	0.219**	0.242**	0.298**
	显著性（双侧）	0.000	0.000	0.000	0.000	0.000	0.000
	N	11104	11101	11094	11080	11064	11003

注：** 代表在 0.01 水平（双侧）上显著相关。

根据表 4-27，“师生社交互动”与学生“人文素养”的每个维度在 0.01 的水平上呈显著正相关。师生在“心理咨询”中的互动对学生“了解人类历史文化” “艺术鉴赏力”的提升作用相对最大，相关系数依次为 0.308、0.340，“职业规划”对学生“艺术鉴赏力”“对人类历史文化的了解”影响显著，相关系数依次为 0.324、0.292。师生之间非正式形式的各种社交互动对学生情感、态度与价值观方面有着潜移默化的影响，而“心理咨询”互动的过程更是深入的情感交流的互动过程，对学生的精神文化有着显著影响。“职业规划”互动则是学生未来实现个人价值以及社会价值的蓝图，学生需要步入职场实现其价值。因此，社会规范的习得、社会责任的觉醒、人生价值的定位都与“职业规划”息息相关。

表 4-27　“师生社交互动”与“人文素养”的相关分析

		对人类历史文化的了解	艺术鉴赏力	对个人社会责任的理解	对社会基本道德规范（含职业规范）的了解与遵从	对民族文化精神的认同	对生命意义与人生价值的理解
职业规划	Pearson 相关性	0.292**	0.324**	0.217**	0.237**	0.251**	0.210**
	显著性（双侧）	0.000	0.000	0.000	0.000	0.000	0.000
	N	11221	11201	11221	11222	11218	11221

续表

		对人类历史文化的了解	艺术鉴赏力	对个人社会责任的理解	对社会基本道德规范（含职业规范）的了解与遵从	对民族文化精神的认同	对生命意义与人生价值的理解
心理咨询	Pearson 相关性	0.308**	0.340**	0.179**	0.193**	0.238**	0.180**
	显著性（双侧）	0.000	0.000	0.000	0.000	0.000	0.000
	N	11215	11194	11215	11216	11213	11214
就业指导	Pearson 相关性	0.280**	0.308**	0.207**	0.231**	0.254**	0.194**
	显著性（双侧）	0.000	0.000	0.000	0.000	0.000	0.000
	N	11196	11176	11197	11196	11193	11195
思想汇报	Pearson 相关性	0.294**	0.320**	0.210**	0.228**	0.266**	0.203**
	显著性（双侧）	0.000	0.000	0.000	0.000	0.000	0.000
	N	11120	11098	11119	11118	11116	11118

注：**代表在 0.01 水平（双侧）上显著相关。

创新意识可以说是 21 世纪人才最为重要的品质之一，创新人才的需求需要高校贡献力量。根据表 4-28，“师生社交互动”与学生的“创新意识”的每个维度在 0.01 的水平上均呈显著正相关，“职业规划”是影响相对最显著的因素。“职业规划”与学生“实施新构想的能力”相关度最高（0.335），与学生“提出新构想的能力”“发现与提出问题的能力”“探索未知的兴趣与意愿”“质疑与辨析能力”的相关系数依次为 0.308、0.278、0.239、0.231。师生之间的“社交互动”能够促进学生与社交系统更好地融合，促进学生综合方面的变化，根据统计数据，学生的“创新意识”在互动过程中得到了显著变化。

表 4-28 “师生社交互动”与“创新意识”的相关分析

		探索未知的兴趣与意愿	质疑与辨析能力	发现与提出问题的能力	提出新构想的能力	实施新构想的能力
职业规划	Pearson 相关性	0.239**	0.231**	0.278**	0.308**	0.335**
	显著性（双侧）	0.000	0.000	0.000	0.000	0.000
	N	11208	11211	11196	11207	11200
心理咨询	Pearson 相关性	0.208**	0.195**	0.240**	0.281**	0.305**
	显著性（双侧）	0.000	0.000	0.000	0.000	0.000
	N	11202	11205	11189	11199	11193
就业指导	Pearson 相关性	0.215**	0.209**	0.264**	0.290**	0.312**
	显著性（双侧）	0.000	0.000	0.000	0.000	0.000
	N	11185	11186	11171	11183	11175
思想汇报	Pearson 相关性	0.219**	0.211**	0.258**	0.288**	0.315**
	显著性（双侧）	0.000	0.000	0.000	0.000	0.000
	N	11105	11110	11097	11105	11100

注：** 代表在 0.01 水平（双侧）上显著相关。

“师生社交互动”对学生学科知识的获取也有显著影响，但相较其他方面学习效果而言，相关度最低。这可能主要是因为一方面师生社交互动本来就不频繁，另一方面交流的内容都不是和学习直接相关，更多的是对学生的心理以及学业发展规划进行指导。但仍可从数据中看出，师生社交的各个维度对学生“系统掌握本学科研究方法的水平”和“本学科专业知识的综合应用能力”相关度最高，而有关“职业规划”的交流探讨对学生学科知识的影响最大，有关“思想汇报”的互动影响其次，说明在这两方面，学生与教师的互动需求也是最大的。如表 4-29 所示。

表 4-29 “师生社交互动”与“学科知识”的相关分析

		系统掌握本学科专业知识和理论的程度	系统掌握本学科研究方法的水平	本学科专业知识的综合应用能力	本学科专业资料的阅读、理解和处理能力	运用信息技术进行学习和研究的能力
职业规划	Pearson 相关性	0.224**	0.281**	0.277**	0.258**	0.224**
	显著性（双侧）	0.000	0.000	0.000	0.000	0.000
	N	11233	11205	11175	11190	11177
心理咨询	Pearson 相关性	0.187**	0.244**	0.233**	0.210**	0.191**
	显著性（双侧）	0.000	0.000	0.000	0.000	0.000
	N	11226	11198	11170	11186	11169
就业指导	Pearson 相关性	0.212**	0.259**	0.259**	0.240**	0.202**
	显著性（双侧）	0.000	0.000	0.000	0.000	0.000
	N	11208	11180	11150	11164	11151
思想汇报	Pearson 相关性	0.214**	0.271**	0.266**	0.235**	0.210**
	显著性（双侧）	0.000	0.000	0.000	0.000	0.000
	N	11131	11103	11075	11089	11075

注：** 代表在 0.01 水平（双侧）上显著相关。

2. “生生社交互动”对学习效果的影响

同龄群体被定义为群体成员与群体成员之间的相互认同、联系并寻求彼此的接受和认可。[①] 国外不少学者已经就同伴群体的影响做了相关调查研究，总的来说，学生的价值观、信念和抱负会朝着同龄群体中占主导地位的价值观、信念和抱负的方向发展。无论从心理学还是社会学理论来说，个体都会寻求他人或群体的接受、认同与支持。学生发展的每一个方面，都不同程度地受到学

① Astin A W, What Matters in College: Four Critical Years Revisited [M]. San Francisco: Jossey-Bass, 1993.

生同龄群体特征的影响，通常是受到几个同龄群体特征的影响。[①]

通过研究分析，Astin 得出的最具吸引力的通识性结论是，学生同龄群体是影响学生大学期间成长和发展的最强有力的因素。同龄群体对其个体成员的影响，关键是通过该同龄群体所奉行的准则和期望来实现的，学生的价值观、行为和学术计划会朝着他们同龄群体中占主导地位的价值观、行为和学术计划方向发展，与同龄群体的能力、宗教取向和民族构成相比，同龄群体的价值观、态度、自我概念和社会经济地位是影响个体学生如何发展更为重要的决定因素。[②]

根据 SSLD 的调查结果，“生生互动”分为“互动内容”和“互动对象”两个层面，不同的互动内容和互动对象对学生的学习效果影响如何，哪些方面更为显著呢？

1）“课外活动”对学习效果的影响

“生生社交互动”根据内容划分，主要包含各项课外活动，如学生社团、各类讲座、社会实践活动以及恋爱等。

根据表 4-30，课外活动与学生的五项学习效果在 0.01 的水平上呈显著相关，但相关度均小于 0.2，相关程度很弱。同伴群体间的课外互动与学生的“国际视野”相关度相对较高（0.177），“综合能力”次之（0.173），再次为“创新意识”（0.154）与“人文素养”（0.151），相关度相对最弱的是“学科知识”的获得。由此可见，学生个体在参与同伴群体的各项课外互动时，互动过程发挥了促进学生和学术与社交系统融合的作用，尤其是对学生的“国际视野”和“综合能力”的提高作用较为明显。

表 4-30 “生生社交互动”与“学习效果”的相关分析

		生生社交互动	学科知识	人文素养	创新意识	国际视野	综合能力
生生互动（根据内容）	Pearson 相关性	1	0.105**	0.151**	0.154**	0.177**	0.173**
	显著性（双侧）	0.000	0.000	0.000	0.000	0.000	0.000
	N	10883	10666	10746	10742	10684	10642

注：** 代表在 0.01 水平（双侧）上显著相关。

① 刘彩虹．大学如何影响学生：美国的研究成果述评［D］．福州：福建师范大学，2014.

② 刘彩虹．《大学里什么东西最重要：“四个关键的年份”》（修订本）述评［J］．教育与考试，2012（3）：88-91.

根据表4-31，将课外活动的“生生交往”各项指标与学习效果的5个维度做相关分析，结果如下所示。各项课外活动与学习效果的5个维度在0.01的水平上均呈显著相关。其中，“各类科技创新活动”是影响较为主要的因素，它与“学科知识”“创新意识”“国际视野”3项学习效果的相关度相对较高，相关系数依次为0.170、0.190、0.196，而“人文阅读与讲座”对学生“人文素养”的提升相关最高（0.173），与“综合能力”相关度最高的因素是“党团、学生会及社团活动”（0.205）。根据院校影响理论，学生在课外活动中不断地与学术系统、社交系统融合，因此促进了学生不同维度学习效果的提升。

另外，值得注意的一组数据是“网络聊天、看电影电视及玩游戏”与学习效果的习得在0.01的水平上均呈显著负相关。根据描述统计结果，学生在网络活动方面每周平均用时在课外活动中最高，但影响却最为消极，投入产出效果最不理想。因此，学校应在学生网络活动方面加强引导，并组织开展相关讲座、辅导员定期了解学生情况等，引导学生制订合理的时间管理计划，更好地实现学习目标与个人发展目标。

表4-31 “生生社交互动”与学习效果5个维度的相关分析

		学科知识	人文素养	创新意识	国际视野	综合能力
党团、学生会及社团活动	Pearson 相关性	0.079**	0.146**	0.142**	0.140**	0.205**
	显著性（双侧）	0.000	0.000	0.000	0.000	0.000
	N	11010	11097	11091	11035	10990
各类科技创新活动	Pearson 相关性	0.170**	0.118**	0.190**	0.196**	0.190**
	显著性（双侧）	0.000	0.000	0.000	0.000	0.000
	N	10981	11071	11062	11008	10964
人文阅读与讲座	Pearson 相关性	0.099**	0.173**	0.137**	0.159**	0.133**
	显著性（双侧）	0.000	0.000	0.000	0.000	0.000
	N	11002	11091	11084	11031	10984
志愿者服务、社会调查等社会实践活动	Pearson 相关性	0.096**	0.149**	0.148**	0.164**	0.164**
	显著性（双侧）	0.000	0.000	0.000	0.000	0.000
	N	10968	11058	11050	10995	10951
体育锻炼及健身活动	Pearson 相关性	0.081**	0.131**	0.126**	0.144**	0.132**
	显著性（双侧）	0.000	0.000	0.000	0.000	0.000
	N	11000	11089	11080	11029	10984

续表

		学科知识	人文素养	创新意识	国际视野	综合能力
网上聊天、看电影电视及玩游戏	Pearson 相关性	−0.069**	−0.064**	−0.090**	−0.065**	−0.106**
	显著性（双侧）	0.000	0.000	0.000	0.000	0.000
	N	10983	11071	11064	11011	10965
谈恋爱	Pearson 相关性	0.057**	0.043**	0.069**	0.076**	0.088**
	显著性（双侧）	0.000	0.000	0.000	0.000	0.000
	N	10992	11081	11074	11020	10976
兼职	Pearson 相关性	0.027**	0.069**	0.057**	0.076**	0.062**
	显著性（双侧）	0.005	0.000	0.000	0.000	0.000
	N	10947	11036	11030	10974	10932

注：**代表在 0.01 水平（双侧）上显著相关。

2）不同同伴群体互动对学习效果的影响

Pascarella 和 Terenzini 通过研究发现，同龄群体对个体学生主要有以下几种作用：一是帮助学生个体度过困难时期，从家庭中独立出来；二是在某些条件下，同龄群体对学生学术知识目标的实现有支持和促进作用；三是提供情感支持，实现学生从课程、课堂和教师等地方无法得到满足的需求；四是提供与不同于自我背景、兴趣的人相处的机会；五是为在学术方面不太成功或对学术感到沮丧的学生提供另一种与学术兴趣无关的满足感及积极的自我形象。① Astin 则研究发现，学生从与同龄群体的交往中获得最大的发展性收益，唯一与学生同龄群体交往不相关的是学生外语语言技能的增长。②

根据表 4-32，“生生互动对象”与学习效果之间在 0.01 的水平上呈显著相关，但 Pearson 系数均小于 0.4，相关程度较弱。其中，相关度相对较高的是学生的“综合能力”（0.372），其次为“人文素养”（0.308），相关度最低的是“学科知识”（0.228）。

---

① Pascarella E T，Terenzini P T. How College Affects Students：A Third Decade of Research [M]. San Franciso：Jossey-Bass，2005：236-237.

② Astin A W. What Matters in College：Four Critical Years Revisited [M]. San Francisco：Jossey-Bass，1993：385.

表 4-32 “生生互动对象”与学习效果的总体相关分析

		学科知识	人文素养	创新意识	国际视野	综合能力
生生互动（根据对象）	Pearson 相关性	0.228**	0.308**	0.284**	0.294**	0.372**
	显著性（双侧）	0.000	0.000	0.000	0.000	0.000
	N	10873	10963	10955	10904	10856

注：**代表在 0.01 水平（双侧）上显著相关。

将“生生互动对象”与“室友”“班内同学”“其他年级同学”“老乡/中学同学”“党团/学生会成员”“学生社团成员”转换成为新的变量，并与学习效果的5个维度进行相关分析。

根据表 4-33 分析统计结果，“生生互动对象”与学习效果各指标均在 0.01 的水平上均呈显著正相关。其中，“其他年级同学”影响相对而言最大，“党团/学生会成员”影响次之，影响最弱的是“室友”群体。但根据之前描述统计结果，“室友”是互动频率最高的同伴群体（3.57），“党团/学生会成员”是互动频率最低的群体（2.26）。本科的宿舍人际关系是大学生人际关系的重要组成部分，在本科阶段，学生个体同室友之间的交往状况往往在很大程度上影响学生对大学生活的满意度，也影响到学生学习和生活的状态。由此说明，室友之间的互动内容与质量还需要学校与教师有效引导，加强不同年级学生之间的交往互动，创造更多的党团、学生会及学生社团交往互动平台，对学生的成长更有益。

表 4-33 “生生互动对象”与学习效果 5 个维度的相关分析

		学科知识	人文素养	创新意识	国际视野	综合能力
室友	Pearson 相关性	0.056**	0.070**	0.042**	0.028**	0.066**
	显著性（双侧）	0.000	0.000	0.000	0.003	0.000
	N	11017	11106	11099	11046	11001
班内同学	Pearson 相关性	0.165**	0.153**	0.150**	0.124**	0.192**
	显著性（双侧）	0.000	0.000	0.000	0.000	0.000
	N	11005	11094	11087	11036	10989

续表

		学科知识	人文素养	创新意识	国际视野	综合能力
其他年级同学	Pearson 相关性	0.192**	0.232**	0.244**	0.256**	0.307**
	显著性（双侧）	0.000	0.000	0.000	0.000	0.000
	N	10999	11089	11083	11032	10985
老乡/中学同学	Pearson 相关性	0.105**	0.180**	0.137**	0.169**	0.166**
	显著性（双侧）	0.000	0.000	0.000	0.000	0.000
	N	10988	11076	11068	11018	10970
党团/学生会成员	Pearson 相关性	0.186**	0.248**	0.232**	0.247**	0.310**
	显著性（双侧）	0.000	0.000	0.000	0.000	0.000
	N	10994	11082	11076	11024	10976
学生社团成员	Pearson 相关性	0.141**	0.230**	0.211**	0.213**	0.287**
	显著性（双侧）	0.000	0.000	0.000	0.000	0.000
	N	10961	11052	11043	10993	10945

注：** 代表在 0.01 水平（双侧）上显著相关。

总体而言，从生生互动内容来看，“课外活动”对学生“国际视野”与“综合能力”的提升作用显著。其中，“科技创新活动”相对其他因素作用较大，“网络聊天、看电影电视及玩游戏”则消极作用显著。从生生互动对象来看，不同的互动群体对学生的“综合能力”以及“人文素养”的提升影响显著。其中，“其他年级同学”作用比其他同伴群体影响更明显，“室友”的影响相对最弱。

第三节　大学生交往互动的关键对象及其影响

大量实证研究向人们揭示了大学生人际交往互动与学习效果之间有显著的相关，但具体什么样的交往互动是如何影响学习效果是模糊的，以及具体表现在哪些方面同样不清楚。总结前文研究，归纳如下。

第一，师生互动频率较低，但师生交往对学习效果的影响显著。

第二，生生互动的频率整体高于师生互动，群体之间存在差异，频率从高到低依次为：室友＞班内同学＞老乡/中学同学＞其他年级同学＞学生社团成员＞党团/学生会成员。但与这些群体的交往对学习效果的相关影响与互动频率出现较大偏差，对学习效果的影响由大到小依次为：其他年级同学>班内同学>党团/学生会成员>学生社团>老乡/中学同学>室友。

第三，用投入时长来测量生生交往的内容，分析结果显示在课外活动方面，“各类科技创新活动”的投入时间不多但对学习效果提升最大，而每周用时最多的“网上聊天、看电影电视及玩游戏”对学习效果产生负影响。

第四，学术互动与学习效果呈中度相关，并且师生学术互动效果大于生生学术互动；社交互动对学习效果提升的影响不明显，师生社交互动对“国际视野”有较明显的影响，而生生社交互动都处于理论均值之下。

综合以上数据分析结果我们发现，大学生在学校环境中与教师和学生之间发生的交往互动大部分能够在一定程度上帮助学生提高学习效果，即我们可以将其称之为有效的教育交往。同样，通过数据我们也发现，目前的大学生交往存在的一些不容忽视的问题，如频率低的交往反而对学习效果影响大，投入时间长的交往内容反而与学习效果呈负相关关系。

那么，究竟什么样形式的交往互动才是“有效”的教育交往？这样的交往形式又是如何影响大学生的学习效果和学业成功的？因此，本章聚焦于大学生的“有效教育交往”。首先，“有效”确定了交往对大学生学习发展的正向作用；其次，构建有效交往模式的研究核心在于探讨具体什么样的交往形态发挥正向功能的过程机制，而这是量化调查数据所缺失的部分。“教育是人之自我建构的实践活动，教育过程就是学生自觉地以自我为对象的自我改造、自我发展的过程。……自我的发展虽然离不开外在于他的环境因素（主要是文化因素）和人的因素（如教师的指导、引导作用），但一切外在于自我的因素只有纳入自我的视界，为自我所认识到才能真正对自我起作用，才能促进他的发展。”① 因此，本章对于“交往”的解读，主要参考了哈贝马斯的交往理论。他认为：“交往追求的是以言行事，借助语言符号系统，相互间传达信息，双方在言语普遍有效性的基础上，达成共识，认可和接受对方的观点，并在这个过程中采取行动改进自己的行动。”② 在此基础上，对交往的对象和媒介进行了扩充，教育交往是在具体的教育环境中发生，甚至学生会与学校环境直接发生交流，同时采用非语言符号系统作为信息传递和交流的媒介。以下将“有效教育交往”的概念操作化界定为：大学生在教育场域中，通过借助语言符号和非语言符号系统与他人（教师和同辈群体）或环境

---

① 张应强．“交往的教育过程观”批判［J］．教育研究，2001（8）：25-29.

② 莫仙．社会学视角下中小学课堂有效交往的研究［D］．南宁：广西师范学院，2012.

进行相互间的信息传达，认可和接受对方的观点或行为，并采取行动以改进自己达到提升学习效果（知识、技能、态度、情感、价值观等方面）、获得学业成功的行为。

（一）研究问题与研究设计

本章将研究问题分解为以下 3 个子问题：

第一，在具体教育情境中，有效教育交往在对象和形式上有何特点？

第二，有效教育交往是如何影响学生以促进学习效果的提升？

第三，有哪些措施可以促进学生参与更多的有效教育交往？

基于以上研究问题，2017 年 6 月，笔者让选修“高校学生事务管理的理论与实践”课程的 16 名研究生分成 4 组，以“大学生交往的形态及功能”为主题，运用质性研究方法，以 H 大学 2017 届本科毕业生为访谈对象，进行一对一、面对面的访谈，人均时间为 1 小时，因毕业季时间问题，后续的相关追问通过网络开展。在抽样上，采用随机抽样的方法，一共选取 51 名研究对象，涉及 H 大学 24 个院系，在学院分配和男女比例上尽量做到平衡，受访学生基本情况如表 4-34 所示。

表 4-34 受访学生基本情况

访谈对象	性别	学院	专业	毕业去向
S1	男	自动化学院	物流管理	工作
S2	女	建筑与城市规划学院	城乡规划	读研
S3	男	人文学院	汉语国际教育	支教保研
S4	女	土木工程与力学学院	建筑工程	读研
S5	女	土木工程与力学学院	建筑工程	支教保研
S6	女	社会学院	社会学	工作
S7	女	人文学院	汉语国际教育	行政保研
S8	女	人文学院	汉语国际教育	支教保研
S9	女	社会学院	社会学	出国留学
S10	男	光学与电子信息学院	光电信息科学与工程	读研
S11	男	光学与电子信息学院	光电信息科学与工程	读研

续表

访谈对象	性别	学院	专业	毕业去向
S12	男	土木工程与力学学院	建筑工程系	读研
S13	女	材料科学与工程学院	材料科学与工程	读研
S14	女	化学与化工学院	应用化学专业	读研
S15	男	化学与化工学院	应用化学专业	出国留学
S16	女	数学与统计学院	应用数学	读研
S17	男	物理学院	应用物理	读研
S18	女	外国语学院	国际商务英语	出国留学
S19	女	外国语学院	国际商务英语	出国留学
S20	女	材料科学与工程学院	材料科学与工程	读研
S21	男	数学与统计学院	计算数学	读研
S22	男	材料科学与工程学院	材料科学与工程	读研
S23	男	化学与化工学院	应用化学	读研
S24	男	化学与化工学院	化学工程与工艺	工作
S25	女	能源与动力工程学院	热能与动力工程	读研
S26	男	能源与动力工程学院	动力机械与工程	出国留学
S27	男	能源与动力工程学院	热能与动力工程	读研
S28	女	公共管理学院	公共事业管理	读研
S29	男	生命科学与技术学院	生物医学工程专业	读研
S30	男	船舶与海洋工程学院	船舶与海洋工程	工作
S31	女	生命科学与技术学院	生物技术	读研
S32	女	法学院	法学系	工作
S33	女	法学院	法学系	读研
S34	女	公共管理学院	公共事业管理	读研
S35	女	公共管理学院	政治学与行政学	读研
S36	男	船舶与海洋工程学院	船舶与海洋工程	读研
S37	男	计算机科学与技术学院	计算机科学与技术	读研
S38	女	法学院	法学	考研失败，“二战”

续表

访谈对象	性别	学院	专业	毕业去向
S39	男	生命科学与技术学院	生物医学工程	支教保研
S40	男	机械科学与工程学院	机械设计制造及自动化	读研
S41	男	水电与数字化工程学院	—	读研
S42	女	水电与数字化工程学院	水资源	读研
S43	女	经济学院	经济学专业	读研
S44	男	经济学院	经济统计学专业	工作
S45	男	经济学院	—	读研
S46	男	电子信息与通信学院	通信工程	读研
S47	男	电子信息与通信学院	—	读研
S48	男	机械科学于工程学院	—	读研
S49	女	管理学院	市场营销	工作
S50	女	管理学院	财政学	出国留学
S51	女	电气与电子工程学院	电气工程及其自动化	读研

（二）访谈资料分析框架及基本结论

本研究的核心概念是“有效教育交往”，探讨的重点在于“有效教育交往”的形态和功能，在分析时从交往的对象和内容来考察形态，通过交往如何影响学生发展来考察功能，故沿用 Tinto 的辍学模型，并对院校环境中的学术系统和社交系统以及“辍学”的结果导向进行修改，以更加贴合本研究的需要。其中，“入学前特征”主要根据访谈内容整理归纳引入 3 个变量，分别是家庭背景、个性和其他（特殊因素）；“大学的目的”这部分主要体现学生对大学的期望，分别为学业期望、职业期望、情感期望和能力期望；“教育交往”是学生大学经历研究的重点，按照群体和内容划分为师生学术交往、师生社交交往、生生学术交往、生生社交交往 4 个部分；“融合”根据大学经历划分为学术融合、社交融合和环境融合；“学习效果”参考 H 大学“本科生学习与发展情况调查”的结果输出指标，对学生的成长和发展进行对应的整理和分析，分析框架如图 4-2 所示。

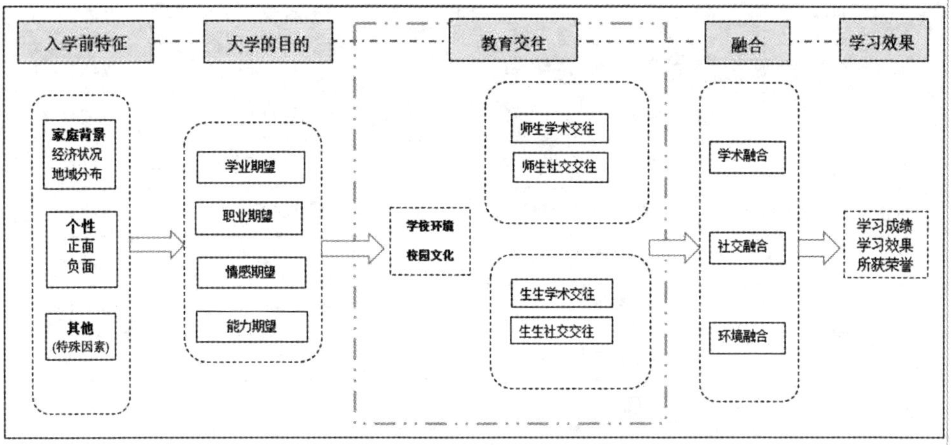

图 4-2 大学生有效教育交往的形态与功能分析框架

在对资料进行解释的过程中，主要运用了哈贝马斯的交往理论。哈贝马斯指出，“交往性行为是定向于主观际地遵循与相互期望相联系的有效性规范。在交往行动中，言语的有效性基础是预先设定的，参与者之间所提出的（至少是暗含的）并且互相认可的普遍有效性要求（真实性、正确性、真诚性）使一般负载着行为的交感成为可能。”[①] 即言语的有效性基础为：① 言说者必须选择一个可领会的表达，以便说者和听者能够相互理解；② 言说者必须提供一个真实陈述的意向，以便听者能分享说者的知识；③ 言说者必须真诚地表达他的意向，以便听者能相信说者的话语（能信任他）；④ 言说者必须选择一种本身是正确的话语，以便听者能够接受，从而使言说者和听者能在以公认的规范为背景的话语中达到认同。

通过对访谈材料的逐层编码，根据以上理论框架进行分析，得出如下几个基本结论。

（1）主动友好型教师搭建师生交往，通过学习指导和期望提高学生的学习投入度，实现学习效果的提升。

学生与教师之间的交往是教育教学活动中最直接、最重要的交往。无论是数据分析的结果还是实践经验的积累，都表明师生交往是教育交往中能最大程度上影响学生学习效果的交往。然而，在访谈资料的分析中发现，大部分受访者与教师之间并没有建立起良好的师生交往关系，甚至在问及与教师

① 哈贝马斯．交往与社会进化［M］．张博树，译．重庆：重庆出版社，1993：121.

的交往时表明“没什么可说的”。学生带着强烈的目的性与教师交往，而教师也只有在发布任务或需要学生时才会与学生沟通，师生之间出现了工具理性主义之上的现象。教师为科研职称奔波，学生为学分证书忙碌，师生在时间和空间上都缺乏正常的“生活世界”的交往情境。学生与专任教师交往的主要形态见表 4-35。

表 4-35　学生与专任教师交往的主要形态

访谈对象	与专任教师交往的主要形态
S4	现在找老师，一般只是求老师办事，因为大学老师大多是上完课就走，不会跟他们交流太多
S13	和老师交流不多，大部分老师上完课就走，没啥单独交流的机会，但特别喜欢马哲老师，觉得他很有魅力
S17	跟专业课老师的接触仅限于学习上的交流吧
S19	害怕老师、敬畏老师，觉得自己不能跟老师像朋友一样有那种平等关系
S22	跟老师的交流还是很多的，但不是特别密切
S24	我跟任课老师的联系比较少，感觉他们对我的影响非常小
S30	专业课老师、公共课老师这方面对我影响很小，跟老师的接触基本上就是我去上课，然后上完课就走了，然后就没有了
S42	我从大一到大三都没有遇到过对我影响很大的老师，那些老师都跟我关系很远。他们上完课就走了，没有特别负责任的，没有碰到

此外，辅导员作为中国高校里的一个特色群体，在大学生的大学经历中发挥着重要的作用，大家经常用“超级保姆”“消防队员”等来形容中国大学辅导员群体行使的角色形象。教育部在《普通高等学校辅导员队伍建设规定》中，规定高等学校应按总体师生比不低于 1∶200 的比例设置专职辅导员岗位，并且要求高校辅导员的工作职责涵盖思想理论教育和价值引领、党团和班级建设、学风建设、学生日常事务管理、心理健康教育与咨询工作、网络思想政治教育、校园危机事件应对、职业规划与就业创业指导、理论和实践研究九个方面。但随着高校学生规模的急剧扩张，很多高校并未达到这一要求，而辅导员因工作内容的烦琐性也很难找到自身的角色定位，导致这一岗位的流动性较大，我们的访谈中，有学生谈到自己大学四年辅导员换了 5 个，有些学生感知不到辅导员的存在，辅导员也没有发挥其应有的作用。虽然作为专职的学生工作群体，大学生与辅导员的交往互动也较为缺乏，且

交流基本都在 QQ 群里。交往稍频繁的，大多都是学生会成员和班干部，内容主要局限于工作安排。学生与辅导员交往的形态见表 4-36。

表 4-36　学生与辅导员交往的主要形态

访谈对象	与辅导员的互动
S1	辅导员的话影响少，我们四年换了五个辅导员
S13	很少与辅导员有联系，而且辅导员很忙，也顾不上每一个学生
S15	我和辅导员没怎么交流
S16	和辅导员没有什么联系
S18	辅导员缺少存在感
S21	辅导员对我影响不大
S22	辅导员对我们的影响很小，基本上没有什么联系，不会主动谈心之类的，平时交流一下学习上的任务
S23	与辅导员的交流很少，感觉辅导员对我的影响很小，基本没有
S33	我们跟辅导员基本上也没什么接触
S36	辅导员平时管得比较全面，但是平时需要找他们的事情还是比较少的，主要都是硬性安排，影响比较小
S49	没有和辅导员有交流啊，我连辅导员是谁都不知道
S19	辅导员嘛，我在学生会工作，工作上的指导稍微多些，但对自己没有太大影响
S17	跟辅导员交流特别密切，因为我是学生干部，经常会打交道
S20	刘老师比较主动，跟她相处比较多，她经常去各个寝室串门，所以联系比较多。刘导刚来的时候，经常会跟我谈论一些情感问题，影响还是蛮大的
S24	因为我在学生会里面，跟我们辅导员的联系还是比较多的，平时也会跟辅导员有很多交流
S29	辅导员影响较大，性格尤其是处理问题的方式上，也给了很多帮助，提高了自己

将那些与教师建立起良好交往关系相关的学生的相关访谈资料进行分析发现，从学生的角度出发，良好师生交往关系的建立关键在于教师主动友好地与学生搭建交往关系。中国传统文化讲究“师道尊严”“尊卑有序”，这种根深蒂固的观念使得学生在面对教师时无法做到积极主动。在这种情况下，教师的主动交往成为师生交往的关键。同时，哈贝马斯强调的交往的有效性

表现在教师能够真实地面对学生、真诚地关心学生、正确地引导学生，并发自内心地关心学生、指出学生的不足，给予学生真诚的指导和建议，在交往中帮助学生成长。良好的师生交往形态及其影响见表 4-37。

表 4-37　良好的师生交往形态及其影响

访谈对象	良好的师生交往形态及其影响
S14	和班主任的联系比较多，会经常一起做饭吃饭，他对我们的生活和学习方面都很关心，会经常谈心
S15	后来选择出国读书，也是因为在学校期间向老师咨询了很多这方面的信息
S16	跟代班班主任的关系很好，他就是同专业的研究生学长，蛮好交流的，就像大哥哥一样会给我们进行生活上和学习上的指导
S18	班主任在我们身上倾注了很多精力，他很认真也很关心我们，如果有事的话我还是会和他主动交流
S21	个别老师影响比较大，我比较喜欢踢球认识的老师，和他聊得来
S23	我跟专业课老师交流不太多，但跟我们专业的班主任交流还是挺多的，感觉他对我学习上的影响比较大
S29	我们班的班主任是非常负责任的，是一个很不错的老师

那么，良好的师生交往关系是如何发挥它的有效性呢？有针对性的指导为学生指明了合适的学习方向，能够帮助学生更快地融合到学习环境中，寻找合适的学习方式。在交往过程中，教师体现出对学生的期望，是促进学生学习投入的重要因素。教师期望效应是一种情感效应，它能够以一种社会性动机相同的方式激发和引导行为，伴随着愉快与喜悦，进而促使任务的完成。[①] 皮格马利翁效应的实验研究表明：学生在学习中一旦感知到教师对自己给予高期待，他们在困难的任务中就会表现出坚持不懈，并且他们将比低期望的学生选择更具有挑战性的任务。受访者 S29 说："我跟我们班主任关系比较好，就是说我也不知道为什么，就是大一寒假的时候，他莫名其妙地在 QQ 上私戳我，然后就说希望我能好好读点书，就是读点专业方面的书，

① 刘彦华，朱丽娜，杜卉．教师期望理论与学生发展关系研究现状及走向［J］．内蒙古师范大学学报（教育科学版），2007（3）：90-92.

后来刚好就是大一那个暑假有学生团队去调研的机会，我就跟着去了，他是指导老师，所以就觉得很受鼓舞的那种。”因此，在良好师生交往过程中，教师通过言语行动指导学生，提高对学生的期望，进而让学生通过提高学习投入度来提升学习效果。

（2）相互关心与帮助的同伴能够帮助学生获得情感需求的满足，形成辅导型和互助型生生交往。

纽曼在其经典著作《大学的理想》中曾说：“当一大批具有青年所有的敏锐、心胸开阔、富有同情心、善于观察等特点的年轻人聚在一起，自由地互相融合，毫无疑问，即使没有教师教他们，他们肯定也会互相取长补短、共同进步。”[①] 然而，在数据分析的结果中显示，生生交往无论从群体上还是内容上对学习效果的影响并不明显，并且出现交往频率越高、花费时间越长的反而与学习效果之间无相关甚至负相关的现象。对于这些问题的出现，笔者通过对访谈资料中生生交往的内容进行分析，试图探讨有效生生交往的形态，引导生生交往的有效性发展。

通过对访谈资料的分析发现，在师生交往严重缺乏的情况下，生生交往呈现交往频率高、内容复杂、目的性弱的特点，交往影响的方式呈现潜移默化、潜伏期长、间接性强的特征。首先要肯定的是生生之间的交往，保证了交往双方的真实性和真诚性，维持了“生活世界”的交往空间。这种真实而真诚的互相关心帮助的交往满足了学生对情感的需求。埃里克森的社会心理发展阶段论表示，处于18～25岁年龄段的大学生面临亲密感对孤独感的社会心理危机，目标在获得亲密感、避免孤独感。而亲密的社会意义，是个人能与他人同甘共苦、相互关怀。如果一个人不能与他人分享快乐与痛苦，不能与他人进行思想情感的交流，不相互关心与帮助，就会陷入孤独寂寞的苦恼情境之中。这也印证了哈贝马斯勾画的“生活世界”中社会的整合（群体同一性的稳定和团结）的部分。

马斯洛需求层次理论将人的需求分为生理、安全、社交、尊重和自我实现五个层次，依次从低级向高级发展，并且只有当低级需求得到满足后，才会追求高级需求。生生之间亲密的交往，能够满足学生在情感归属上的需求，而情感需求的满足正是学生追求学习发展和技能发展的良好基础。访谈资料也证明存在能够相互支持、互相帮助的同伴，在很大程度能够激发学生

---

① 约翰·亨利·纽曼．大学的理想［M］．徐辉，等译．杭州：浙江教育出版社，2001：66.

学习动机、维持学习动力。志同道合，方可并肩作战。在交往过程中形成起共同的阶段性学习目标（如考试、考研），甚至有目标的同学会带动无目标的同学去找寻学习目标，相互鼓励、相互监督，为达到目标一起努力，这些学生往往比孤军奋战的学生更加容易成功。相反，不良的同伴的关系不仅会影响学生的情感需求满足，使学生陷入孤独中，影响身心健康发展，恶劣的关系还会导致学生逃避和放弃该群体所在领域的发展，进而转向能够获得良好尊重需求和情感需求的领域发展。比如，访谈者 S7 由于与室友发生了严重的矛盾，导致其放弃了在学院的相关学生工作和人际关系，转而在能够获得支持和尊重的学生社团中发展，并称“如果没有他们，我都不知道我大学四年会怎么过”。学生同伴交往的主要对象及其影响见表 4-38。

表 4-38　学生同伴交往的主要对象及其影响

<table>
<tr><th>访谈对象</th><th>同伴交往的主要对象及其影响</th><th>交往对象</th></tr>
<tr><td>S3</td><td>跟他们交流交往，发现他们情商比较高，会慢慢地受他们的影响，督促自己更加努力地向他们看齐</td><td rowspan="6">室友</td></tr>
<tr><td>S16</td><td>我们会一起学习，一起考研，我觉得我的室友给我了很大的帮助</td></tr>
<tr><td>S20</td><td>寝室带给我一些成长，都是潜移默化的影响，如沟通技巧、对别人的包容等</td></tr>
<tr><td>S22</td><td>我的寝室里面有一些爱学习的人，他们影响着我的学习，有的也激励我不断学习，这些人际关系对我的成长还是很有帮助的，让我有更多的机会来学习和考研、保研等</td></tr>
<tr><td>S41</td><td>换了宿舍以后就跟他们关系就特别好，因为他们几个人特别好，就终于找到像家人那种感觉，过节大家一起吃个饭聚个餐，那种感觉很好</td></tr>
<tr><td>S46</td><td>寝室的影响是特别大的，有一个学霸的寝室很快都是学霸</td></tr>
<tr><td>S10</td><td>出去玩认识了一些朋友，他们使自己心胸更加开阔了</td><td rowspan="3">同伴
（非室友）</td></tr>
<tr><td>S17</td><td>考研的时候认识的小伙伴，共甘共苦，一起为了学习为了考研而奋斗，感情也还蛮深厚的</td></tr>
<tr><td>S18</td><td>和同伴待在一起的时间比较久，同伴关系的影响挺大的</td></tr>
</table>

续表

访谈对象	同伴交往的主要对象及其影响	交往对象
S38	考研备考时间长了有点坚持不下去了，但看到她一直能坚持。她对我的影响最大的一点就是她决定了去干什么就会去干，这点我觉得没她和我一起的话我就会放弃	同伴（非室友）
S40	平时生活上我那个特别好的哥们年纪比我大，我个人觉得他为人特别成熟，他看待事情的方法、做人的方法，他都有自己的一套独特的见解。我自己感觉我在他那里学到了很多东西	
S13	大一的时候参加了学院的辩论队和社团，在辩论队有认识一些师兄师姐，他们对我状态的改变还挺大的，听一些他们的意见和经历，我开始对成绩注重起来	学姐学长
S15	失恋的时候可以和学长学姐说，帮我走出来；然后科研、学习方面都可以聊，对我学业有很大帮助；我后来选择出国读博也是在学校期间向师兄师姐咨询了很多这方面的信息	
S17	大一进来认识了学长，对我的影响很大，他教会了我很多东西，有关于情感方面的倾诉，也有关于学习和人生规划上面的指导	

综上所述，相互关心与帮助的同伴能够帮助学生获得情感需求的满足，成为学生追求学业成功和个人发展的强大支撑。在交往过程中，有学习目标和动力的同伴带动无目标无动力的学生的辅导型生生交往，还有形成共同学习目标、互相鼓励监督、维持学习动力的互助型生生交往。

（3）在参与学生会/社团活动交往中，学生能够快速习得技能和获得社会化。

在前面的理论介绍中我们提到，“生活世界”是由文化、社会和个体统一组成，存在着与之相应的文化再生产、社会一体化与个性社会化的再生产过程。学生参与到学校中的党团组织、学生会组织和社团组织便是“生活世界”中个体社会化的重要部分。已有研究表明：“学生在参与学生组织和社团中时可以进一步鼓励学生自我探索和促进学生的学习，对学生社会心理的发展，对自主性、自我认同、领导技巧、人际关系，以及引起更强学习动机，或是认知发展中的做决策能力等都有帮助，影响着学生的生涯发展。”①

学生组织里的同伴交往及其影响如表 4-39 所示。在对访谈资料的分析过程中，我们发现，由于访谈对象身份为即将毕业的大四学生，大部分同学都经历了较长时间的党团、学生会和社团交往，甚至担任主席或部长等职位，处于领导和决策的地位。如学生会活动的策划和筹办、党团学习工作的开展等，都需要学生充当领导者、策划者、组织者和负责人，这些角色的交往要求学生必须具备相应的能力，这些能力又会在其交往过程中不断习得和巩固，从而实现良好的融合，促进学生个体社会化能力的提高。反之，在学生组织中停留时间较短（一年或半年）的受访者表示，学生会组织等没有想象中的那样锻炼人，如 S20 说“感觉自己像个打杂的”。

表 4-39　学生组织里的同伴交往及其影响

访谈对象	在学生组织里的同伴交往	影响程度
S14	加入宝洁俱乐部，我参加完后，也没有交很多深交的朋友，因为开始热乎一阵后，联系会慢慢变淡	影响较小
S16	加入了数学建模，跟专业搭边，认识了很多新朋友，更多地进行线上交流。后来比赛结束，几乎也没有什么交集了。不会去跟他们谈心，也不会去谈专业方面的问题	
S20	尝试过社团，把自己放到社团环境中，制度、个人能力等很多因素让我发现我不适应这种环境，然后把自己拿出来了	
S21	社团、学生会之类的，我不感兴趣，心思还是放学习上多一些	
S23	对院学生会的工作方式和活动内容很反感，就是执行上级命令，没有认真做事	
S2	在青年志愿者协会社会实践部，提高了我的 Office 等软件操作技能	影响较大
S3	参加了太极拳社团，满足了自己的武侠情结，加深了对中国传统文化的了解	

① 杜义强，边如欣．高校学生社团对学生的影响及发展策略［J］．教育理论与实践，2017（6）：20-21.

续表

访谈对象	在学生组织里的同伴交往	影响程度
S13	大一的时候参加了学院的辩论队和社团，辩论都是现场交流的，而且需要团队合作，收获很大	影响较大
S15	在学生会，同学的榜样作用；组织部任务和活动很多，交流也挺多	
S19	在学院学生会待得比较久，接触老师、学生、商家等，在这个过程中得到了全方位的锻炼	
S22	参加社团的时候经常会玩一些游戏，这些游戏让我们还是交到了一些不错的朋友。我觉得大一、大二的时候我在学生会里面也收获了很多，认识了很多朋友	
S24	我在学生会里面待了三年，平时我们都会开一些例会交流。由于担任部长，与其他人交流还是很多的，我跟学弟学妹们的交流很多	
S43	在大学生创业实践中心这个组织里面，我的自我概念逐渐明晰了，开始接受自己，对个人的性格也有所改观	
S45	后来我在博世俱乐部成了副部长，在处理事务的过程中不断调整自己的心态，遇事不再急躁	
S49	团学联、人资部，还有外联部都混过。外联部还是很锻炼人的。在大三之前，我都觉得我很内向的，不太会和人相处啊。现在总的来说就是整个人更 hold 住场子，更会为人处事	

学生在参与学生会/社团活动这类活动中的交往首先在真实性上有保障，前辈带后辈的活动模式，保证了知识的可分享性；其次，活动的举办需要团队合作，要获得成员的信任，交往的真诚性必不可少；最后，言语的正确性是在实践中为大家所接受认同的活动方案和经验。但是重要的前提是要持续性地投入和融入，即投入相当的时间并参与到核心的实践活动之中。只有当学生参与到学生组织中高阶思维活动的交往时，即要求创新能力、问题解决能力、决策力和批判性思维能力的参与时，才能使学生的各方面能力得到提升。

第四节　构建有利于双重融合的大学生交往模式

人类社会伊始，便产生了人与人的交往，大学阶段的学生更是处于孤独感对亲密感的重要阶段，此阶段亲密感的获得对学生而言至关重要，影响到学生的心理健康，心理状态更是对各个方面的发展都有不可磨灭的影响。本研究通过调查分析发现，师生互动的程度一般，生生互动程度良好，对学习效果的影响虽然显著，但相关程度均不理想，因此，提高社会性人际互动对学生学习效果的影响，需要构建更加有利于大学生学术融合和社交融合的双重融合人际交往模式。

（一）建立双向主动的师生交往模式

教师与学生的关系一直是高等教育学领域关注的重要问题，但师生交往受到方方面面的影响，包括学校制度、教育理念等，因此，构建良好的师生交往模式需要各方面的配合。同样，良好的师生交往模式可以促进学校制度的完善以及教育理念的发展。从本章调查结果和访谈资料可以看到，师生交往无论从量还是质都亟待提升，而提升需要多方的共同努力。

1. 建立教学相长的交往理念

首先，教师的师生交往意识需要提高。《礼记·学记》有云："是故学然后知不足，教然后知困。知不足然后能自反也，知困然后能自强也。故曰教学相长也。"师生交往是教学相长的表现形式，教学相长是师生交往的必然结果。只有教师意识到自己的言行对学生以及自身的全面发展都具有显著的影响，在平时的课内外互动中有意识地与学生增加交流，提高互动频率，拓宽交往途径，才能更好地在教学与生活中对学生的学习效果起到更显著的影响作用。而在当前高校普遍重科研轻教学的情况下，高校应以教育评价改革为契机，将"立德树人"作为评价教师的最重要指标，鼓励教师以各种形式主动和学生互动交往。

其次，学生也需要提高主动与教师进行交往的意识。Kuh 等人提到良好的师生关系对帮助学生增强学习投入、提高学业成功有重要作用，并且认为在人数众多的大规模学校中，良好师生关系的形成关键在于学生主动。[①] 而在我国，相当比例的学生觉得不想或不敢和教师交流，有的顾虑自己显得太幼稚，有的担心老师们太忙了不予理会，害怕“碰一鼻子灰”。当前生师比居高不下，教师因材施教的难度很大，如果学生提高互动意识，主动寻求与教师的交往互动，那么就能有效地提高师生交往对学生学习效果的影响，更好地发挥教师的启发、引导、熏陶作用。

2. 创建多样化的互动场所和途径

师生交往需要课堂内与课堂外相结合。师生交往不应局限于课堂上的互动，也应存在于课堂之外。课堂内的互动是传统的交往形式，对学生学习效果的影响十分重要，但现代大学生在课下遇到困难时仍然希望有教师的帮助，这就需要师生在课外延续交往。古语有云“一日为师，终身为父”，除了在学业方面，教师能够为学生“传道授业解惑”，在人格熏陶、国际视野、价值观等方面教师更是能够发挥以身作则的作用。课堂之外的师生交往是以信任、关怀、尊重、理解为基础的积极师生关系。比如，教师与学生的交往更多的是带有一定目的性，课堂互动主要为了学生习得专业知识，以就业职业等为主题的交往则帮助学生更好地树立人生目标，而教师对学生在态度、情感、价值观等方面的影响更多的是通过隐性的环境耳濡目染，而这些隐性环境就需要更多的交往场所，而不应局限于课堂内和办公室内。所以，学校应该为师生交往创造更多的平台和机会，创建便于师生交往的公共场所，创建师生“生活世界”交往的空间情境，让学生的活动区接近教师办公室，让学生可以经常见到教师，自然而然交流也会随着增加；通过形式多样的课外活动，增长师生“生活世界”交往的时间情境，制定相应的激励制度，全方位地促进师生交往。

3. 形成科学的教师评价机制

目前，中国在实行全面的教育评价改革，对于高校教师而言，其评价改革的核心在于强调教师“立德育人”的职责，这一改革取向无疑是有利于创造和谐的师生交往模式的。首先是改变重科研轻教学的评价体系，引导教师转向和注重教学投入；其次是对教师的教学评价，不能仅仅依靠学生的一个课程评分，要引入和注重过程性评价，教师与学生在课堂内教学互动的频率

---

① Kuh G D，Kinzie J，Schuh J. Students Success in College：Creating Conditions That Matter [M]. San Francisio：Jossey-Bass，2010.

与质量、反馈的及时性与有效性、课外的辅导交流，以及在互动过程中学生知识、情感、能力等各方面的发展变化等，都应列入教书育人、立德树人成效的评价指标。奖励愿意花时间与学生交往的教师，让重视师生交流形成一种氛围，养成一种习惯，成为一种动力。学生眼中的优秀教授并非是课程简单、得分容易的老师。学生所期望的理想教授是，挑战学生能力并关注学生个人发展的导师，其中的重点是“导师”。[①]

（二）创建积极和谐的同伴关系

同伴交往是学生“日常生活”的主要形态，同伴关系是大学生在大学期间所获得的最重要的亲密关系，同伴交往对于大学生各方面的学习效果也有着显著的影响，但也存在着不容忽视的问题，如室友关系不和谐、网络交往不当会耗费大量精力且产生负面影响，这些都是需要重视并急需改善的。要合理引导同伴交往的内容，为同伴交往提供规范性平台，给予恰当的指导和帮助，引导同伴交往发挥积极正向作用。

1. 创造多样化的同伴互动模式

在教育过程中，德育十分注重同伴教育的作用，学者们在这方面的研究也相对较多，其他教育过程对同伴的作用则相对研究较少，并且更注重学术方面的互动过程及结果，对同伴之间社交互动模式及其效果的研究极少，这就更需要学校重视同伴之间的学术融合及社交融合过程。因此，相对多样化的学术互动模式及社交互动模式可以更好地吸引学生与学校学术系统和社交系统进行融合，提高学习效果。高校可以尝试开发更多的课外学习形式，依托社团、创新基地、创新学院等平台，提供更多的创新类活动，吸引学生以团队形式参加，以极大地提高学生应用专业知识的能力、团队合作能力、组织领导能力等综合能力。

2. 搭建同伴辅导的学习社区

从前文可以看到，和大学生年龄比较接近的师兄师姐和班主任群体对大学生的影响比较显著。因此，推动建立同伴辅导、评价机制是增强有效教育交往的重要方式。同伴辅导、评价机制的建立，一是规范了部分生生交往之间的交往内容，增加高阶学习的交流内容，使之具有更强的目的性和导向性，同时同伴辅导、评价都是严肃的事情，意味着承担责任，强调不仅对自

---

① 威廉·德雷谢维奇．优秀的绵羊［M］．林杰，译．北京：九州出版社，2016：163.

己的学习还要对他人的学习负责，鼓励学生反省自身努力的质量和成果；二是通过同伴辅导机制实现相榜样作用，优秀的学生通过辅导同伴学生实现学习知识的巩固和使用，而接受辅导的学生也能够在交往过程中掌握知识并树立新的目标。学习社区的建立，可以以宿舍、课程、项目、班级等为组建单位和场地，形成基于知识分享和课外交往的学习社区，培养频繁的和有意义的同伴交往，鼓励不同学习社区之间的交流等。

（三）重视有利于有效教育交往的校园文化

校园文化既包括看得见摸得着的实物，落于纸上的规定和章程，也包括人们意识中对于学校管理理念的领悟、学校拥有的价值观、全校整体的目标以及学校的道德。要建立"以学生为中心"的人际交往环境，不仅需要意识上的重视，也需要学校有形资源与无形资源的支持。有形资源包括校园基础设施建设、对学生社团组织的资金支持等，无形的支持包括教育理念的重视、人性化的管理制度、平等和谐的良好氛围等。学生在与不同群体、不同组织进行交往的过程中，可以更好地促进学术融合和社交融合，从而让自身得到健康成长和全面发展。当学生处于有吸引力的学习环境中，教师给予支持，人际关系氛围积极时，学生就会更有可能投入学习任务，从而获得更好的学习成果。[①]

① Hu S，Kuh G D. Being Engaged in Educationally Purposeful Activities：The Influences of Student and Institutional Characteristics［J］. Research in Higher Education，2002（5）：555-575.

第五章

大学生学业成功的核心要素与关键事件

有效教育实践往往是相互作用和“黏在一起”的。好的事情聚集然后逐渐形成一个“引爆点”，质变就发生了。[①]

——乔治·库

① Kuh G D，Kinzie J，Schuh J，et al. Student Success in College：Creating Conditions That Matter［M］. San Francisco：Jossey-Bass，2010：284-285.

从前面几章内容可以看出，提升大学生学习体验并帮助他们实现学业成功，最核心的要素在于院校的教育目标、专业课程设置与学生的能力和精神是相匹配的，院校最为关键的是创造一个具有挑战性，同时能为学生的学业提供支持性的学习环境，以帮助大学生提升自主学习能力，并促进其更多、更有效的学习投入。

美国“国家大学生学习投入调查”（National Survey of Student Engagement，NSSE）项目创始人Kuh长期关注院校环境的类型和活动对学生发展的意义，提出“高影响力教育实践”（High-impact Educational Practices）的概念，并对此进行了详细而深入的阐释。① 之后，Kuh和O’Donnell等人根据多年NSSE的调查结果和相关文献，将“高影响力教育实践”归纳整理为以下11条：大一新生研讨（First-year Seminars and Experiences）、通识和整合学习（Common Intellectual Experiences）、学习共同体（Learning Communities）、写作与探究密集型课程（Writing and Inquiry Intensive Courses）、合作性任务（Collaborative Assignments and Projects）、本科生科研（Undergraduate Research）、多元文化/海外学习（Diversity/Global Learning）、社区/服务性学习（Service/Community-based Learning）、实习（Internship and Field Experience）、顶点课程和项目（Capstone Courses and Projects）、电子档案袋（e-Portfolio）。②

本章将根据近些年来的相关研究和实践，结合中国大学办学现状和大学生的特点，分别从明确大学期望、加强过程性学习评价以及提升大学生自主学习能力三个方面论述影响大学生学业成功的核心要素，最后根据“大学生学习经历的个人叙事”的12个案例，归纳出影响大学生学业成功的关键事件。

---

① Kuh G D. High-impact Educational Practices：What They Are，Who Has Access to Them，and Why They Matter [M]. Whshington D. C.：Association of American Colleges and Universities，2008.

② Kuh G D，O’Donnell K，Schneider C G. HIPs at Ten [J]. Change：The Magazine of Higher Learning，2017 (5)：8-16.（注：在这篇文章中，作者提出的“高影响力教育实践”在其之前列出的10条实践基础之上进行了修订，并将“e-Portfolio”作为第11条加入其中。）

第一节 大学期望：指向学生成功的清晰道路

大学学习像一个拼图游戏，学生通过活动来搜集碎片，但往往会在将碎片组成有意义的图案上存在困难。因为他们没有方向和指导，尤其对于在我国应试教育引导下长大的学生来说，甚至不知道自己在拼什么图案。因此，大学教育首要的问题不是告诉学生应该怎么做，而是让学生明白自己应该达到一个什么样的目标，即了解学校期望学生做到什么，然后是学生能从学校得到什么，最后才是学生如何做。关注学生的学业成功与学校制定教育目标是一致的，需要让师生深入了解院校的理念与教育目标，并以此指导各种教育活动与实践。

（一）陈述明确的大学使命

Kuh通过对美国20所大学生学习投入度和毕业率均超出预期的院校进行观察和研究发现，这20所院校共同的特征和条件中的第一条就是都有着自己独特的使命驱动，即清晰的教育目标和期望，以及与之相应的和能被师生容易理解的实践哲学。如阿尔维诺学院（Alverno College）是一所女子学院，该校的使命就明确表达为“为女性提供个人和专业的发展机会”，其行动哲学就是“建立学习共同体，提倡合作学习和学生互评，共同促进知识学习和能力发展”；费耶特维尔州立大学（Fayetteville State University）作为一所非洲裔美国人创立的大学，其使命是“将那些曾认为教育是遥不可及的学生培养成为思想者和社会领导者”，主要招收第一代大学生和有色学生，学校的行动哲学就是提供各种学生支持服务项目，挖掘学生潜能和特长，因材施教，从学习辅导、心理咨询、文化活动和经济支持等方面全面帮助学生获得学业成功；乔治梅森大学（George Mason University）是一所迅速崛起的年轻的四年制公立大学，其使命被清晰地陈述为“提升国际学术名誉，为多样化的学生群体提供高级教育，培养批判、分析和想象思维”，该大学的行动哲学是创新课程，重点突出利用信息技术进行多样化的合作学习，同时平衡技术应用与师生支持间的挑战；西沃恩南方大学（Sewanee-University of the South）作为一所顶级的文理学院，一直秉持传统的英国牛津大学模式，其使命是“通过高质量的自由主义教育培养完人”，该校师生比为1∶10，以此保障教师与学生间的亲密联系，在课程设置上突出综合核心课程，强调写作，并要求教师给学生的写作给予及时反馈，以为师生交流创造额外的机会。[①]

使命代表了一个大学共同的假设和信仰，明确的使命陈述可以帮助学生树立自己的目标并向其靠拢。戴维斯（Davis）收集了 16 所大学使命陈述资料，研究其与组织成员行为绩效间的关系，他通过对商学院 762 名高年级学生发放问卷，分析大学使命陈述对学生特征形成的影响，最后结论为：使命陈述中有道德陈述的大学，其学生个性特征更鲜明，且心理特质和自信心方面特征得到明显强化。[②]

选修笔者课程的一名研究生，也曾从使命陈述的视角对自己本科就读的 L 大学进行了识读，她通过对 L 大学的官网介绍进行资料的搜集与整理，提取有关 L 大学使命陈述的关键内容如下：

> L 大学是 L 省属重点大学，是 L 省“双一流”建设“国内高水平大学”重点建设高校、教育部“卓越中学教师培养计划”实施学校、L 省教育事业发展联盟理事长单位，是 L 省基础教育师资培养与继续教育基地、教育科学研究咨询基地、高校师资培训基地、适应地区经济建设与社会发展需要的科研基地，现已成为 L 省最大的、起示范带头作用的教师教育中心。……学校始终坚持社会主义办学方向，全面贯彻党和国家教育方针，秉承“厚德博学、为人师表”校训，秉持“以人为本、质量至上”办学理念，在培养科学精神与人文精神相融合、实践能力强的高级专门人才的同时，积极致力于现代教师教育，着眼于学校的综合性、国际化的长远发展，解放思想，抢抓机遇，深化改革，不断凝聚发展力量，增强发展动力，积累了丰富的办学经验，形成了优良的办学传统，学校办学实力显著增强，各项事业持续、健康、协调发展，正向着教师教育特色鲜明的高水平综合性大学建设目标迈进。

这名学生认为，L 大学从使命陈述上来看，具有积极、向上的精神风貌，其办学定位主要围绕师范大学办学目标展开。但从使命陈述的受众定位来看却并不清晰，究竟是面向学生、家长，还是上级主管部门或其他兄弟院

---

① Kuh G D，Kinzie J，Schuh J，et al. Student Success in College：Creating Conditions That Matter [M]. San Francisco：Jossey-Bass，2010：25-63.

② 张衡，眭依凡．使命管理视阈下的高校使命陈述——基于地方师范大学的考量 [J]. 高校教育管理，2013 (4)：58-63.

校呢？在与国外高校的使命陈述进行对比后，该学生觉得国外大学大多遵循“学生本位”陈述方式，即陈述学生在本所大学能获得什么，而自己的母校L大学所堆砌的专业词藻和数字成果具有一定的“炫富”气息，是向外人的一种展示。除此之外，其内容主要是“说了”（使命陈述），但“有没有做”（具体组织行为是否契合先前使命陈述）和“有何效果”（使命陈述与组织绩效的因果关系）并没有过多提及。从这名学生的感受可以看到，学生在看到所在院校的类似陈述时，并不觉得和自己有多大关系，因为这些陈述没有站在学生的角度，且人才培养目标规格内容比较空泛和笼统，学生很难从中感知到学校对自己的期望，自己如何达到何种教育目标更是无从谈起。

（二）努力让大学生感知到大学期望

21世纪的大学，其教育目标应该是清晰的和可被理解的，这些教育目标不仅体现在学校的重大决策上，更体现在学校的方方面面。学校的每个部门和所有教职工在某种程度上都对实现大学核心使命负有某种直接或间接的责任。在我们历年进行的“本科生学习与发展调查”中，第一道题便是用来测量大学生对院校培养目标的感知度。大学的人才培养目标定位反映了一所大学院校对学生的期望，也即回答“培养什么样的人”这一问题。通过对学校以及各院系专业培养目标的归纳，结合H大学提出的培养“精神充实、意识独立、视野开阔、能力全面”的专业英才培养目标，我们在调查问卷中将其操作化为扎实的学科知识、深厚的人文底蕴、强烈的创新意识、宽广的国际视野、良好的实践能力五个方面。2018年的问卷调查结果显示，学生所感知到学校的培养目标比较明确，五项平均得分均超过理论均值2.5（最小值为1，最大值为4）。其中，“学校强调学生掌握扎实的学科知识”的平均得分最高（3.74），而“学校注重对学生国际视野的培养”的平均得分相对较低（3.19），具体如图5-1所示。

学校的人才培养目标是需要根据学生的学业准备进行设置的，如果能与学生的大学生活目标匹配，则双方就更可能相互促进，学生也可以充分利用相应的资源，实现自己的大学目标并满足学校的期望。大学生的教育期望，与大学的组织和环境因素比较而言，更多地受到学生背景因素的影响。而控制学生背景因素之后，学生对大学环境的感知及与其互动比大学的组织和环境特性本身更能解释其教育期望的不同。① 在问卷调查中，我们也设计了大学生对于大学生活目标的重要性的调查选项，调查结果如图5-2所示。

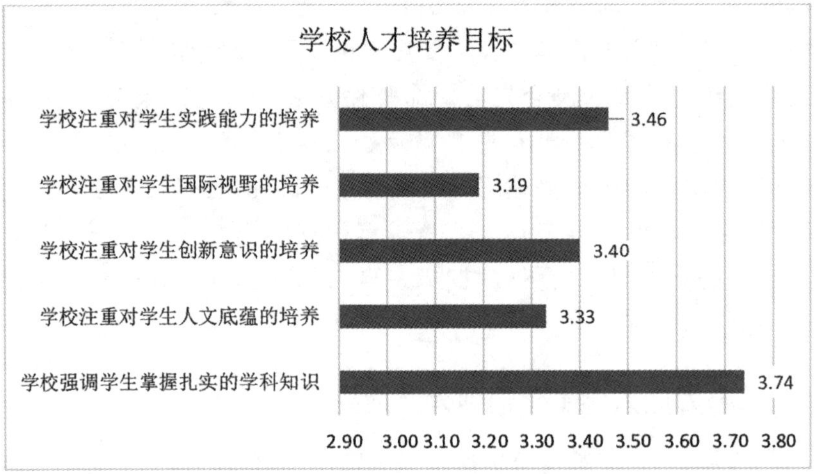

图5-1 学生感知到的学校人才培养目标平均值

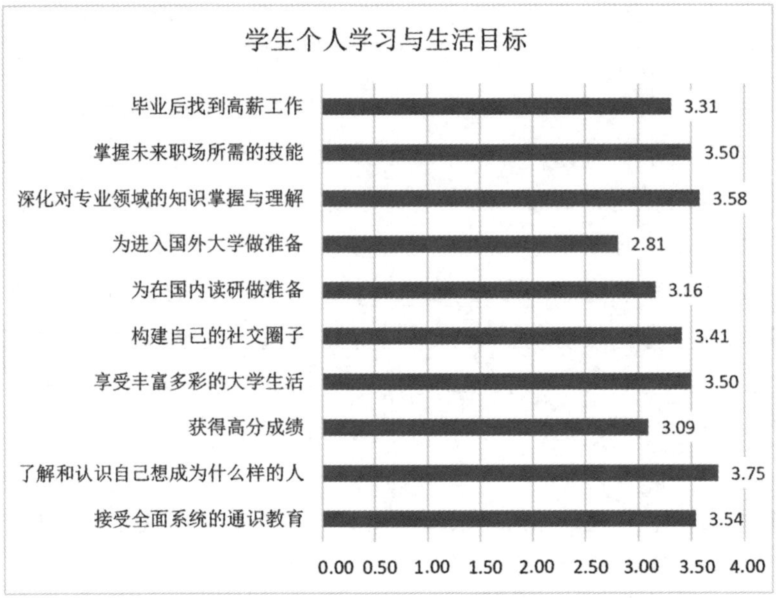

图5-2 学生个人学习与生活目标平均值

① Astin A W, Panos R J. The Educational and Vocational Development of College Students [J]. American Council on Education, 1969 (211): 423-424.

图 5-2 显示，排在前三项的依次为“了解和认识自己想成为什么样的人”“深化对专业领域知识的掌握与理解”“接受全面系统的通识教育”。相对于 80%的学生认为“获得高分成绩”非常重要和重要而言，有 99%的学生认为“了解和认识自己想成为什么样的人”非常重要和重要，94%的学生认为“掌握未来职场所需的技能”非常重要和重要，这说明相对于短期学习目标而言，大多数学生有着强烈的自我探索欲望和长远的人生规划意识。而学生对大学生活目标的设定与学校的人才培养目标也趋于一致，如与前面 98%的学生同意和基本同意“学校强调学生掌握扎实的学科知识”以及 86%的学生认为“学校注重对学生人文底蕴的培养”相对应，有 96%的学生认为“深化对专业领域知识的掌握与理解”和“接受全面系统的通识教育”的大学生活目标非常重要和重要。

而调查问卷的最后一题，则是让学生自陈学习效果，反映学校教育目标的实现程度。以下是从“学科知识”“人文底蕴”“创新意识”“国际视野”“实践能力”这 5 个维度了解本科生的学习效果的提升程度，其均值如图 5-3 所示。

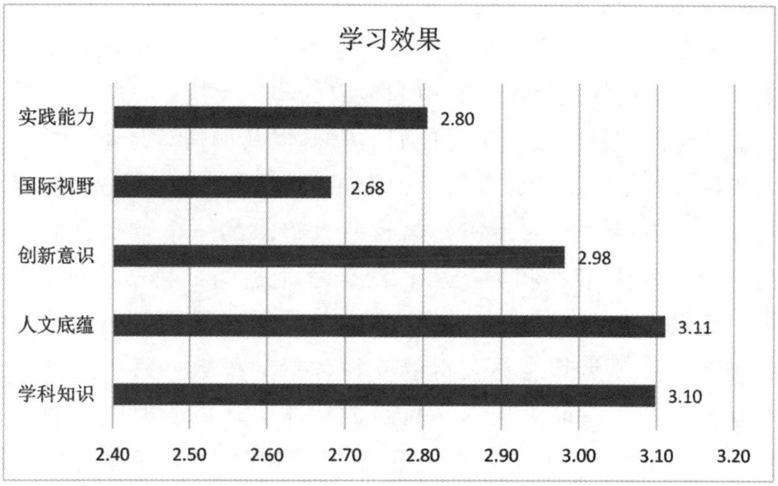

图 5-3　学生学习效果的平均值

从上述调查结果可以看出，学生的学习效果与感知到的学校培养目标是比较一致的。学习效果提升较大的是“学科知识”和“人文底蕴”，与“学在 H 大”和将“文化素质教育”作为办学特色的校园文化非常契合，而相对于较低的“学校注重对学生国际视野的培养”的目标感知度，学生在最后所收获的“国际视野”的提升程度也较低。

（三）保持适当的学业挑战度

学业挑战度指的是学生在大学就读期间所感知到的学校对其学业期望和学习任务要求，以及学生为完成这些任务达至相关要求所要付出的时间和努力程度。挑战度越大，付出的时间愈多，努力程度也愈高。

美国学者Sanford经过十几年对大学生发展问题的实证调查和研究，于1968年在其专著*Where Colleges Fail：A Study of the Student as a Person*中提出“挑战与支持理论”，明确指出，学生在大学期间的学习和发展很大程度上依赖于学业挑战和学业支持的平衡。Sanford认为，人通过应对挑战而得到发展。如果没有日益增加的复杂性，人将无法超越某些限制。为了使改变发生，内部和外部的刺激是必须的。这些刺激将打破个体现有的平衡，引起失衡，对个体现存的适应模式和认知结构产生挑战，因此需要个体产生新的反应，这进而也就达到了拓展个体个性的目的。如果这些刺激太小或者太过常规，个体将会简单地重复以前的行为模式，而不是发生改变。为了促进学生成长和发展，学校应持续地挑战学生现有的认知结构和适应模式，这也是教育者应做的工作。如果我们打算设置挑战以打破学生既有的认知结构和平衡，我们就必须设置一个挑战的界线，这条界线所产生的压力要大到足以挑战学生原有的适应模式而有没有引起他们的防御反应，这样学生就会得到发展。教育者应该理解学生，懂得他们的需要以及如何满足学生的需要，但倾听学生和理解学生并不意味着给予他们想要的一切。[①] Sanford发现，寻求学业挑战和学校支持之间的平衡是高校一直追求的一个重要目标。为了激励个人的意志、探索精神和创造力，给予学生适当的挑战是非常重要的，同时，为了帮助学生避免失败，给予学生必要的支持也是必须的。个人能够承受的挑战强度，是其能够获得的支持数量的函数。每个人能够承受的最大挑战是不同的，它取决于这一挑战的性质、环境能够提供的支持以及个人的特点。Sanford用一个简明的模型表达挑战与支持理论的含义，如图5-4所示，学生发展与学业挑战和学校支持呈正相关，即当学校给予学生适当的学业挑战，同时又配置相应的学业支持时，学生就会按照理想状态成长与发展。

---

① Sanford N. Where Colleges Fail：A Study of the Student as a Person［M］. San Francisco：Jossey-Bass，1968.

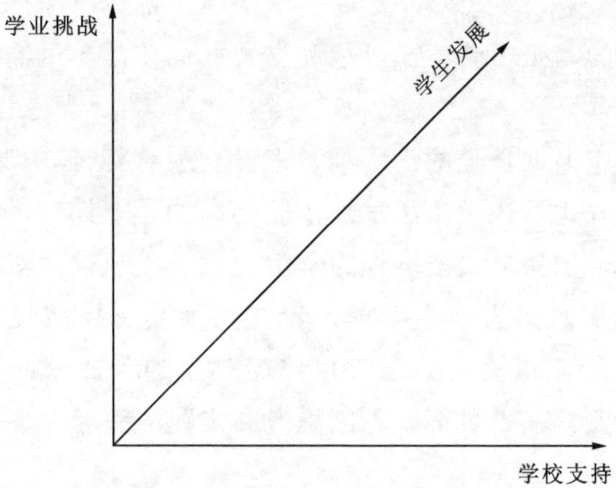

图 5-4 Sanford 的挑战与支持理论模型

而 Pascarella 和 Terenzini 在研究“大学如何影响学生”时，回顾了自 1970 年以来发表的 7000 多项研究后，先后出版了 3 卷《大学如何影响学生》的著作，总结了六条被证明持续有效的学习经验的工作指南：适度挑战学生、让学生积极应对挑战、提供支持性环境、鼓励积极的真实性学习、有他人参与、倡导积极反思。其中，前三条都和学业挑战密切相关。首先，“适度挑战学生”是大学教育的重要定律，它在学术、认知、心理、态度、职业准备等方面均发挥了重要作用。这个定律是：除非有外力迫使他们改变状态或方向，否则他们将保持静止或处于直线运动状态。在学生教育中，要有挑战学生的外部力量，以呈现出与学生所持有或能够接受的不同的想法、信仰、观点或教育情景。其次，要求学生积极投入挑战。学生必须参与挑战，投入精力解决由挑战带来的新旧思想之间的紧张关系。在过去半个世纪里，关于大学效果的研究，最持久的发现是：学习不是一项观赏性活动。正如一位学者所说：“要让海龟前进，就必须让它首先伸出脖子。”要让学习发生，就必须让学生有意识地接受挑战。适度的挑战可以让学生投入程度提高，相应地，其教育效果就越好。再次，要提供与挑战相匹配的支持性环境。在令人刺激的探索、考试、试验和冒险环境中，学生更可能获得有效的教育体验。在这种环境里，“失败”是可接受的，甚至是在意料之中的。支持性环境提供适当的鼓励和指导，帮助学生坚持探索、思考，并最终取得成功。支持性机制还能协调学生对挑战的反应，以建设性和有效的方式引导学生的反应。无论挑战是什么形式或源于何处，支持性环境都能帮助学生保持持续挑战所引发的学习与发展势头。然而，“支持”并不意味着溺爱学生或让他们只是默默学习。“支持”意味着要提供学生参与挑战所需的一切，并让他们从解决挑战引起的紧张中获益。挑战和支持共同使学生的有效教育体验成为可能。①

所以，高校应根据学生的学术准备来设立教育标准，但要高于学生当下的能力，最好的方式是让学生尽早地体验到高的学业期待和高水平的支持服务。对高校而言，如何最大限度地为学生提供发展机会、如何充分挖掘并激发学生潜能，以及如何为学生合理设置一项项具有挑战性的学习任务和活动，让学生得到成长和发展的同时也体验到乐趣和成就感，这是高校管理者、教师以及相关教辅人员都要不断思考和实践的头等大事。

第二节　过程性学习评价：保证目标达成的关键抓手

课程学习是大学培养学生的主要途径，而教师是设置和保持绩效标准的关键所在，特别是要求严格且教学质量高的教师。《投身学习：发挥美国高等教育的潜力》曾明确提出，“利用评价信息，来更正努力的方向，这是有效学习的一种基本要素，并可作为投身学习的有力杠杆”②。在教育教学中，学生投入度是学校和教师无法直接控制的，但学习评价却可以成为间接的控制方法。学习评价不仅可以直接促进学生投入度的提高，而且可以通过强化学校和教师对学生的期望，以及改进学校的教学实践与教学环境，来影响学生投入。因此，学习评价是促进学生投入的有力抓手。

长期以来，大学院校盛行以甄别、选拔为目的导向的结果性评价，这种教育评价目的明确，易于把握。随着“以学生为中心”教育理念的兴起，以及大学生学习方式的多样化和学生群体的多样化，这种以教师为评价主体、试卷为评价载体的评价方式已经不适合我国日益复杂的高等教育的现状和发展需要。过程性学习评价逐步进入人们的视野并受到越来越多的关注。过程性学习评价关注课堂过程和学生学习过程，有别于以单一的考试或者考查成

① 特伦齐尼．重新思考学生的有效学习体验：一个工作框架［J］．赵炬明，译．中国高教研究，2021（6）：41-43．

② 吕达，周满生．当代外国教育改革著名文献·美国卷（第一册）［M］．北京：人民教育出版社，2004：34．

绩评价学生，是在学生的整个学习过程中，教师根据学生自身特点，用一系列标准和方式，对学生学业成绩进行及时的考核和反馈评价的一种教育评价方式。作为建构评价时代的产物，过程性学习评价贯穿于整个学习过程中，强调时间的延续性、学生的个体性和反馈的及时指导性。[①]。目的是把每个评价对象个体的过去与现在进行比较，或者把个体的有关侧面进行互较，从而得到评价结论。[②] 因为过程性评价的及时性，能够在认知结构不断发生重组与建构的过程中，有效地促进学生学习投入度，提升有意义的学习效率和学习效果，并且能够减少学习者现存知识理解与目标知识之间的差异，控制知识迁移的方向。可以说，学生的学习效果与教师何时、按何种步调给予学生矫正性评价反馈，即如何适时且频率正确地让学生有效地知道学习结果密切相关。以下以 2014 年 H 大学“本科生学习与发展调查”数据为分析基础，结合 H 大学培养目标，探究大学过程性学习评价的现状及其对学生学习效果的影响。

（一） H 大学本科生教学过程性学习评价现状分析

据统计，2014 年 H 大学“本科生学习与发展调查”提交问卷人数有 12134 人，调查回收率为 37.66%，有效问卷为 11295 份，有效问卷率为 93.09%。“教师评价与反馈”是该问卷中一个重要的一级指标。问卷中，涉及教学与学习评价的问题，主要包括教师以各种方式对学生进行评价的频率，以及教师对各种评价考核的反馈及时度。根据前文对过程性学习评价的定义，我们将过程性学习评价分为“考核”与“反馈”两个方面，其形式包括“课堂提问”“随堂测验”“课程论文（报告）”“课堂展示（公开口头报告或作品展示）”“个人独立完成的课程作业”“小组合作完成的课程作业”等在教学过程中考查学生多种能力的考核方式，而将“期中考试”看作是传统的结果性评价的一部分。使用 SPSS 软件对调查数据进行处理，分析 H 大学本科生过程性学习性评价的现状以及对学生学习效果的影响。有关本科生教学过程学习评价的现状，我们从“不同学科”和“不同性别”两个方面进行了差异比较。具体调查数据和结果分析如表 5-1 至表 5-8 所示。

---

① 熊明福．基于课程学习过程性评价的电子档案袋系统设计与实现［D］．武汉：华中师范大学，2012.

② 黄甫全，王本陆．现代教学论学程［M］．北京：教育科学出版社，1998：284-286.

表 5-1 各项考核方式的均值及标准差

	均值	标准差
课堂提问	2.95	0.741
随堂测验	2.64	0.756
课程论文（报告）	2.62	0.817
课堂展示（公开口头报告或作品展示）	2.81	0.811
个人独立完成的课程作业	3.37	0.733
小组合作完成的课程作业	2.95	0.781

在各项考核方式的赋分中，极小值为1，极大值为4，中位值为2.5。表5-1显示，各项考核方式的均值接近于中位值。其中，“个人独立完成的课程作业”均值最高，达到3.37。说明在H大学本科生课堂中，教师的考核依然是以学生独立完成课堂作业为主，虽然学生作业也是过程性学习评价中重要的方式之一，但是相对来说依然是以滞后性检测为主，偏向传统考核形式。

表 5-2 不同学科门类对各项考核方式的均值及标准差

		课堂提问	随堂测验	课程论文（报告）	课堂展示（公开口头报告或作品展示）	个人独立完成的课程作业	小组合作完成的课程作业
法学	均值	3.33	2.79	3.24	3.39	3.13	3.50
	标准差	0.598	0.714	0.771	0.665	0.753	0.582
工学	均值	2.88	2.68	2.56	2.67	3.43	2.84
	标准差	0.735	0.741	0.808	0.798	0.716	0.777
管理学	均值	3.16	2.76	2.82	3.15	3.42	3.36
	标准差	0.698	0.692	0.772	0.741	0.629	0.664
经济学	均值	3.16	2.68	2.56	3.06	3.42	3.10
	标准差	0.688	0.723	0.842	0.767	0.703	0.704
理学	均值	2.88	2.46	2.51	2.77	3.34	2.79
	标准差	0.733	0.681	0.742	0.739	0.754	0.749

续表

		课堂提问	随堂测验	课程论文（报告）	课堂展示（公开口头报告或作品展示）	个人独立完成的课程作业	小组合作完成的课程作业
文学	均值	3.46	2.79	3.23	3.48	3.36	3.46
	标准差	0.604	0.722	0.733	0.632	0.619	0.623
医学	均值	2.90	2.35	2.49	2.79	3.09	2.94
	标准差	0.747	0.834	0.801	0.794	0.843	0.770
艺术学	均值	3.15	2.81	3.05	3.26	3.70	3.22
	标准差	0.755	0.767	0.681	0.719	0.519	0.745
哲学	均值	3.20	2.24	3.64	3.52	3.28	3.48
	标准差	0.645	0.723	0.569	0.653	0.614	0.586

从表 5-2 可以看出，人文社科类专业（文学、法学、哲学、艺术学、管理学、经济学）的过程性学习评价的考核均值明显高于工学、理学和医学专业，而工学、理学和医学专业“个人独立完成的课堂作业”的均值又要明显高于其他考核方式，这与专业本身的知识结构和需要掌握的知识点相关。人文社科类专业注重的是文字的口头及书面的表达阐述能力，而工学、理学和医学专业考核方式更加规范，更注重的是理论知识的掌握和动手实践能力的提升等。其次，工学和医学的标准差大于其他学科，学生选择的离散程度相对较大，说明工学和医学的教师在教学方式上相对不同，区别较大。

表 5-3 各项反馈及时度的均值及标准差

	均值	标准差
课堂提问	2.76	0.512
随堂测验	2.47	0.691
课程论文（报告）	2.20	0.784
课堂展示（公开口头报告或作品展示）	2.64	0.631
个人独立完成的课程作业	2.58	0.631
小组合作完成的课程作业	2.56	0.650

在各项反馈及时度的赋值中，极小值是 1，极大值是 3，中位值是 2。从表 5-3 和图 5-5 可以看到，各项反馈及时度的均值都高于中位值，说明 H 大学教师对学生的反馈比较及时。其次，各项考核方式的标准差普遍比各项考核方式中的标准差小，说明了 H 大学教师在评价过程中反馈学生及时度上离散程度相对较小，教师在反馈及时度上区别较小。

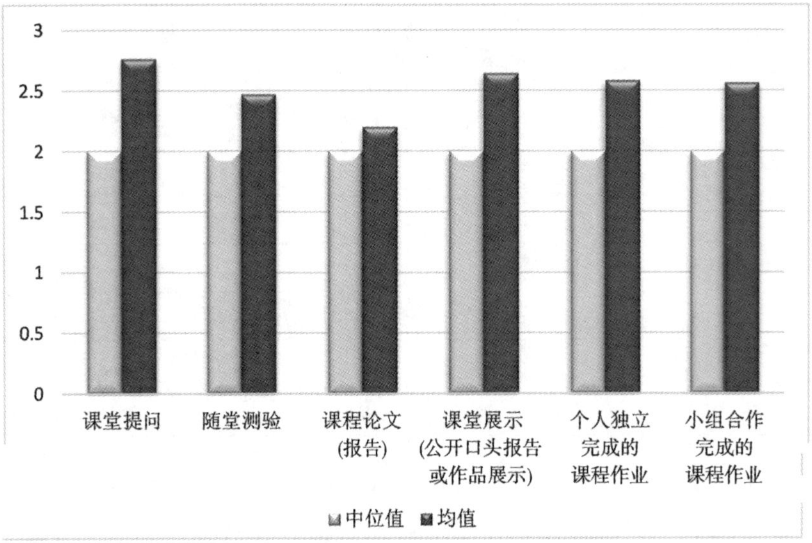

图 5-5　各项反馈及时度的均值及标准差

表 5-4　不同学科门类对各项考核方式的反馈及时度的均值及标准差

		课堂提问	随堂测验	课程论文（报告）	课堂展示（公开口头报告或作品展示）	个人独立完成	小组合作完成
法学	均值	2.92	2.55	2.23	2.84	2.45	2.69
	标准差	0.308	0.628	0.761	0.447	0.694	0.550
工学	均值	2.74	2.45	2.18	2.57	2.58	2.51
	标准差	0.536	0.693	0.783	0.668	0.626	0.674
管理学	均值	2.83	2.56	2.27	2.78	2.61	2.67
	标准差	0.436	0.614	0.763	0.498	0.586	0.548
经济学	均值	2.84	2.47	2.14	2.81	2.62	2.60
	标准差	0.437	0.700	0.819	0.474	0.614	0.630

续表

		课堂提问	随堂测验	课程论文（报告）	课堂展示（公开口头报告或作品展示）	个人独立完成	小组合作完成
理学	均值	2.75	2.46	2.20	2.64	2.58	2.56
	标准差	0.521	0.695	0.793	0.634	0.647	0.656
文学	均值	2.91	2.57	2.37	2.88	2.58	2.77
	标准差	0.304	0.643	0.738	0.362	0.645	0.489
医学	均值	2.76	2.42	2.18	2.66	2.54	2.60
	标准差	0.517	0.742	0.801	0.613	0.676	0.637
艺术学	均值	2.78	2.57	2.38	2.77	2.73	2.70
	标准差	0.500	0.654	0.763	0.505	0.543	0.587
哲学	均值	2.84	2.48	2.40	2.92	2.68	2.76
	标准差	0.473	0.823	0.764	0.277	0.627	0.597

表 5-4 显示，不同学科门类对各项考核方式的反馈及时度无明显差异，说明了反馈及时度不随学科变化而发生明显变化。但是仔细观察数据可以得出，除哲学的“随堂测验”反馈及时度的标准差最大之外，所有学科的反馈标准差的最大值和次大值均落在了“课程论文（报告）”这一项上。一般认为，“课程论文（报告）”是课程考核中最为重要的环节之一，批改反馈时间耗时较长，标准较其他几项考核方式严格，所以即使是相同的学科，不同风格的教师在处理课程进度时差异也会较大，导致了这两项反馈及时度离散性较大。

表 5-5　不同性别考核方式的均值及标准差

		课堂提问	随堂测验	课程论文（报告）	课堂展示（公开口头报告或作品展示）	个人独立完成的课程作业	小组合作完成的课程作业
男	均值	2.89	2.64	2.55	2.69	3.36	2.85
	标准差	0.738	0.748	0.801	0.800	0.741	0.781

续表

		课堂提问	随堂测验	课程论文（报告）	课堂展示（公开口头报告或作品展示）	个人独立完成的课程作业	小组合作完成的课程作业
女	均值	3.06	2.64	2.75	3.03	3.40	3.14
	标准差	0.734	0.772	0.829	0.784	0.717	0.744

表5-5显示，在“随堂测验”和“个人独立完成的课程作业”这两项考核方式中，男生、女生没有明显差异，但是其他四项考核方式中，女生的均值都是明显高于男生。我们推测造成这种结果的原因可能是因为不同性别的人群在不同学科分配比例不一样。工学、医学此类讲求实践经验的学科中，男生相对较多，所以造成了男生过程性评价的均值显著小于女生。

表5-6　不同性别反馈及时度的均值及标准差

		课堂提问	随堂测验	课程论文（报告）	课堂展示（公开口头报告或作品展示）	个人独立完成的课程作业	小组合作完成的课程作业
男	均值	2.73	2.44	2.18	2.57	2.56	2.50
	标准差	0.541	0.696	0.781	0.666	0.638	0.671
女	均值	2.83	2.51	2.23	2.76	2.62	2.66
	标准差	0.446	0.680	0.788	0.538	0.617	0.594

表5-6显示，从教师过程性评价的反馈速度上来看，女生的均值高于男生，而男生的标准差大多高于女生。说明了女生较男生普遍认为教师反馈及时，而男生在感受教师对其反馈及时度的时候，不同的人感受到的及时度差异性比较大。

表 5-7 不同学科中不同性别考核方式的均值

学科门类	性别		课堂提问	随堂测验	课程论文（报告）	课堂展示（公开口头报告或作品展示）	个人独立完成的课程作业	小组合作完成的课程作业
法学	男	均值	3.37	2.79	3.12	3.22	3.18	3.45
	女	均值	3.31	2.79	3.30	3.47	3.10	3.52
工学	男	均值	2.86	2.68	2.52	2.62	3.40	2.80
	女	均值	2.95	2.69	2.69	2.87	3.54	3.01
管理学	男	均值	3.09	2.72	2.82	3.09	3.34	3.32
	女	均值	3.22	2.80	2.82	3.20	3.49	3.39
经济学	男	均值	3.11	2.55	2.40	2.87	3.37	3.04
	女	均值	3.20	2.76	2.67	3.19	3.45	3.14
理学	男	均值	2.86	2.46	2.48	2.72	3.36	2.74
	女	均值	2.91	2.46	2.60	2.91	3.29	2.93
文学	男	均值	3.34	2.82	3.18	3.31	3.18	3.39
	女	均值	3.50	2.78	3.24	3.54	3.41	3.48
医学	男	均值	2.86	2.36	2.46	2.70	3.04	2.86
	女	均值	2.92	2.34	2.51	2.85	3.12	3.00
艺术学	男	均值	3.06	2.66	3.02	3.16	3.65	3.22
	女	均值	3.18	2.86	3.06	3.29	3.72	3.22
哲学	男	均值	3.00	2.00	3.33	3.33	3.00	3.33
	女	均值	3.23	2.27	3.68	3.55	3.32	3.50

通过表 5-7 我们推测，教师对男生、女生考核方式均值的差异，来源于不同性别在不同学科的分布数量不同。但从表 5-7 可以看出，除个别学科的个别考核方式外，女生参与到过程性评价考核中的均值都在一定程度上大于男生，说明男生、女生对待过程性学习评价的差异更多的是受性别的影响，而不是学科的影响，而教师对女生的过程性学习评价的频率要高于男生，也在一定程度上说明了女生在课堂上的参与度要高于男生。

表 5-8　不同学科中不同性别反馈及时度的均值

学科门类	性别		课堂提问	随堂测验	课程论文（报告）	课堂展示（公开口头报告或作品展示）	个人独立完成的课程作业	小组合作完成的课程作业
法学	男	均值	2.85	2.54	2.27	2.80	2.57	2.72
	女	均值	2.95	2.56	2.22	2.86	2.39	2.68
工学	男	均值	2.72	2.44	2.17	2.54	2.56	2.48
	女	均值	2.80	2.49	2.21	2.69	2.65	2.61
管理学	男	均值	2.78	2.53	2.29	2.73	2.58	2.63
	女	均值	2.87	2.58	2.25	2.83	2.64	2.69
经济学	男	均值	2.83	2.41	2.08	2.75	2.54	2.49
	女	均值	2.85	2.51	2.18	2.85	2.68	2.68
理学	男	均值	2.73	2.43	2.19	2.61	2.56	2.52
	女	均值	2.83	2.53	2.25	2.75	2.63	2.67
文学	男	均值	2.87	2.53	2.36	2.85	2.58	2.75
	女	均值	2.93	2.59	2.38	2.89	2.59	2.77
医学	男	均值	2.70	2.39	2.18	2.57	2.52	2.53
	女	均值	2.80	2.44	2.17	2.73	2.55	2.65
艺术学	男	均值	2.78	2.51	2.27	2.76	2.57	2.51
	女	均值	2.78	2.59	2.41	2.77	2.78	2.77
哲学	男	均值	2.00	1.67	2.00	2.67	2.00	2.33
	女	均值	2.95	2.59	2.45	2.95	2.77	2.82

表 5-8 的数据表明，在所有的学科中，除个别学科的个别考核方式外，大部分女生感受到教师反馈及时度均值也是大于男生，说明了反馈及时度同样是受到性别影响大于学科影响。

（二）过程性学习评价与大学生学习效果的相关分析

为了更加方便地对过程性学习评价和本科生学习效果进行相关分析，我们根据问卷的理论框架，对相关问题的数据进行了降维因子分析，将考核评价及反馈相关问题降为 2 个因子，分别命名为“考核方式”与“反馈及时度”，二者都包括“课堂提问”“随堂测验”“课程论文（报告）”“课堂展示（公开口头报告或作品展示）”“个人独立完成的课程作业”“小组合作完成的课程作业”6 项。学习效果的相关问题降为 5 个主因子，分别命名为“学科知识”，包括系统掌握本学科专业知识和理论的程度，系统掌握本学科研究方法的水平，本学科专业知识的综合应用能力，本学科专业资料的阅读、理解和处理能力，运用信息技术进行学习和研究的能力；“人文底蕴”，包括对人类历史文化的了解、艺术鉴赏力、对个人社会责任的理解、对社会基本道德规范（含职业规范）的了解与遵从、对民族文化精神的认同、对生命意义与人生价值的理解；“创新意识”，包括探索未知的兴趣与意愿、质疑与辨析能力、发现与提出问题的能力、提出新构想的能力、实施新构想的能力；“国际视野”，包括运用国外（境外）学习资源的能力、与国外（境外）人士沟通交流的能力、对所学专业国际学术动态的了解程度、对国际大事（全球问题）的关注度、对世界文化多样性的理解和包容程度；“其他综合能力”，包括口头表达能力、书面表达能力，时间管理能力、主动学习能力、团队合作能力、组织领导能力。

根据表 5-9，H 大学过程性学习评价中的考核方式与反馈及时度和本科生学习效果——学科知识、人文底蕴、创新意识、国际视野和其他综合能力呈显著相关。

表 5-9 过程性学习评价与学习效果的相关度检测

		学科知识	人文底蕴	创新意识	国际视野	其他综合能力
考核方式	Pearson 相关性	0.116**	0.101**	0.063**	0.086**	0.071**
	显著性（双侧）	0.000	0.000	0.000	0.000	0.000
反馈及时度	Pearson 相关性	0.126**	0.088**	0.089**	0.200**	0.131**
	显著性（双侧）	0.000	0.000	0.000	0.000	0.000

注：** 在 0.01 水平（双侧）上显著相关。

确定了过程性学习评价与各项学习效果显著相关之后，继续采用回归分析方法考察每一种过程性学习评价的考核方式与反馈及时度对学习效果的影响大小。在问卷中，考核方式的频度和反馈及时度均已赋分，所以视为连续变量，采用多元线性回归的方法。我们分别用 6 种考核方式与反馈及时度和 5 种学习效果建立了回归模型，得到的 P 值均小于 0.05，表明模型是具有显著性的。

根据表 5-10，判定系数 R^2 显示 6 种考核方式对学习效果各项指标变动的解释度，其中“学科知识”为 2.7，“人文底蕴”为 2.0，“创新意识”为 1.2，“国际视野”为 5.5，“其他综合能力”为 2.3。而 6 种考核方式反馈及时度对学习效果各项指标提升的解释度分别为 2.4、1.4、0.9、4.6 以及 1.1。考核方式与反馈及时度对学习效果各项指标提高的解释度都不是很大，说明了 H 大学评价系统在提升学生学习效果中起到的作用甚微，急需改进。而考核方式与反馈及时度对“创新意识”提高的解释力度最小，说明了评价与反馈系统对学生“创新意识”的启发力度严重不足。

表 5-10　考核方式与反馈及时度对各项学习效果指标提升的解释度

		学科知识	人文底蕴	创新意识	国际视野	其他综合能力
考核方式	R^2	2.7	2.0	1.2	5.5	2.3
	Sig.	0.000	0.000	0.000	0.000	0.000
反馈及时度	R^2	2.4	1.4	0.9	4.6	1.1
	Sig.	0.000	0.000	0.000	0.000	0.000

表 5-11 显示，不同的考核方式对不同的学习效果提升的影响力度存在一定的差异。在“学科知识”的回归模型中，“课堂展示（公开口头报告或作品展示）”和“小组合作完成的课程作业”与“学科知识”的提高没有明显关系。可能因为学科知识更多相对传统的考核方法以及学习方法，实际经验中“课堂展示”则更多注意口头表达能力与 PPT 制作能力，对展示内容关注度会降低，而“小组合作完成的课程作业”虽然锻炼了分工合作，但极有可能产生“搭便车”的现象，对“学科知识”的巩固意义不是太大。在“人文底蕴”的回归模型中，解释变量“随堂测验”没有通过显著性检验，不能进入模型。而“课堂提问”“课堂展示”“个人独立完成的课程作业”“小组合作完成的课程作业”都和“创新意识”提高之间没有明显关系。从相关评价内容上进行推测，其原因可能是教师对学生的提问与作业内容的布置更多的是注重知识的掌握，没有对学生进行创新性启发式的引导，导致了这几种考核方式不能有效地提高“创新意识”。另外，我们注意到，“课程论文（报告）”对学生“其他综合能力”的提升没有明显关系，“个人独立完成的课程作业”与“国际视野”提高呈负相关，说明“个人独立完成的课程作业”越多，反而越不利于学生“国际视野”的形成。

表 5-11 6 种考核方式与学习效果的多元线性回归分析

		学科知识	人文底蕴	创新意识	国际视野	其他综合能力
课堂提问	系数	0.071	0.067	−0.006	0.030	0.034
	Sig.	0.000	0.000	0.556	0.006	0.003
随堂测验	系数	0.054	0.005	0.028	0.088	0.048
	Sig.	0.000	0.670	0.020	0.000	0.000
课程论文（报告）	系数	0.066	0.040	0.060	0.100	0.004
	Sig.	0.000	0.001	0.000	0.000	0.701
课堂展示（公开口头报告或作品展示）	系数	−0.019	0.043	0.017	0.082	0.073
	Sig.	0.113	0.000	0.166	0.000	0.000
个人独立完成的课程作业	系数	0.044	0.068	0.013	−0.042	0.025
	Sig.	0.000	0.000	0.179	0.000	0.010
小组合作完成的课程作业	系数	0.022	0.044	−0.012	0.025	0.033
	Sig.	0.065	0.000	0.298	0.032	0.008

表 5-12 显示，“课堂提问”反馈及时度与“创新意识”“其他综合能力”的提升都没有明显关系，“随堂测验”反馈及时度与“人文底蕴”的提高没有直接影响，“课程论文（报告）”反馈及时度没能通过“人文底蕴”“其他综合能力”学习效果指标提高的回归模型检测，“课堂展示”反馈及时度不能进入“创新意识”和“国际视野”增加的模型，“个人独立完成的课程作业”反馈及时程度没有通过“人文底蕴”“创新意识”提升的线性回归模型检验，“小组合作完成的课程作业”反馈及时度与“学科知识”“国际视野”“其他综合能力”增长没有明显关系。我们发现，H 大学各种考核方式的反馈及时度的均值较高，但是对学习效果的影响非常之小，究其原因可能是对学习效果的影响力上，反馈及时度虽然重要，但是反馈的内容及方式更为关键，要想提升学生的学习效果，不仅仅体现在反馈的速度上，更应该体现在反馈的内容与形式上。

表 5-12 6种考核方式反馈及时度与学习效果的多元线性回归分析

		学科知识	人文底蕴	创新意识	国际视野	其他综合能力
课堂提问	系数	0.037	0.036	−0.006	−0.074	0.000
	Sig.	0.001	0.001	0.556	0.000	0.972
随堂测验	系数	0.044	0.006	0.028	0.041	0.022
	Sig.	0.000	0.629	0.020	0.000	0.003
课程论文（报告）	系数	0.076	0.003	0.060	0.195	0.022
	Sig.	0.000	0.775	0.000	0.000	0.062
课堂展示（公开口头报告或作品展示）	系数	0.036	0.027	−0.012	−0.012	0.043
	Sig.	0.002	0.020	0.298	0.283	0.000
个人独立完成的课程作业	系数	0.031	0.037	0.013	0.015	0.037
	Sig.	0.011	0.002	0.305	0.219	0.002
小组合作完成的课程作业	系数	−0.016	0.054	0.029	0.010	0.020
	Sig.	0.224	0.000	0.025	0.421	0.761

（三）建立有效的过程性学习评价与反馈机制

通过以上数据分析，我们可以看到，H大学过程性学习评价体系存在诸多问题，过程性学习评价对学生学习效果提升的功能与作用并没有得到有效体现。基于以上分析，提出如下几点建议。

1. 建立有效的过程性学习评价系统

Tinto曾在他的著作*Completing College*：*Rethinking Institutional Action*中建立起“学生成功的院校行动模型”（A Model of Institutional Action for Student Success），明确指出有效的教师评价与反馈是学生成功的关键因素。“对学生持续性的评价及反馈能够在学生和教师之间形成反馈性评价循环体系，不但能够教学相长，更能促进批判性思维的发展并且与未来的学习发展联系紧密。”① 目前，美国一些著名高校，如俄亥俄州立大学、范德比尔特大学、得克萨斯大学奥斯汀分校等都建立了学生学习及时评价和反馈

① Tinto V. Completing College：Rethinking Institutional Action［M］. Chicago：The University of Chicago Press，2012：57-58.

系统，部分高校还建立了基于过程性评价的档案袋评价系统。H大学作为国内知名院校，教育目标是培养具有扎实的学科知识、深厚的人文底蕴、强烈的创新意识、宽广的国际视野以及较强的综合能力的大学生。然而，笔者阅读了H大学“本科生学习与发展调查”的7159份有效主观题问卷“为了更好地帮助您实现发展目标，您认为学校应该做哪些事情?”，有198条涉及评价体系的漏洞，表达了自身对评价系统的不满，这些意见涉及“教师漠视教学过程的反馈”“不注重课堂对学生掌握情况的考核”“教师在给予学习评价时内容过于呆板”，等等，“希望更多的师生课堂互动提问”以及“课后进行相关学术反馈”等建议非常多。现存的评价方式形式过于单一及缺乏有效反馈与互动，极不利于学生对知识的深度掌握。此外，学生普遍反映即使是传统评价体系里的“期中期末考试”，其“试卷内容也更新较慢，不能够及时地跟上知识发展的节奏”。可见，H大学在学习评价上难与其培养目标匹配。

要改变H大学本科生过程性评价，需要学校从根本上对本科生学习课堂给予足够重视，对教师的相关课程质量进行评价标准的改革，逐渐建立和规范有效的过程性学习评价体系。

2. 关注过程性学习评价运用于基础教育和高等教育中的区别

一直以来，关于过程性学习评价的研究大部分围绕基础教育进行。学者Marton和Saljo在研究学生学习时，将学生的学习方式分为广义上的两类，即深度学习（Deep Approach）和浅表学习（Surface Approach）。[①] 作为传播、发现和创造“高深学问”的大学，其目的是培养能够自主建立纵横知识网的深度学习人才，对学生认知水平要求程度更高。评价不仅仅具有评定一个事物的功能，更对认知有着导向性的作用，以培养高级专门人才为主要使命的高等教育，在形成过程性学习评价的过程中必须注意两点：一是过程性学习评价的频率。学者Entwistle和Ramsden明确提出，在高等认知中，被评价者需要适当的时间来反思形成高等认知成果。即使评价目标是高等认知水平成果的产出，过度频繁的评价也不会对高等认知成果产生促进作

---

① Marton F，Saljo R. On Qualitative Differences in Learning：Outcome and Process [J]. British Journal of Education Psychology，1976（46）：4-11.

用，只会使被评价者对评价产生负面态度。[①] 所以，作为本科生课堂的教师应该适度地把握对学生考核的频率。对记忆性的知识应该进行及时考核，对开放性的创新问题，则需要给予学生更多的时间进行探究性的寻找与综合。二是过程性学习评价的标准。Natriello在研究中发现，学生学习效果与评价标准呈倒“U”形的曲线关系，过于简单的与难度过大的评价标准都不利于学生的学习效果，最佳评价标准决定于被评价者以及解决对象的本身。[②] 如果被评价者认为评价标准不能准确地反映其认知高度和学习效果，那么这样的评价则被视为无效。过程性评价贯穿于整个学习过程中，教师参与与学生的互动，随时把握学生的思想动态，更应该也更容易把握学生心理对评价标准认识的偏差。

H大学是国内知名的综合性重点院校，本科生在学习和科研中更需要的是分析、评价、创造等高阶认知能力，所以，对相关教师把握过程性评价的频率、标准、内容要求会更加复杂。

3. 运用过程性学习评价应注意把握学科差异和个体差异

从前文的分析可以看出，在学习评价的过程中，教师对不同学科、不同性别的学生评价都存在一定的区别。不同学科的学生认知风格是相异的。如理学培养高素质基础学科理论人才，强调抽象认知，所以更多的课堂测评也许会提高理学学生的学科知识水平；工学则旨在培养适应社会发展的工程技术人才，所以更强调情境认知，实习设计对于工科学生学习效果更好……而不同性别的学生的认知风格也是不同的。Magolada认为，“掌握型认知”在男生中更多，他们喜欢通过语言或者互动的方式学习，所以对男生更好的过程性学习评价可能是辩论式的讨论并给予点评；女生则更偏向于“接受型认知”，在安全无冲突的环境中学习效果更好，所以女生可能更适合教师在私下对其学习进行评价。[③] 所以，过程性学习评价作为建立在“以学生为中心”理念之上的评价体系，把握评价对象的学科、性别认知差异等是成功的关键。

---

① Entwistle N J，Ramsden P. Understanding Student Learning [M]. London：Croom Helm，1983；Ramsden P. Student Learning Research：Retrospect and Prospect [J]. Higher Education Research and Development，1985 (4)：51-69.

② Natriello G. The Impact of Evaluation Processes on Students [J]. Educational Psychologist，1987 (22)：155-175.

③ Magolda. Students' Epistemologies and Academic Experiences：Implications for Pedagogy [J]. Review of Higher Education，1992 (3)：265-87.

4. 既要重视考核方式，更要重视反馈互动环节

过程性学习评价之所以能够有效纠正学习中的偏差，不仅在于及时发现学习问题，更在于帮助学生了解他们已掌握的知识和学习过程中不足，及时解决学习中遇到的问题。John 和 Helen 曾经很经典地总结：所谓“反馈”，就是能够让学习者在原来掌握的信息上确认、添加、覆盖、调整并且重新构建，这些信息可以是领域知识、关于自己或者目标的信念，也可以是认知策略和战略。[①] 可见，“反馈”不论是在学习建构的过程中，还是在自我认知成长的过程中作用都是巨大的。

有效的反馈主要体现在两个方面，首先是反馈的及时性，其次是反馈的质量。H 大学教师在考核方式的反馈及时度上并不存在太大的问题。但是，通过该问卷最后的主观题（“为了更好地帮助您实现发展目标，您认为学校应该做哪些事情?”）我们可以发现，在反馈内容与质量上，H 大学过程性学习评价体系需要改进的问题还很多。例如，通信工程专业的一名学生 A 在主观题中说出他的疑惑：“很多课程背一背，考试就过了，老师课后也不管，考试过了然后就全忘了，既浪费老师的时间，也浪费我们的时间。”而一位公共卫生学院预防医学专业的学生 B 表示他的期望：“老师能够多多解答学生的困惑吗，包括学业上以及生活上的?”另一位生命科学与技术学院医学影像学专业的学生 C 简单直白：“非常想和教授及助教沟通作业完成情况。”

过程性学习评价是本科生学习过程中十分重要的环节，是增强学生学习兴趣、提高学生投入度，提升学生认知能力以及促进学生自主学习的有效手段。从调查问卷的数据分析中，我们可以看到，H 大学过程性学习评价中的考核方式与反馈及时度与学生学习效果呈显著相关，但对学习效果的提升影响甚微，而学生对师生考核与反馈的有效互动充满期待。有效的过程性评价要求我们以学生为中心，重视考核学生的结果，也关注学生个体间的差异，关注学生在学习过程中真正的需求。而只有做到科学评价和有效反馈，才能发挥其在提升学生学习效果中的积极作用。

---

① Hattie J，Timperley H. The Power of Feedback [J]. Review of Educational Research，2007 (1)：82.

第三节 自主学习能力：促成学业成功的决定性因素

大学生的学业成功受到很多因素的影响，但更重要的还是取决于他们自身想要成功的意愿和决心，以及为此而付出的努力质量。而这种意愿和行动，又在很大程度上取决于大学生的自主学习能力。如果高校想方设法为大学生设置了学业目标和挑战，并为此提供了足够的支持，但是学生不能主动参与，不去充分利用这些资源，那无异于学校一厢情愿的“单恋”。由于中小学应试教育的弊端，我国大学生的自主学习能力普遍偏弱，我们的历年学习与发展调查结果也可以看出，大学生在自主学习能力这方面是短板。而随着当今高校线上线下混合式学习模式的常态化，自主学习能力越来越成为影响大学生发展的重要因素。那么，具有类似学习背景的同一所大学的学生自主学习能力是否存在差异？其影响机制是怎样的？如何有效提高大学生自主学习能力？以下基于H大学2018年“本科生学习与发展调查”数据，以自我决定论为理论基础并结合自主学习、学生类型相关理论，从学生期望和外部支持满意度两方面分析学生类型差异以及自主学习能力的影响机制，为提升大学生自主学习能力、促进学生可持续发展提供依据和建议。

（一）自主学习能力的概念及其内涵

国外对自主学习的研究兴起于20世纪80年代的语言教学领域，法国语言学家Henri Holec最早提出“自主学习能力”概念，将其定义为“自我管理学习的能力”，并具体解释为“决定学习目标、决定学习内容和进度、选择学习方法和技术、监控学习过程和评估习得的结果的能力”。[①] 英国学者Littlewood将自主学习定义为“学习者对自身学习独立做出选择的愿望与能力”。其中，“愿望”是指对于学习目标的期望，并对自己设定的学习目标负责；“能力”是对自己学习的评价以及在学习过程中的执行力。[②] 美国自主学习研究专家Zimmerman等人在综合各学派观点的基础上，从科学问题、心

① Henri Holec H. Autonomy and Foreign Language Learning [M]. Oxford: Pergamon Press, 1981: 44-45.

② Littlewood W. Defining and Developing Autonomy in East Asian Contexts [J]. Applied Linguistics, 1999 (1): 63-65.

理维度、任务条件、自主实质和自主过程这五个层面对自主学习的有关定义给予了系统总结，并强调学生的学习是否自主要依据动机与方法选择以及对时间、学习结果与环境的控制进行判断。① 我国学者董奇、周勇和庞维国等也较早对自主学习进行了研究，并提出了自主学习的自我监控策略和测评方法。②③ 对于自主学习能力的影响因素，国内外学者也进行了较为系统的研究。心理学研究者主要关注自主学习的内在机制，从自我效能感、元认知、学习动机、学习策略和意志控制等方面探讨对学生自主学习能力的影响，并建立了不同的自主学习模型。高等教育研究学者更多地关注外部环境对自主学习能力以及学习成果之间的相关性。Kuh 等人综合相关研究，从内部因素（如学习动机、学业期待）和外部因素（如教师、同伴支持以及院校条件）等方面论述对自主学习能力的影响。④ 近年来，我国高等教育研究学者主要通过调查问卷数据分析大学生学习投入及各方面的表现，并根据不同变量对大学生进行分类，如根据学习投入、学生期望对学生进行分类，并比较学习效果的类型差异。但对同一院校不同类型的学生在自主学习能力各维度的差异表现及其影响机制的细致研究还较为缺乏。

我们结合高等教育学与心理学相关理论，从学生对外部环境（院校支持）的满意度和内部动机（自我期望）两大因素将学生细分，分析不同类型学生的自主学习能力水平及其差异，并着重从内部动机与外部环境相互作用的过程探讨自主学习能力的影响机制。

在借鉴上述研究基础上，以下将"自主学习能力"操作化定义为：学习者自我确立学习目标，有计划地推动和调整学习进度，并在不断觉知的情况下调控学习状态和评价学习情况的能力。具体体现为"整体规划能力""自我评价能力""抗干扰能力"。其中，整体规划能力体现着学习者对学习目标的认识与学习任务的分阶段实施；自我评价能力指学习者依据学习计划等标

① Zimmerman B J, Risemberg R. Self-regulated Dimensions of Academic Learning and Motivation [M] //Phye G. Handbook of Academic Learning. San Diego, CA: Academic Press, 1997.

② 董奇，周勇．论学生学习的自我监控 [J]. 北京师范大学学报（社会科学版），1994 (1)：8-14.

③ 庞维国．90 年代以来国外自主学习研究的若干进展 [J]. 心理学动态，2000 (4)：12-16.

④ Kuh G D, Bridges B K, Hayek J C. What Matters to Student Success: A Review of the Literature [R]. National Postsecondary Education Cooperative Commissioned Paper, 2006: 17-23.

准评判自己的学习进展，主动对学习进行总结、反思和调整，使之不偏离既定的学习目标；抗干扰能力考察的是学习者对内部动机与外部环境的监控和及时调整，并运用一些方法排除学习干扰，体现着意志控制水平。

（二）不同类型大学生自主学习能力表现

1. 数据来源与指标选取

本研究的数据来源于H大学2018年“本科生学习与发展调查”(SSLD)，调查对象为H大学全日制本科生。2018年的调查同样采用线上问卷和自愿参与的方式，一共发放30584份问卷，回收12504份，回收率为40.88%。其中，有效问卷为12419份，有效率达99.32%。剔除留级学生和无效样本，本研究所使用的样本量为12049份。

关于因变量自主学习能力的选取，研究依据“自主学习能力”的定义和内涵，选取问卷中涉及“自主学习能力”的“整体规划能力”“自我评价能力”“抗干扰能力”的相关题项。关于自变量相关指标的选取，本研究基于相关文献和研究目的，选取表达学生对内在需求预测性、目的性认知的变量——“学生期望”，以及学生对于来自大学环境的各种支持是否满足自己需求的程度的变量——“院校支持满意度”两大指标，具体见表5-13。

表 5-13　相关指标

	一级指标	二级指标
因变量	自主学习能力	整体规划能力
		自我评价能力
		抗干扰能力
自变量	学生期望	/
		专业与课程满意度
	院校支持满意度	教师教学满意度
		学生指导满意度
		校园设施满意度

2. 理论基础与研究思路

本研究主要运用美国社会心理学家Deci和Ryan等人提出的“自我决定论”(Self-Determination Theory，SDT）为理论基础，该理论主要是从外部环境内化为内部激励力量这一过程解释人类自主行为的本质，认为积极认识自我需要和建立满足个体自主行为的客观环境对自主能力的产生有积极影响。它将人看作是积极的有机体，先天的心理成长和发展潜能激发个体不断地从环境和个体需要中自主择取满足自身行为的有效因素，而后个体会将这些因素整合成高度内化的内部动机并投入到某种行为。[①] 在这一理论下，自主学习的过程是个体在自我需求和外部环境的协调中进行自我决定的过程。基于该理论，本研究采用二维四类分类法，用横轴代表学生对个体需要与个人目标认知的程度，即“学生期望”，用纵轴代表学生对外部环境是否满足自身需要的满意程度，即“院校支持满意度”，将学生分为四种类型（见图 5-6），探讨不同类型学生的自主学习能力的特征及差异，检验和分析个体对外部环境的认知与体验如何整合和内化为自身内部动机（即调整学生期望），从而影响学生自主学习能力的行为表现，并在此基础上，尝试提出提升大学生自主学习能力的策略。

图 5-6　学生分类

3. 结果分析

1）四种不同类型大学生的特征及其自主学习能力表现

本研究在确定学生分类分界点时，从对分界数值的合理性、分类结果科学性等方面进行权衡，尝试分别以理论均值 2.5 和样本总体均值为分界点进行分类。但 H 大学作为我国“双一流”建设重点高校之一，其生源质量较高，学生各方面能力水平整体表现较好，在本研究所选取的各项指标中，得分均超过理论均值 2.5，故以理论均值为分界点进行分类其结果显然不合理。而本研究的主要目的是探讨在同样的环境与背景下同一高校的学生自主学习

① Deci E L，Ryan R M. Intrinsic Motivation and Self-Determination in Human Behavior [M]. Boston，MA：Springer，1985.

能力类型差异及其影响机制，故最终以本次调查结果的一级指标总体得分均值作为分界点对 H 大学学生进行分类。根据图 5-6，学生期望的总体均值（M_1）为 3.292，院校支持满意度的总体均值（M_2）为 3.285，将 H 大学学生分为四类，并根据每类学生的特征对其进行如下命名：高度协调型、环境依存型、独立发展型和消极驱动型。

高度协调型（学生类型Ⅰ）：这类学生的期望值和院校支持满意度的均值分别为 3.656 和 3.660，均超过了总体均值。这类学生对自己的学业发展和未来发展显示出积极的态度，对自身各方面都抱有较高的期望；同时，这类学生对院校环境表示满意，表明外部支持较好地满足了自身需求。这类学生在自我认知和院校环境感知方面都处于积极水平，且在这两方面表现出高度的协调，所以本研究将其命名为高度协调型。H 大学有 34%的学生属于该类型。

环境依存型（学生类型Ⅱ）：这类学生自我期望的得分均值为 2.992，与总体均值相比处于较低水平，但对学校提供的支持比较满意，均值为 3.533，高于总体均值。总体来说，这类学生的院校支持满意度和学生期望处于不协调的发展状态，主要表现为对自身的期望低，对院校支持满意度高。结合自我决定理论，“这类个体倾向于受外部环境的控制，常常表现出外在的调节”，即在同样的外部支持条件下，这类学生行为动机主要受外部环境驱动影响，较多依赖于环境因素，所以本研究将其命名为环境依存型。H 大学有 18%的学生属于该类型。

独立发展型（学生类型Ⅲ）：这类学生与环境依存型学生相反，拥有很高的自我期望，对自己的学业以及未来发展的期望都比较高，学生期望均值为 3.518，高于总体均值，但对外部环境的满意度比较低，均值为 2.943，低于总体均值。这类学生的行为动力以自我期望和自我认可的价值为基础，但缺乏对外部环境因素的整合，本研究将其命名为独立发展型。H 大学有 18%的学生属于该类型。

消极驱动型（学生类型Ⅳ）：这类学生与第一类学生的特征刚好相反，学生期望和院校支持满意度均低于总体均值。这类学生既没有建立较高的自我期望和发展目标，也缺乏对外部支持积极的认识与评价，行为动力偏向消极，呈被动发展的状态。本研究将这类学生命名为消极驱动型。H 大学有 30%的学生属于该类型。

从表5-14和图5-7可以看出，四种不同类型学生中，有超过三分之一的学生为高度协调型，占比最高。但同时，消极驱动型的学生也占到了30%，环境依存型和独立发展型各占总体学生人数的18%。调查结果显示，H大学学生的自主学习能力整体情况较好，自主学习能力总体均值为2.925，超过理论均值2.5，但四类学生的自主学习能力及其各维度存在差异。其中，高度协调型学生的自主学习能力最高，其次是环境依存型和独立发展型，消极驱动型的学生自主学习能力最低。

表5-14 H大学各类型学生的得分均值及占比

	院校支持满意度	学生期望	占比/（%）
高度协调型	3.660	3.656	34
环境依存型	3.533	2.992	18
独立发展型	2.943	3.518	18
消极驱动型	2.924	2.932	30
总体	3.284	3.292	100

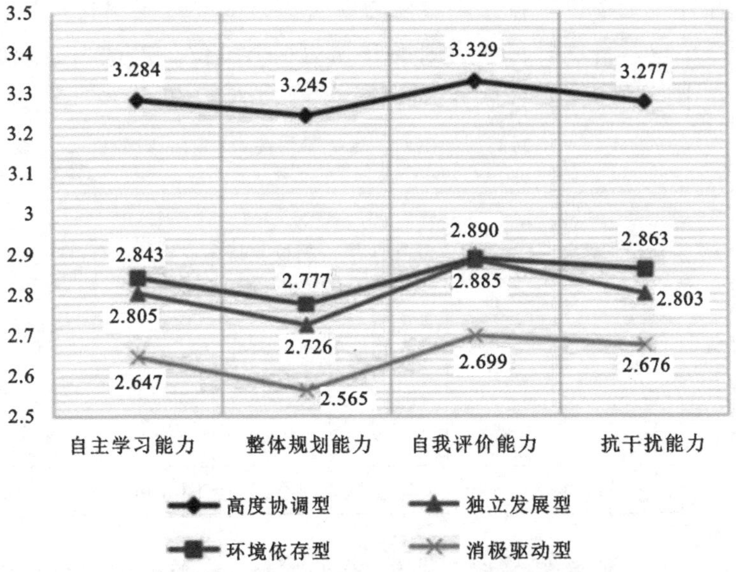

图5-7 不同类型大学生的自主学习能力及其各维度情况

另外，每类学生的自主学习能力各维度的数值分布趋势都较为一致。其中，“自我评价能力”最高，其次是“自主学习能力”，“整体规划能力”最低。高度协调型学生的“自主学习能力”及其各维度值在四类学生中都是最高的，且明显高于其他三类学生。这也验证了本研究对学生期望和院校支持满意度都高的学生，其“自主学习能力”也最高的假设。在差异性检验中，四种类型的学生自主学习能力及其各维度也存在显著性差异。

2）高度协调型学生的自主学习能力影响模型拟合度最佳

为了更直观地了解每种类型学生的院校支持满意度和学生期望对自主学习能力的影响结果，本研究对四种学生类型都进行了回归分析，分别将这四类学生的“院校支持满意度”和“学生期望”同时作为自变量，“自主学习能力”作为因变量，每类学生的性别、年级和学科门类作为控制变量，在线性回归的分析中分别放入。结果显示，“院校支持满意度”和“学生期望”对自主学习能力的预测作用均为显著（$P\leqslant 0.001$），但每类学生的具体预测程度的情况均不同，如表5-15所示。

从表5-15可以看出，高度协调型学生的回归模型拟合度最好，“院校支持满意度”和“学生期望”对自主学习能力的影响系数均最大，对学生自主学习能力的正向预测作用最强，解释量为30.4%。且当学生的“院校支持满意度”每提升一个单位，自主学习能力就会提升0.343个单位；“学生期望”每提升一个单位，自主学习能力则提升0.409个单位。对这一结果的进一步分析，将在中介效应检验中展开。

表5-15　不同类型学生对“自主学习能力”的回归分析

	Beta		调整后 R^2	t		F
	院校支持满意度	学生期望		院校支持满意度	学生期望	
高度协调型	0.343	0.409	0.304	18.038	29.174	883.867***
环境依存型	0.156	0.197	0.068	7.503	9.507	81.154***
独立发展型	0.193	0.185	0.072	9.346	8.973	85.151***
消极驱动型	0.194	0.173	0.077	12.056	10.746	153.517***

环境依存型、独立发展型和消极驱动型这三类学生的“院校支持满意度”和“学生期望”对自主学习能力也均具有正向预测作用，但模型拟合度均较低，解释量分别为6.8%、7.2%和7.7%。自变量影响系数在0.156～

0.197，也就是说，单纯提升“院校支持满意度”或“学生期望”，其对这几类学生的自主学习能力的提升也较为有限。从对四类学生的回归分析可以推测，“学生期望”和“院校支持满意度”对学生自主学习能力的影响是通过一个相互作用的过程产生的，高度协调型学生能很好地进行这种转化。因此，有必要对这一类型学生的影响机制进行探究。

3）自主学习能力影响机制的中介效应检验

为了进一步分析高度协调型学生的自主学习能力影响机制，给其他类型学生提高自主学习能力提供参考，本研究以“高度协调型”学生为样本对“院校支持满意度”“学生期望”“自主学习能力”的中介效应进行检验。第一步，放入自变量“院校支持满意度”、因变量“自主学习能力”，得到“院校支持满意度”对“自主学习能力”的影响系数 c（$c=0.397$）；第二步，放入自变量“院校支持满意度”、因变量“学生期望”，得到“院校支持满意度”对“学生期望”的影响系数 a（$a=0.353$）；第三步，放入自变量“院校支持满意度”和“学生期望”、因变量“自主学习能力”，从而得到“院校支持满意度”和“学生期望”对“自主学习能力”的影响系数，分别为 c'（$c'=0.253$）和 b（$b=0.409$）。

从表 5-16 可以看出，“学生期望”在“院校支持满意度”和“自主学习能力”中起部分中介作用，中介效应占总效应的比例为 ab/c＝36.37％。自主学习能力的影响路径如图 5-8 所示。

表 5-16　高度协调型大学生的自主学习能力的中介效应检验

	自变量	因变量	Beta	调整后 R^2	t
第一步	院校支持满意度	自主学习能力	0.397	0.158	27.518***
第二步	院校支持满意度	学生期望	0.353	0.124	23.962***
第三步	院校支持满意度	自主学习能力	0.253	0.304	18.038***
	学生期望		0.409		29.174***

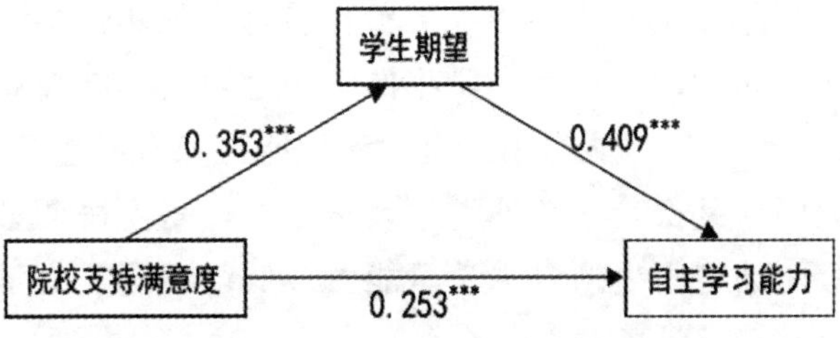

图 5-8　高度协调型学生自主学习能力影响路径图

基于自我决定论，这一影响机制可以从三个方面进行解释。

第一，良好的意志控制。根据自主学习的意志理论，意志控制包括内隐的自我控制和外显的自我控制。高度协调型学生对于自我期望的积极定位体现着对内隐自我控制的良好趋向，对于院校支持的认知与运用体现了对外部环境的自我控制，而对内外部协调的过程体现着高度自我控制水平，这种自我控制让其具有稳定的自主学习意志，在协调内外部动力的过程中发挥着积极作用。

第二，内外资源的有效整合。自我决定理论强调个体具有一种促使自我需求与周围社会融为整体的倾向。面对同样的外部环境，高度协调型学生在认知外部资源、运用外部资源的过程中展现出积极的主动性，同时还能灵活地将外部资源与自我需求进行整合，展现出更高的自主与协同水平。

第三，外部环境的有利内化。根据自我决定理论，内化是个体将外部的规则转换为自身价值观或用于调节自身行为的过程。高度协调型学生基于自身需要已形成对自我的目标性认知并建立较高的个人期望，同时又利用外部环境支持丰富自我期望。在这个过程中，院校支持转化成这类学生的内部激励力量，并促使个体实现期望目标获得强烈的自我效能感，从而进一步促使他们调节自我期望，逐渐建立自主支持环境，从而实现自主学习能力的提升。

（三）提升大学生自主学习能力的结论和建议

综合上述分析，针对提升大学生自主学习能力，可归纳出以下三点结论。

第一，根据院校支持满意度和学生期望，H 大学学生可划分为四种类型。本研究根据院校支持满意度和学生期望采用二维四类分类法将学生分为四类：高度协调型、环境依存型、独立发展型和消极驱动型。其中，高度协调型占比最高（34%），消极驱动型次之（30%）。

第二，H 大学学生的自主学习能力整体较好，但不同类型学生存在显著差异。首先，从整体上看，H 大学学生的自主学习能力在各维度上得分均超过理论均值 2.5。但在三种能力中，自我评价能力和自我监控能力表现较好，整体规划能力偏弱。其次，在四种类型大学生中，高度协调型学生自主学习能力最高，消极驱动型学生的自主学习能力最低，不同类型学生自主学习能力及各维度均存在显著性差异。

第三，院校支持满意度和学生期望对自主学习能力有正向影响，学生期望在这一影响机制中起部分中介作用。本研究分别对四种类型学生进行了回归分析，结果表明，四种类型学生的院校支持满意度和学生期望均对自主学习能力产生正向影响，其中，高度协调型大学生的模型拟合度最优。对高度协调型学生的自主学习能力影响机制的中介效应检验表明，院校支持满意度可通过学生期望影响自主学习能力，学生期望在这一影响机制中起到部分中介作用，中介效应占总效应的比例为36.36%。这一影响机制揭示了院校支持满意度和学生期望在有效提升学生自主学习能力过程中的三个关键点：一是良好的意志控制，二是内外资源的有效整合，三是外部环境的有利内化。

基于上述结论，笔者提出提升大学生自主学习能力的三点建议。

第一，以积极的自我期望为切入点，重视和加强对学生整体规划能力的培养。整体规划能力是学生对学习任务全面认识的体现，贯穿于整个自主学习过程，直接影响自主学习的评价能力和抗干扰能力。本研究的自主学习能力影响机制显示学生期望在自主学习影响路径中具有重要作用，是影响学生自主学习能力的主导性和内生性因素。所以，在提高学生整体规划能力的策略上，应从对个人期望的全面认知为切入点，引导学生建立合理、积极的自我期望，并在此基础上进行学业的整体规划。此外，任课老师和教务处、学习指导中心等部门可通过课程评价、学业咨询等方式引导学生对自己的学习状态不断觉知和进行评价，并在此过程中根据实际情况调整自我期望和学习规划，使自主学习的规划、评价和调控三个方面得以优化运作，实现以整体规划能力带动整个自主学习能力的全面提升。

第二，引导学生主动利用学习资源，提升对内外资源的整合能力。从高度协调型学生的自主学习能力影响机制来看，个体对外部资源的内化以及对内外资源的整合是这一过程的关键。与其他类型学生相比，高度协调型学生面对院校提供的支持更擅长挖掘和运用，同时还能有效整合和内化外部资源，并进行积极的自我调节倾向，展现出较高的协同水平。环境依存型学生缺乏对内部资源的自我整合，独立发展型学生缺乏对外部资源的整合和内化，这两类学生对于内外部资源整合的能力都发展不够充分且相对不协调。消极驱动型学生则对内部资源和外部资源的认知与运用都处于相对消极的状态，自主学习意志也相对不稳定。社会认知理论在解释自我—环境—行为的交互作用中，强调学习在很大程度上依赖于个人与环境的相互作用。在“灌输式”教育中成长的中国学生，进入大学后往往还是习惯于“等、靠、要”，学习态度比较被动。所以，对大学生进行入学教育开始，就要帮助学生对院校环境形成积极的认知，帮助学生分析实现自己的目标需要哪些资源支持以及从何处去获取这些资源，怎样将外部资源内化和整合为内部动力，让外部资源与学生的内部需求形成一个相互促进的良性循环，将院校支持充分“为我所用”并提升对院校环境满意度，进而调高对自身的期望值，以更加积极主动的姿态“求学”“乐学”，促进自身的成长与发展。

第三，培养学生的自主学习意志，帮助学生创设自主支持环境。自我决定论强调人的自我决定能力在于能够灵活地控制自己和环境之间的相互作用，在内外部协调过程中体现出高度的自我控制水平和稳定的自主学习意志，并形成自主支持环境。而这种自主支持环境建立在胜任需要和自主需要得到满足的基础之上。从高度协调型学生的特征可以看出，这类学生的自我效能感（对环境和自身表现都满意）和自我控制水平都较强，可以推测这类学生在整合内外部资源的过程中，逐渐形成了自主支持环境。在外部环境瞬息万变的今天，如何为自己创设一个相对稳定的自主支持环境以面对不确定性的未来，是高校和学生都应思考和应对的重要议题。作为高校，除了让学生拥有足够的自主选择权（如选择课程、选择专业）和足够的自主学习空间（如灵活的学习时间与学习地点），提供智能化的配套设施和信息化管理手段，还要促使教师进行角色转换。自我决定论提出，与具有控制性的教师相比，那些具有自主支持性的教师，更能激发学生强烈的内在动机。[①] 而适当提高课程挑战度、给予学生以肯定性关注等行为，都可以引导学生形成良好的自主学习意志并逐渐建立自主支持环境。作为大学生，应该清楚自主学习不仅是大学期间的主要学习模式，也会伴随人生发展的每个阶段。应学会主动且积极地认知社会并善于挖掘和合理运用周围资源，将其内化和整合到自己的阶段发展目标，有意识地为自己创设良好的自主支持环境。

---

① 刘海燕，闫荣双，郭德俊．认知动机理论的新进展——自我决定论[J]．心理科学，2003（6）：1115-1116.

Pascarella 和 Terenzini 在《大学如何影响学生》第三卷一书中，系统总结和归纳 21 世纪以来相关研究文献，指出相比以往的研究多是基于经验聚焦于大学给学生带来了什么样的影响，当今学者则更多地基于大胆假设转向探讨特殊院校实践与大学生心理机制的关系及由此给学生带来的可能变化。[①] 本章内容顺应了这一发展趋势，根据大样本调查数据，检验了外部院校支持和大学生的自我认知及其相互作用影响自主学习能力的假设，并探究自主学习能力的类型差异及其内在影响机制，根据理想类型给其他类型学生提升自主学习能力提供参照。在全球新冠肺炎疫情的影响下，线上学习模式会愈来愈多地应用于大学教学，因此，如何针对多元化情境尤其是虚拟教学情境，结合年级、学科分布和不同教师的教学行为分析大学生自主学习态度与行为的变化，提出有预见性地培养大学生自主学习能力的策略，是下一步亟待进行的研究。

第四节　大学生经历的关键事件及其影响

Pascarella 的院校影响理论认为，大学生的学习和认知发展结果是学校的组织结构特征、学生背景、校园环境、校园人际互动、学生努力质量 5 个变量的函数。我们的大量研究也验证了这些变量对大学生的学习与发展产生的影响。Kuh 等人通过大量调查分析总结出 11 条最有影响力的大学教育实践，归纳出了这些有效教育实践的共同特征，并且指出有效教育实践是相互作用的，这些好的事情聚集在一起，会逐渐形成引爆点（tipping point），引起量变到质变。[②] 在我们的进一步研究中，结合诸多访谈发现，多位受访者都提到了其大学就读期间的关键事件，这些关键事件要么是受访者本人亲历，要么是因他人所触动，而且对受访者的学习和认知产生了重要而深远的影响。这些关键事件类似于 Kuh 等人提及的“引爆点”，其实也是各种因素汇聚到一起后在某个时刻形成。

---

① Pascarella E T，Terenzini P T. How College Affects Students：21st Century Evidence that Higher Education Works［M］. San Francisco：Jossey-Bass，2016：6.

② Kuh G D，Kinzie J，Schuh J，et al. Student Success in College：Creating Conditions That Matter［M］. San Francisco：Jossey-Bass，2010：284-285.

社会学中的“关键事件”是引起个体发展变化的重大事件。伍兹（Woods）认为，只有那些能够引发强烈反应的时刻和事情、对个人变化和发展产生巨大影响的主题、方案或者论题才是关键事件。① 我国学者苏红从“关键事件”的特征着手，将其界定为：普遍产生重大影响、出现最为频繁、经过个人层面的深入反思、引发个人认知和行为改变的事件。② 汤立宏从当事人认知变化的角度出发，认为一方面关键事件能够强化当事者（或者参与者）的原有教育认知或引起当事者（或者参与者）原有教育认知冲突。③

大学是学生成长中的关键阶段，学生在大学所经历的“关键事件”，对学生身心发展、社会认知与适应、学业与职业发展都有着重要影响。人的行为是在人和当时的环境作用下产生的，最终反映个体有选择性地在与周围环境形成的情感、认知以及行为上的交互，他们在自我成长的道路上不断地协调多重现实与需求，当现实与需求出现矛盾冲突或高度一致时，关键事件就产生了。本节以第六章“大学生学习经历的个人叙事”的12个案例为基础，对大学生产生较大影响的关键事件进行归纳，并探讨其对大学生产生影响的过程机制。

（一）大学生经历关键事件的主要类型

本节以第六章“大学生学习经历的个人叙事”的12个案例（按文章排版顺序将其依次编号为M1—M12）为基础，将影响这些学生发展的关键事件归纳和划分为四种类型：学习体悟型；人际交往型；社团参与类；社会实践类（见表5-17）。

① Peter W. Critical Events in Teaching and Learning [M]. London and Washington, D. C.: The Falmer Press, 1993: 1-15.

② 苏红．关键事件：抵及教师专业发展的核心 [J]. 教育科学研究，2011 (11): 68-69.

③ 汤立宏．关注关键教育事件 优化教师教育教学行为 [J]. 中小学管理，2006 (12): 30.

表 5-17　大学生经历关键事件及其对学生影响

事件类型	具体事件（详情见第六章）
学习体悟型	M5：英语第二学位的课程强度较大，学习安排饱满，但整体学习体验良好；大学的教学模式、评价考核模式等促使自己提高自学能力，教学管理也偏向“自我管理”。 M6：大学就读经历中的课堂展示对个人的锻炼非常大。 M9：专业课程设置和教师教学水平方面存在不合理之处，比较失望。 M11：“政治学概论”课上，老师要求分组阅读经典书籍进行汇报，由此进行了大量阅读，课程收获大。师门 seminar 上导师的分享印象深刻
人际交往型	M1：与本科生导师的交往影响深刻。 M4：课堂内外的师生互动；作为班长与辅导员、老师同学们的交往；在参加公益活动中与组织成员的交往。各种交往的影响大。 M6：与室友“互相帮衬着学习、生活以及一起进步”；在社团中“收获了另一些不一样的友谊”。 M7：担任班长，成为任课老师与同学间的桥梁，与辅导员关系密切、得到任科老师的认可。 M8：作为学生干部对同学切身利益相关问题的处理对同学关系的影响感受深刻；与优秀学长学姐相处获得成长。 M10：与学院宣传部的小伙伴朝夕相处变得更加自信；赴台交流交换经历开阔了眼界；辅导员的影响潜移默化；和室友“互帮互助、共同进步”。 M11：和室友形成了亲密无间如家人般的关系；社团内部成员间存在等级观念
社团参与类	M1：参加舞蹈社，让自己“在舞蹈中找寻存在的意义，在社团中发现美好校园生活”。 M4：作为社团活动策划者、组织者，同时又是参与者、服务者，能力得到极大提升。 M8：参加学生工作是我坚持最久、收获最多、最感兴趣，以及热爱的一件事。 M10：加入全纳服务队丰富了自己的实践经历，还学习了很多教育专业知识，提升自身教育交流能力

续表

事件类型	具体事件（详情见第六章）
社会实践类	M2：从校内到校外、从学生到社会人的身份体会。 M3：大一时的支教活动令自己感慨万千。 M4：实习教师经历感触颇深。 M6：山区支教让我跳出大学这个象牙塔，看到外面真实的世界。 M8：参加巴厘岛孤儿院支教项目，让自己看到不一样的世界。 M10：实习教师经历对自己职业规划的影响。 M11：三次实地调研经历印象深刻。 M12：大二结束的暑假进行了人生中第一次社会实践——当代课老师

（二）大学生经历关键事件的主要影响

从选取的12个案例可以发现，无论是学习、人际交往还是社会实践、社团参与，都在一定程度上影响了大学生的认知、心理和行为选择，并且大多数为积极影响。即总体而言，这些案例中的大学生的大学就读体验是令人满意的，个人在大学就读过程中均有较大收获与成长，在这个过程中，某些“关键事件”起到了类似于“引爆点”的重要作用。

1. 学习体悟型事件

学习体悟型事件主要对大学生的认知产生较大影响，其中包括认知性和非认知性的影响。认知性的影响主要表现为大学生的知识量的增加、知识面的拓宽、知识结构的丰富与完善等。非认知性的影响包括从这些关键事件中得到的个人能力锻炼、其他方面的素质提升等。例如，M11提到“政治学概论”课上老师的小组汇报要求促使其进行大量阅读，笔者在阅读中“一度感到任务艰巨，但是也投入了很多时间和精力”，但“现在回想起来才发现这确实是一次极好的经历和体验”。笔者还有所反思：“与有时候为了完成课堂汇报而四处拼凑质量参差不齐的论文相比，阅读一本经典书籍真的无穷受益，直到现在我还记得书中有些观点，甚至有时会无意识地影响我对待某些事物的态度，这种经典书籍有理论深度，知识体系也更加全面，会潜移默化地影响我的知识建构。”M5和M6则是在个人能力方面得到了提升。M5在对本科教学情况的介绍中强调了“自学”“自我管理”等，认为大学生“应该自己更加积极主动地学习专业知识”，“本科阶段我开始自己通过网络课程等渠道学习，而不是单纯依赖老师在课堂上的授课”，“本科的大部分课程的课堂教学不会细致到个别知识点，多为展开知识图谱，而知识细节需要自学理解”，“总而言之，与中学阶段的应试导向相比，本科阶段的课程教学引导学生自觉进行自学，有着更强的实践导向”，并且认为“本科阶段的教学管理的组织形式已经开始关注‘自我管理’了”；M6 认为“受益比较大的教学形式”是课堂展示，“每个小组的所有组员都必须上台对自己制作的课件向全班同学进行讲授，对于我个人来说，一方面它督促我在课下与组员合作大量收集资料进行准备，加深了我对课程知识的理解，提高了与人合作的能力，促进了生生互动。另一方面，通过展示的方式也极大地锻炼了我的语言表达能力和公共演讲能力”。由此可以看出，大学的课程学习不仅完善了学生的知识结构，更为重要的是多样化的课堂教学模式和课程考核方式锻炼了大学生的自主学习、语言表达、合作沟通等能力。M11 则觉得从老师们推荐阅读的经典名著中受益匪浅，作为公共必修课的各院系的精品课程讲授都非常精彩。

不同院校、不同专业在课程设置、教学管理等方面存在一定差异，大学生的满意度也有所不同。M9 在肯定其专业课程和跨专业选修课的学时分布和课程结构合理性的同时，也提出其实践课程“时间安排与参与企业秋招的学生有所冲突”，“报考了研究生入学考试、国家公务员考试的学生由于时间紧张，会选择一边进行实习课程一边复习”，“不仅使课程的预期效果大打折扣，也引来了学生的诸多抱怨”。教师教学中“水课”现象也偶有出现，“PPT 老师”“研究生代课老师”出现频率有所上升，如“财务分析”一课“强调在理解中逐步实践”，而“学生缺少相关的操作经验，老师在课堂上也很少引入案例，照本宣科地讲授使得台上与台下貌合神离”。

2. 人际交往型事件

根据埃里克森的“人格发展八阶段”理论，刚步入成年期的大学生正处于需要与人交往从而获得亲密感时期，因此大学生群体相较于中学生而言，其人际交往需求更旺盛、交往频率更高、交往对象更为广泛和多样化。在大学中，学生的人际交往对象包括室友、班级同学、学长学姐、辅导员、任课老师、班主任、社团和学生组织成员、其他社会人员等，这些交往可分为三大类：师生交往、生生交往以及其他人际交往。在选取的 12 个案例中，主要是师生互动和生生互动对学生的成长与发展有着关键的影响。如 M7 作为班长，成为“任课老师与同学间的桥梁”，“既要关心同学们的安全问题，又要关心学习问题，还要关心班级凝聚力建设问题”，不仅与班上同学形成了良好关系，也得到了辅导员、科任老师的认可，在评奖评优方面也获得了一些优势，形成了良好的师生互动和生生互动关系，学生也在人际交往中收获了友谊和责任感，获得了成长。

1）师生交往事件

师生交往包括课堂教学中的师生交往和课堂之外的师生相处。师生课堂交往在认知层面有助于帮助学生更好地学习和理解课程知识，在行为层面有利于树立正确的学习观、养成良好的学习方法。M4 在课堂上与教师的交往不仅调动了学习积极性、提高了自主学习能力，而且“老师认真严谨的学术态度以及精益求精的学术精神都对我产生了重要影响”。

尽管课堂上的交往是师生交往发生的主要场所，课堂之外的师生交往对大学生的人格塑造，人生观、价值观、世界观的改造，未来职业规划等方面也有着较大的影响。相较于课堂上以教学为中心的交往，课堂之外的师生交往则是通过教师的人格魅力、治学态度、为人处事方式等对学生的情感态度、价值观等产生影响。M1 在与本科生导师的相处中感受到“家长”般的关心，虽然老师说话直接、有时也有点“毒舌”，但 M1“只觉这是一种偏爱，是一种值得被珍藏的被关爱的幸福”，导师也在保研考试前给了 M1 信心和鼓励，在一定程度上影响了 M1 的人生选择，M1 自己也说“也许很平凡的一句话，只是恰好放在了我的心上，我想也许自己只是缺一个推你的人”。M4 也提道：“在与老师们的课下交往中，我收获了满满的感动，也在老师的鼓励下不断突破自身，成长为更优秀的自己”；“师生交往习惯也由原来的‘消极被动式’转变为‘主动出击型’，在遇到问题时，不再被动消极等待，而是主动向老师寻求帮助”，“（Y 老师的）工作和学习方式也是我从她身上学习到的宝贵财富”，“K 老师就像妈妈一般，宽容而和蔼，每次和她接触，都有种如沐春风的感觉，在她的身上，我感受到了平和的力量”。M10 的辅导员在职业规划和性格两方面对学生产生了较大影响，值得一提的是，台湾交换生的经历对她影响较大，这段经历让她感受到大陆教师和台湾教师风格迥异，与台湾教师的交往打破了学生对教师的敬畏心理，“大三从台湾回来，性格慢慢变得开朗”。可见，良好的师生交往不仅有助于增进师生之间的距离，对学生的性格也会产生一定的影响。

2）同辈交往事件

相较于与非同龄人的教师交往，年纪相仿的学生群体之间交往频率更高、关系更为密切，其对学生就读经历的影响更大。生生交往主要包括室友关系、班级同学关系以及社团组织中的成员关系，对大学生的影响主要表现为：收获友谊，锻炼团队合作、组织沟通能力，培养和发展兴趣爱好，获得为人处事的道理等。其中，优秀的学长学姐在大学生的生生交往中扮演了重要角色，其行事风格、优秀品质等对大学生的人格塑造有着重要影响。

宿舍是大学生们朝夕相处的场所，室友关系在极大程度上决定着大学就读经历体验，良好的室友关系有助于学生共同成长进步，而紧张甚至有冲突的室友关系则会影响学生的学习和生活。在 12 个案例中，提到室友关系时，总体满意度较高："庆幸的是我的三位室友并没有给我带来不好的宿舍体验，我们四个人反而是互相帮衬着学习、生活以及一起进步的典型，几乎所有的重要事件都是我们四个人一起完成的，可以说，大学期间我的三位室友是见证我成长并且帮助我成长的人"（M6）；"四年里，我和室友们一直互帮互助，共同进步，虽然偶有争吵，但是经常过一夜就忘记了"（M10）；"室友是我在本科期间接触最多的人，也是我在上大学前心中想象的室友的模样……我的三位室友大学四年如家人一般照顾我、包容我和安慰我，还默默倾听了我很多牢骚和抱怨，帮助我排解不好的情绪、陪伴我走出低谷，让我既感激又愧疚"（M11）。

学生干部作为大学生群体自我管理的代表，肩负着师生之间的桥梁作用，需要承担大量沟通任务，也需要妥善、细心处理涉及学生利益的问题。在本科期间担任了班长的 M4 和 M7 均表示自己作为班干部与同学们之间的相处十分愉快："我至今都觉得自己很幸运，因为遇见了一群单纯有趣的同学。最开心的是，我的工作也得到了大家的认可"（M4）；"在付出的同时，更多的是收获，比如认识了班上所有的同学、与辅导员关系密切、得到任科老师的认可、拥有积极向上的学习生活状态"（M7）。而 M8 担任学生干部的经历中，由于处理问题方法过于生硬导致同学的不理解，自己也进行了反思："涉及个人具体利益的事情是极容易产生矛盾和问题的，有时候作为学生干部做学生工作，总是会不自知地维护或损害一些人的利益，我们不可能每件事都做到尽善尽美，只要学会做到公正公平、不徇私、不利己，不管以后是做什么工作，坚持住自己的原则，无愧于心就好。"

社团成员之间的关系受到社团性质、活动频率以及学生在其中的归属感等因素的影响。总的来说，社团和学生组织能够让不同专业、不同性格的大学生形成联系紧密的群体，有助于学生之间相互取长补短，尤其是优秀的学长学姐们分享的经验对大学生的大学经历和个人成长有较大影响："有时候，我觉得事情太多或是参加比赛坚持不下去时，我就会想起当时师兄师姐的分享，鞭策自己向他们看齐，激励自己他们能做到我也可以"（M8）；"Y 学姐是我在青协里最美的遇见，Y 学姐一直用‘不忘初心，方得始终’鼓励我们，这句话后来成为我的座右铭。她自己本身便是这样一个人，对公益事业有着满腔的热爱，甘于付出、乐于奉献。在她的影响下，每次我想放弃的时候，这句话就会蹦出来敲打我一下，让我继续坚持下去”（M4）。

3. 社团参与类事件

一般而言，社团具有聚合功能、教育功能、服务功能和自治功能，而大学生社团则是具有自发性、松散性、多样性、自主性和趋同性的，具有娱乐价值、教育价值、审美价值追求的学生群体组织。在社团参与中，价值客体（社团活动）只有和价值主体（大学生）相结合，才能将娱乐、教育、审美等“潜在价值”由“潜”转“显”；而在这个过程中，价值主体（大学生）将社团的价值追求（娱乐、教育、审美）内化为其固有的自然心理特征，并外化为其自觉行为习惯，是实现社团价值追求和价值目标的基本方式。①

从选取的案例中可知，组织良好的社团能够很大程度上激发学生的凝聚力和积极性，也能够帮助学生发现自己的潜力，“参加舞蹈社，实则是第一次去寻找自己的爱好，第一次去坚持自己的爱好，它实在给了我太多太多，从丑小鸭到自信的美小鸭，其间的滋味，只有自己才懂；如果说让我概括我的社团经历，那大概是‘在舞蹈中找寻存在的意义，在社团中发现美好校园生活’”（M1）。“而社团的场地、经费支持和专业老师指导如跟不上，都不利于组织以及个人的发展”（M12）；“曾加入过轮滑社和辩论队，但前者由于场地限制，后者由于缺少专业老师指导，活动开展很困难，学生的热情减退”（M3）。

大学生以兴趣为中心成立的社团和诸如学生会的学生组织在性质和运作机制上有根本差别，因此学生参与其中的体验感也不尽相同。M11 表示：“在第二年留任后我发现学生会内等级观念比较严重，虽说科层制的组织有利于提高效率，但是我不太喜欢学生之间的等级差异，感觉失去了平等友爱的氛围。”也有某些实践类社团中成员的归属感较强，“在青协组织部的时光是最为快乐和幸福的，我们部门就像一个温暖的大家庭，办活动时大家竭尽全力，办完活动后大家会聚餐旅行交流感情……我也第一次感觉到原来团队凝聚力的作用这么强大”（M4）；“（爱心社团的）经历是我大学期间最为珍视的一段经历，在这当中，我收获了另一些不一样的友谊，同时也让我跳出大学这个象牙塔去看看外面的世界，了解在我看不见的地方，其他人的生活是怎么样的”（M6）。

---

① 冯昭昭．大学生社团的价值研究［D］．武汉：华中科技大学，2016.

4. 社会实践类事件

社会实践是大学生教育的重要组成部分，它不仅是对学校教育的重要补充，也是大学生提高综合素质的重要渠道。社会实践能够在多个方面促进大学生的成长：促进大学生深入理解专业知识并运用专业知识分析与解决问题的能力；促进大学生健康人格、自信心和与他人合作交流能力的发展；促使大学生认识到自己与社会的关联，培育其宽容精神以及对弱势群体的关爱意识，有利于社会责任感的增强。①

由于 12 个案例的学科专业背景，他们参与过的社会实践以支教、实习教师为主，通过这些实践，大学生在认知层面加深了对教师职业的理解，对教育和教育学有了更为深入的认识，也锻炼了自己吃苦耐劳、同情心和同理心等的品性，在行为选择层面对学生的职业规划产生较大的影响："短短一个月，所见、所闻、所教感慨万千——做一个好老师真的很难；让我对我所学的专业以及'老师'这个职业有了全新的理解"（M3）；"认识了一群天真无邪活泼可爱的孩子，还有好多位又善良又有能力的同事，度过了一段很有意义而且终生难忘的时光；也见识到了丑陋的一面，与我期待的我想象的教育相去甚远，通过实习，我坚定了自己绝不当中小学老师的决心，继续深造成为我最好的选择"（M4）；"我逐渐喜欢上做志愿活动，因为在帮助他人，给他人带去快乐的同时，自己也收获了快乐和成长，让我越发珍惜自己拥有的美好生活，并时刻怀以感恩之心；支教的真谛不是加法，而是减法，我们不自觉地摆脱了愤怒、纠结、狭隘和恐惧，远离了肤浅、短视、悲观和沮丧，减少了无知、干扰、指责和冷漠"（M8）；"实习期间，我顺利地实现了从学生到老师的转变，提高了理论运用到实践的能力，通过实习，我更进一步加深了对所学专业的了解，也认识到自己的性格并不适合从事一线教学工作，从而帮助我更好地进行了未来的职业规划"（M10）；"能体验到生活的艰辛，还可以积累一些工作经验，学到一些课堂上学不到的东西；如何与人相处，如何与不同类型的人相处，这是我们一生都值得研究和探讨的课题；在平时的交往中，要真正做到择其善者而从之，善于看到和学习别人的优点和长处，这是一个人不断成长和成熟的标志"（M12）。

其他类型的社会实践也在认知或行为选择上对大学生产生不同影响。

---

① 高旺．社会实践对大学生发展的影响及其内在机理分析 [J]．河北青年管理干部学院学报，2020（6）：5-11.

M2 从社会实践中感受到了学校与社会的差异，通过校外的兼职、实习等实践活动，觉得自己能“更像一个社会人一样在一个成熟的组织中找到自己的定位、去按部就班地完成被交付的任务，而且虽然没有一个专门的‘导师’带领，但是所有的、负责不同事务的同事都是我学习成长的来源”。

综上，在 12 个案例学生的大学经历中，每位学生在不同学习阶段都有一种类型的关键事件占据主导位置，是其在自我成长的道路上不断协调多重现实与需求的体现，“关键事件”对大学生身心发展、社会认知与适应、学业与职业发展都产生了深刻影响。大学生所经历的这些关键事件可以被描述为一种紧张的、有力的、改变自我认知、行为甚至价值观的成长事件。大学生想要满足各种自我需求，除了主动应对之外，还需要学校在一定程度上提供相应支持与条件，来帮助大学生协调好这些现实与需求之间的矛盾与冲突，以及时调整情绪并做出正确的行为。

第六章

大学生学习经历的个人叙事

“大学就像一个万花筒，换个角度或姿势就会发现截然不同的图景。”

——H 同学

大学生的就读经历是一个过程性的概念，也是一个流动性的概念，更是一种情境化的个人体验。它体现在大学生日常的学习行为和学习投入中，也在与教师、同伴以及校外人员等进行的社会互动中得以表现。更重要的是，大学生作为一个能动的主体，他们在前行的过程中，会不断地对自我经历进行思考、质疑，甚至否定。就像一条宽广的河流，无论表面上看上去是浩浩汤汤还是风平浪静，它的下面永远是暗流涌动。大学就是要在这种可能性和发展性中去努力帮助大学生实现其突破，让大学对学生产生持久而深远的影响力。

我在给研究生上“高校学生事务管理的理论与实践”这门课时，有一项作业是让学生们对自己大学本科就读经历进行整体回溯，并能以大学生学习与发展的相关理论去对自己的经历进行审视与反思。选修这门课的学生以本院高等教育学、教育经济与管理两个专业的硕士研究生为主，还有少数来自其他院系的硕士和博士研究生，虽然她们大多都是女生，且目前都就读于 H 大学，这一共同的性别“输入”和深造“输出”背景让他们表现出一定的同质性，但本科却是来自不同层次和类型的高等院校。不同的院校环境自然会带来不同的就读体验，当然，同样的院校环境中不同的个体的体验也不同。本章选录了 12 名学生（按文章顺序编码为 M1—M12）的作业，并根据每名学生的意愿进行实名制或匿名化处理，在第五章第四节，我们对这 12 名学生就读经历中影响其发展的关键事件进行了归纳和总结，本章将这 12 名学生的本科就读经历以他们自我陈述的形式展现出来，以真实还原不同大学的学生在本科期间的多样化就读经历与体验。

M1：认识你自己

——一名普通大学生成长的自我民族志

（一）研究的意义

课堂上，老师和我们讨论课程作业的形式，正巧说到我们可以站在现在的阶段，回顾自己的大学经历中对自己最重要的事，并形成文字。初次听到这个作业便让人眼神放光，于是我激动地向老师求证，直到老师给了十分肯定的答案，我才放下心来。为什么这个作业拨动了我的心弦，我想是因为它是一个对过去的我、对现在的我、对未来的自己都有意义的事情吧！在读研究生的我们都经历过大学时光，那是一段回忆起来满载自豪又偶有叹息的珍贵记忆，毕业是匆匆的，时间推着人们向前，我们也很少能有机会去静下心来细细回想大学生涯中那些对自己成长有影响的关键性事件，去慢慢探索自己在那个过程中的所思与所得。而这是一次机会，一次聆听自己内心的机会。苏格拉底说："认识你自己。"我们是否也应该意识到，是时候让自己更了解自己了呢？答案是肯定的。这篇文章为什么又对未来的自己有意义呢？因为今天是明天的昨天，体悟好了今日，才能过得好来日。它不是单纯的回忆，它是现在的我们对过去的思考，它有着岁月的痕迹。

有了激动的想法还不够，还需要一个载体，一种表达的工具。而这时，"自我民族志"出现在了我的眼前。作为教育学专业的我，对"自我民族志"实在是全然陌生的状态，但尽管如此，"自我民族志"还是很快地仅凭三言两语就抓住了我的心。

我很快就找到了前人的研究。学者 Custer 说，自我民族志是探索个人在社会文化环境中所具有的独特生活经历的质性研究方法，这种方法将个人与文化相联系，适合将自己作为研究对象，探究自己与特定社会文化现象之间的关联，通过将读者带入具体的情境中，让他们感受到作者的思考、情绪以及行为。[①] 我发现这与我的需求完全吻合，我正是希望以自己为主体，将自己作为研究对象，并探究在大学时期影响个人发展的关键性事件。自我民族志作为一种质性研究方法，它还是一种学术写作方法，常常采用第一人称论述，是一种自传体式的写作方法，有意识地探索一种亲历且自省的自我与文化现象之间的相互关系。[②③④]

自我民族志审视人生中的关键性时间，关注该事件与社会、政治、文化、权力等方面的关联，通过对过去关键时间的反思研究帮助现有或以后思考的形成。进一步说，自我民族志研究对于关键事件的关注更聚焦于事件中的困扰、问题、权力或特权等，同时，它需要对所发生事件的原因和方式进行深刻的反思与内省。换言之，自我民族志能让我们通过分享其独特的、主观的、带有情感体验的故事，增加自身对所生活的这个社会、文化情境的理解，同时让我们进一步反思自己的所知和所学对这个世界的贡献。[⑤]

综上，我发现，自我民族志实在是个不可多得的好办法，让我用研究者的身份近距离观察和审视作为局内人的自己，因为我对过去发生的事无比熟悉，而作为研究者却又与自己存在着距离，这种微妙的矛盾让我有了探索的冲动。借用学者 Belbase 和 Taylor 的话说，自我民族志研究帮助我们进一步了解自我、认识自我、理解自我以及寻找自我。[⑥]

现在，让我们出发吧！

---

① Custer D. Autoethnography as a Transformative Research Method [J]. The Qualitative Report，2014 (19)：1-13.

② Ellis C，Bochner A. Autoethnography，Personal Narrative，Reflexivity：Researcher as Subject [G] //Denzin N，Lincoln Y. Sage Handbook of Qualitative Research. 2nd ed. Thousand Oaks，CA：Sage，2000.

③ 陈纪，南日．自传式民族志的发展概况及其社会效用分析 [J]. 湖北民族学院学报（哲学社会科学版），2018 (1)：37-42.

④ 杨爽，钟志勇．自传式民族志：概念、实施与特点 [J]. 广西民族研究，2014 (5)：58-63.

⑤ Wall S. An Autoethnography on Learning about Autoethnography [J] . International Journal of Qualitative Methods，2006 (2)：146-160.

⑥ Belbase L，Taylor C. Autoerthongraphy：A Method of Research and Teaching for Transformative Education [J]. Journal of Education and Research，2008 (5)：86-95.

（二）本科就读经历的关键性事件

以下将介绍五大关键性事件：一是别具特色的本科生导师制；二是“临危受命”的学生干部经历；三是对自身大学学习方法的探究；四是满怀热爱的兴趣社团；五是“随波逐流”的升学经历。正是这些关键性事件塑造了我、成就了我，而这些经历也将在我记忆的长河中闪闪发光。

1. 初闻本科生导师制

刚从高中毕业的“小萌新”对大学的认识是从接触导师制开始的。与我们熟悉的认知——研究生阶段才有导师不同，我的母校在我们大一入学时便给我们专业的所有学生配备了一名导师。那么，究竟什么是本科生导师制呢？它是由院校出资，从校内外选聘具有较高思想道德素质和专业素质的教师担任本科生的指导老师，通过个别指导为主、集体辅导为辅的形式，定期不定期地对本科生的专业学习、科研活动进行指导，同时也协助学生解决生活等其他方面的问题，旨在培养学生的批判思维和创新实践能力、提高学生综合素质的教学制度。简而言之，学校及学院期望通过本科生导师制，能够让每位导师根据学生的发展特点、个性特征等对其进行学业、思想、生活等的个性化指导。①

回到那时，我们选导师的方式既简单也传统，采取导师与学生双向选择制，每个学生都有三个“志愿”，而每个导师都有固定的名额，优先满足学生的第一志愿。当第一志愿满员时，导师就拥有了选择的权利，以此类推，直到所有的学生都有了去处。这个看似十分公平的方式却也有漏洞，我们初入校园，对所有的导师一无所知，这样的选择真的值得信赖吗？在这个过程中我是怀疑与忐忑的，直到遇见我的导师，方知何为最美丽的意外。如果说，让我回忆大学时光最不后悔的选择，那一定是选对了我的导师！

正如学院希望的那样，导师与我们的连接很快就建立起来了。我入学的第一门专业课便是我的导师的课，令人汗颜的是我们宿舍竟都迟到了，尽管不熟悉地理位置是一方面原因，但内心的羞愧仍然把我们淹没，尤其是他对我们说，第一节课就迟到，果然是“新兵蛋子”。不知为何，从小作为“乖学生”的我，第一次在受到老师的批评时，产生的不是哭的欲望，而是不服

---

① 刘加玲．中国高校本科生导师制实施的问题与对策研究［D］．扬州：扬州大学，2019.

气！我想让老师明白我不是一无所知的新人，不是一窍不通的孩子！这个念头埋在我的脑海里生根发芽，在我看不到的地方茁壮成长。

本科生导师制和研究生导师制还是存在很大的区别，我想最大的不同在于其联系的紧密程度，相较研究生导师负责制，本科生导师与我们的距离是若即若离的，没有每周一次的组会、没有等待提交的课题，若是老师有闲，则于他办公室聚聚，谈话的内容因人而异：对于有学术抱负的学子，老师会给出谆谆教诲；对于爱吃喝玩乐、享受生活的弟子，老师风趣幽默，无所不谈。尽管见面的频率并不高，但每次见面都让人期待。不是每次会面都以欢笑结束，当我们的问题被暴露时，他往往是那个最先批评我们的人，于是我们会把他的话放在心里，细细揣摩，直至吸纳。我的导师风趣幽默，但他最出名的还是"毒舌"，作为他的学生，我们早已习惯。记得某年快放假时，需要导师签写一份材料，下面是我们的对话：

导师：这字练过了？

我：（十分惊喜）您怎么知道？

导师：呵，小学三年级水平。

我：……（假装是在夸我好了）

而这样的对话已经成为我们之间最默契的交流，我从不把他的"毒舌"放在心上，我只觉这是一种偏爱，是一种值得被珍藏的被关爱的幸福。

在大学共度过了四个"儿童节"，记忆最深的是毕业那年他请我们的一顿饭，饭局里没有语重心长、没有客气，有的只是大家的真心。他说，希望我们都能有好的发展，他让我们想清楚今后的路，学术的道路是坐冷板凳，适不适合只有自己知道。没有人比我们更能明白他对我们的珍惜与呵护，那顿饭让我们特别难忘，因为它也宣告了我们即将扬帆远航，离开这个"温暖的港口"了。

离别那天，我给他发了如下一封邮件，他只回"一路顺风"。我想我会顺利的，因为有导师的祝福。

亲爱的W老师：

离别还是不期而至，回首过去的四年，每一次人生重要的关口您都与我们一起度过。虽然您从不说出口，虽然您仿佛对我们很"嫌弃"，但是，走近过您的我们能感受到，您偶尔透露的一点温柔，我们都能感怀很久。

回想起第一次见您时，您给我们上专业课，风趣智慧，别具一格，甚至于您对我们的“不屑一顾”也成了个人魅力所在。成为您的学生是人生的必然，因为不论多少次，我都会坚持这个选择。我更庆幸这个选择。大一时，您就告诉过我们珍惜时光；大二时您说过多读书、多看报；大三时，面对是否读研的路口，是您告诉我坚持和尝试；大四了，您为我们今后的发展出谋划策。突然发现，我们与老师之间有了那么多的记忆，您办公室里也充斥着我们打扫卫生的身影，想起小陈拿错毛巾的故事我们总能会心一笑……

只是，天下无不散的宴席，我突然感觉到，学校就像港口，我们在这里停下，只是时间到了，机会来了，我们要扬帆远航，去到另一片属于自己的海洋。值得庆幸的是，在这个港口的四年，我们努力地集满了能量。现在，我们载着所有人的祝福，要重新出发了，也许我仍不完美，也许我离老师的期待还有很远，也许我一直叽叽喳喳，但是，您给予我的所有关爱与包容，我全部都记下了。

不说再见的话，因为您带给我精神上的滋养，常伴我左右！只是，我突然害怕，您的学生万千，我不过最普通的一个，您别忘了我，好吗？

祝老师永远自由洒脱，幸福快乐。

学生于离开的火车上

2019.6.23

每一个健康成长的孩子身后都有默默付出的家长，而本科生导师正是这样的“家长”。他们关注学生的衣食住行，关心学生的学业发展，关心学生心理需要、情感需要，他们最大的目的是学生有所收获，成为人格健全、有理想有目标的人。学生何以成长？当然离不开学校中所有为他们默默付出的人！

2. 一入班干深似海

班干部，是学校班级中担任一定的领导工作或管理工作的学生。中小学时期的班干部往往是由老师指定，同学竞争上岗。有学者归纳中小学班干部有如下四种功能：第一，领导和管理的功能；第二，权力分配的功能；第三，桥梁功能；第四，提高效率的功能。[①] 同时，已有研究表明，班干部在课堂中“主动回答”“被动回答”“提问求案”“提问寻由”的次数均高于普通学生。[②] 因而，现有研究结论基本一致，即相比普通学生，班干部会获得更多的学习机会。[③] 中小学班干部身份所带来的收益已经被研究所证实，但是针对大学生班干部的研究相对较少，这与大学班级相对于中小学班级而言更为松散有关，很难证明学生获得的收益纯粹源于其班干部身份。

我的班干部生涯开始得出人意料。新生开学的年级大会，辅导员突然告诉我们，他在阅读了我们四个班共几百人的档案资料后，为每个班选出了几个班委，有班长、学委、团支书等，现在叫到名字就相当于被任命了，任期暂且为一年，看大家的表现再决定是否继续“签约”。“事不关己，高高挂起”是我向来的行事准则，直到我听到了自己的名字：“××，学习委员。”我的第一反应是自己听错了，接下来，我的身体已经不由自主地站起来和大家打招呼。然而，那时我的脑子里想的却是：怎么会选我？老师真的看过档案了吗？我不是十八线地方的小透明吗？“小镇做题家”也能胜任大学的班干部吗？无数个问题萦绕着自己，但无法否认的是我心里那怯怯不敢对人言的期待。

我的班干部生涯就这样猝不及防地开始了。还没上任几天就遇见了棘手的难题：上专业课需要买书，但是学校没有帮我们订书，于是需要作为学习委员的我负责订购。也就是说，我的任务是在规定时间内用最少的价格买到全班人数的正版书籍。本以为这不是个难题，只是当我打开各类购物平台却发现，几乎所有的书店库存都不足。于是那几天，我在淘宝、京东、苏宁、当当……货比三家，终于找到了一家价格低廉、老板也愿意为我们联系出版商订购的店铺。拨开云雾见月明？不，高兴得太早了。当时支付宝并没有那么普及，班级同学们大多用纸币的方式付费，若是采用网购的方式，必须要先将现金存入电子账户。在问过店铺的老板并得到能够在两天后发货的回复，我就放下了心，把去银行的事丢在了一边，心想等老板书籍准备好也不迟。两天后，我把存好的金额打给老板，但书还是没发货，我着急问老板事

---

① 柯政，李昶洁．班干部身份对学习机会获得的影响——基于4026位初中生的倾向值匹配法研究［J］．教育研究，2020（5）：112-125.

② 程晓樵，吴康宁，吴永军，等．学生课堂交往行为的主体差异研究［J］．南京师大学报（社会科学版），1995（3）：74-79.

③ 李飞．高校学生社团参与情况调查：中日比较的视角［J］．中国青年研究，2017（11）：112-118，98.

情始末。才得知，老板的两天后是指付完款后的两天，而非当时询问后的两天。好在紧赶慢赶终于在上课前将书送到了同学们的手上，我算是在曲折中圆满完成任务了。

现在想起来，这个任务也没那么困难，但对于当时的我而言，第一次以成人的方式独立完成一件“金额巨大”的事，第一次货比多家只为节约同学们的购书成本，第一次自己去银行存款，第一次和数位老板沟通并达成协议。我意识到作为班干部的成就感，也是自我实现的重要方式。四年的班干部生涯在我身上留下的印记太多，若是让我总结，那就两个字——沟通。与老师的沟通、与教务的沟通、与同学们的沟通、与设备管理员的沟通、与自己的沟通，每一次沟通都有所收获。如同那经典的比喻，“班干部是一架桥梁，它渡了别人，也渡了自己”。

班干部的经历还让我深切地体会“责任”二字的重量。在其位，谋其政，行其权，尽其责。明白自己的责任，尽力将自己应该做的事做好，结果是自然而然的。

3. 学习方法之临时抱佛脚

对于大学的期待，我们大都从中学老师的介绍中而来——等你们上了大学就轻松了。年少的我们总是对老师的话深信不疑，直到真的经历了大学方明白，轻松与否取决于个人的选择。大学不像高中，它没有周考、月考、模拟考，我们不用费尽心机只为提高一分，也没有高考的“红线”压着自己。然而，大学作为学生最重要扩展专业知识的阶段，再怎么重视也不为过。可是现在回想起来，我的大学学习方法却让我有些许遗憾。

正如前文所述，没有了考试的条条框框，大学变得充满诱惑，每一名新生都一定听过“60 分万岁”的口号，仿佛只要及格就万事大吉了。又由于学习往往是以学期为周期的，考核次数少，这又在某种程度为“求过党”带来了便利；同时，大学教师相对于中小学教师，有更重的科研负担，无法花过多时间盯着学生，这也使得大学生完全依靠自觉学习。

然而，若是让我贯彻“60 分万岁”，我是坚决做不到的——对分数的追求已经成了一种习惯，如果放弃分数，那无异于放弃自己。内心的声音让我坚守自己的底线，但外界的环境与偷懒的本性却为自己找到了退路。最终，我采取的方案是平时认真与考试前抱佛脚。也就是课一定要认真听，课堂上的每一分钟都不能浪费，考试也绝对认真准备，但课后的时光用于享受大学生活，曾经的早读、晚自习都成为过眼云烟。这一做法有利有弊，好在最基本的专业知识掌握了，问题在于更深一步的课后阅读训练欠缺。四年下来，有时听着班级上优秀的同学就经典理论侃侃而谈，我也会浮现出一丝羡慕之意。

我还记得自己曾经和朋友讨论过一个关于选课的话题：

我：我发现只要问学长们有哪门课可以推荐，他们都会给我推荐“水课”。

小 L：是的，我也发现了。他们觉得这些课给分高，课堂轻松，老师也不管人。

我：但是这样的课很难真正学到什么，这不也与我们来大学念书的初衷相违背吗？

小 L：也许，每个人来大学读书的理由都不相同，为了追求好看的分数，让自己过得轻松也无可厚非呀！

我：总觉得这样怪怪的，我不想浪费时间去上那些课，这究竟有什么意义呢？

小 L：我赞同你的观点，大学对我们的影响是很深远的，现在的轻松也许未来会付出更沉重的代价。自己喜欢什么就选什么吧，一味地怕输、一味地为了体面的成绩真的会影响我们踏出勇敢的一步。

我：认同！

我深深地感到，本科阶段选择的学习方式是两股力量权衡后的妥协，当面对外界“轻松、愉悦、高分”的诱惑，动心是必然的，然而，我们来大学的根本目的究竟是什么？我们是为了那一纸文凭而来的吗？我们对大学的期待有什么？我想大家心里都有自己的答案。博弈下的选择，必然有得有失。我不去后悔每个选择，只是偶尔再想想，如果能重来，我的大学，又将是什么模样呢？

4. “一心一意”在社团

前文说我的课后时光都用于享受大学生活，而社团就是我课后最重要的活动之一。参加社团组织是许多中学生迈入大学校门了解和体验大学生活的必修课之一。作为大学的“第二课堂”，社团对于大学生自立能力、组织协调能力以及合作精神的培养具有重要作用。尤其是一些国外大学，由于学生的课余生活一般不以班级为单位展开，因此，社团就成为他们丰富课余生活、实现自我管理和自我发展的主要渠道。[①]

社团的存在是必然的，然而，初入校园的我在未深思前就已经被声势浩大的“百团大战”——社团招新活动震撼了。满街的小帐篷分别代表了不同的社团，学术研究类、体育运动类、文艺娱乐类、志愿服务类……凡所应有，无所不有。热情的学长们都出动了，派发的招新传单如天女散花般塞入我们的手中。记得当时首先映入眼帘的是李小龙截拳道社，他们在现场耍了一套双截棍，英姿飒爽，围观群众莫不拍手叫好。顺着看下去，书画社也别具一格，现场书写毛笔字让我们这些“不讲究”真实地体会到了中华汉字的形体之美和意境之美。最让我移不开眼的是日后我最熟悉的女子舞蹈社。由名字就能猜想到，这个社团不招收男生，主要的活动内容就是学习舞蹈，展现自我。实则，我正是被在现场表演舞蹈的学姐所吸引，我沉迷于她们脸上自信的笑容，这对于略显羞涩的我是一种莫大的诱惑。所以，尽管舞蹈社的会费是各大社团中最贵的，我依然毫不犹豫地报名了，做自己喜爱的事情就是最幸福的人生。

既然选择了，那便只顾风雨兼程。从第一次上课生疏的动作，再到每一节课镜子后都会出现我汗流浃背的身影，身边的小伙伴来来往往，有的慢慢消失了，然而我能够感受到自己的初心。一学期后的社团内考核我顺利通过，是对我认真坚持的最大认可。任何的社团都会有骨干成员，我们社也不例外，实力为尊。考核通过的社员自动成为骨干成员，这是展现自我的第一步，也是团队组建的关键一步，在这里，我明白了什么是志同道合。接下来，迎接我们的是更强的风暴。如果说，刚开始还能用新人这样的字眼掩饰羞怯，那么成为骨干队员后再也没有这样的机会。面对观众不怯场，是对舞蹈表演者的最低要求。那怎么才能做到呢？就是练习练习再练习，直到你的肌肉已经形成记忆了，舞蹈动作已经成了本能。这和学习是多么的相似啊，一万个小时法则有其存在的道理。接下来，元旦晚会、校运动会、迎新晚会等更大的舞台为我们敞开，台下的欢呼笑容是我们最大的动力。

参加舞蹈社，实则是第一次去寻找自己的爱好、第一次去坚持自己的爱好，它实在给了我太多太多，从“丑小鸭”到自信的“美小鸭”，期间的蜕变，只有自己才懂。更何况，在我们的舞蹈水平提高后，社团带队出去演出也让自己有了第一笔工资，把爱好当成职业该是多幸福的事啊！如果说让我

---

① 李飞．高校学生社团参与情况调查：中日比较的视角［J］．中国青年研究，2017（11）：112-118，98．

概括我的社团经历，那大概是“在舞蹈中找寻存在的意义，在社团中发现美好校园生活”。

5. “跌跌撞撞”的推免之路

2018年9月28日，是国家硕士研究生推免系统开放的第一天，对于绝大多数保研学生而言这里是他们梦想实现的起点。心愿达成所带来的波澜慢慢归于平静，如今我的研究生生涯也走了一半。即使现在，回想起那时，我也不得不感慨，那真是一段艰难的时光啊！我是从大三下准备读研的，因为对未来的不确定，一直想着与其等待着保研，还不如先准备考研。于是我开启了备考的日子，过了好几遍单词，蹭了别的学院的专业课，刷了很多阅读理解，看了无数视频，终于到了5月。我感觉到考研大军逐渐壮大，大家也更有组织、有拼劲。正当我还以为这样的生活会一直持续时，一个意外出现了。

我的导师召集我们一群人问，你们报名夏令营了吗？我一脸不解，对于“保研小白”而言，了解夏令营确实有难度。在和同伴的交流中，我总算是弄懂了夏令营是什么——推免高校的提前生源大战。老师建议我们前三年成绩还不错的同学都去尝试下。可是我充满了怀疑，我在想我能去参加吗？寄送材料会很复杂吧？要是我表现不好怎么办？很多很多疑问浮现在我心头，我有点退缩。又拖了很多天，看到大家都开始行动后，我才象征性地投了一个大学，然后鼓起勇气问心仪的院校是否举办过夏令营，得到的回复是从没有举办过后，也就因为不自信与偷懒渐渐放弃了参加夏令营。

果不其然，6月如约而至，夏令营的结果也毫不意外地凉了。我在意料之中接受了这个结果，期末周的到来也让我无心“恋战”。紧接着，学院的保研考试也提前了，从往常的9月提前到7月初。说实话，我甚至也没有想过参加保研考试，因为害怕回答不出专业问题，怕发挥不好让导师丢脸。正巧，在办公室聊天，把自己的所有疑惑担忧告诉了导师。导师的一句话打动了我：你去尝试，并不会损失什么，只不过多一次经验而已。也许很平凡的一句话，只是恰好放在了我的心上。我想也许自己只是缺一个推自己一把的人。

期末周刚结束，保研考试立刻开始了，留给复习的时间太少。保研考试分成笔试和面试，笔试的内容范围是所有学过的专业课，面试的内容更是天马行空，人人不同。正当我考完想把保研丢到一边时，我被告知我有希望可以保研。这，让我无法专心了。我想要么保研，要么一心一意考研，现在处于保研的边缘，怎么办？思绪万千，想了很久，我还是决定再拼一次，努力保研！

然而，追求梦想的道路总是曲折的，我同样陷入了两难的境地——求稳，还是拼一把？现在回忆起那段时间，大概只能用挣扎来形容吧。面对选择，我想每个人的心底都有答案，只是对于当时的我而言，这件事太重要，而父母与我的选择相左这个事实让我难以立刻下定决心。也许正如我导师所说，只有真的到了那一天，你才知道怎么做。

但是，再迷茫还是要向前走。我很庆幸自己的坚持，正是如此，才能有了我今天作为一名研究生写的这篇作业。都说，念念不忘，必有回响。直到那天我才真的相信这句话。感谢那段挣扎的时光，不服输、坚持、犹豫、不自信、惊讶、欣喜若狂、感慨万千……那些过程中陪伴我的所有情绪都涌上了心头，这些情绪串起来的画面拼接成册，我把它郑重地放在心里的小角落。

“一个人的一生总会遇到这样的时候——这种时候你的内心已经兵荒马乱，地覆天翻了，可是在别人看来，你只是比平时沉默了一点，没人会觉得奇怪。这种战争，注定单枪匹马。”这是我最喜欢的主持人白岩松的一段话，在我最怀疑自己、最犹豫的时候，我每次看到这段话总是能获得很多力量，即使现在，我仍然为我当时的坚持骄傲。

最后，希望我们永远都是那个勇敢追梦的少年。

（三）成长的反思与总结

从大一到大四，每一个阶段我们都有不同的需求，那些关键性的事件不就是在满足我们的需求吗？把握好大学的关键性事件，也就能让我们这一艘艘的船不偏离航向。

具体而言，刚开始进入大学时，我们很少把自己当作学校学院的主人，而是处于一种渴望被接受的状态，我们期待有这样一些人能够带领我们了解学校、了解我们未来的专业，为我们指点迷津，于是本科生导师扮演了这样一个角色，他细致温柔且又全方位地解答了我们的疑虑，这让我们有了一个良好的开端。在我们逐步熟悉校园后，大学成为一个舞台，我们可以选择成为那个默默积累知识的人，四年后收获的将是满腹经纶；同样，我们也可以选择在舞台上绽放光芒，观众的欢呼就是勋章。临近毕业，就业或是升学的压力摆在了眼前，这时是坚定还是因恐惧放弃不也一样决定了我们的人生轨迹吗？忽然感到，大学就像一个万花筒，换个姿势就会发现截然不同的自己。

然而，我坚信，没有成功与否的大学经历，只有适不适合自己的选择。大学是如此包容，它给我们这些“小镇做题家”有机会去尝试自己喜爱的事物，去走一条不被他人规定的路，这真是一段美好的日子。那么，若是再让我选择，理想的大学生活将是什么样呢？

首先，大学大学，生而为学。在学校，当然是学习知识、学习做人最重要。若是能重来，周末在书中与先贤神交不也是有酣畅淋漓的快乐吗？其次，兴趣同样值得我们探索，人生漫漫，不做自己喜欢的事不是太委屈了吗？最后，对于技能，我们应该怀着理性的态度看待。在我们身边有着两种极端：一种是大学四年只为考证，不论什么证书都要拿在手里；另一种是对一切不管不顾，先享受几年，明日愁来明日忧。我想，这二者皆不可取。若是可以，应认识到大学生活的梦幻，也要意识到即将接轨的现实。

短短几千字，却也概括了那最珍贵的四年。回头看，距离高中那个青涩的自己，已经很遥远。大学四年一晃而过，留下的不只是美好的回忆，还有那些经历刻在身上的烙印，我从大学中得到的太多太多。在专业学习上，有了长足的进步，从不理解只能背诵模板，到能够有自己的思考，就是最好的证明；在个性塑造上，我更明白“坚韧”二字的意义，面对挫折，逃避是没有用的，迎难而上才是勇气的证明；在道德塑造上，从刻板地扶老奶奶过马路，到真的去福利院看到那些残障人士，方明白社会责任的意义……大学这个阶段结束了，但这些经历却在我们身上留下不可磨灭的烙印。

自我民族志作为一种质性研究方法为我提供了良好的思路，但我也深知，个人水平有限，若不经历更刻苦的“修炼”，在短时间内难以使用好这一方法。但我仍然选择以这种方式写下这篇文章，因为它让我第一次用研究者的身份去近距离地观察和审视作为局内人的自己，帮助自己找到那个“既熟悉又陌生的自己”，而这也将对自己的发展起到重要作用。

（作者小婷，H大学2019级硕士研究生）

M2:成长的曲线

（一）“90后”的我及我的家庭

作为一名“90后”大学生，我有着很多这个群体表现出的共性特征，如价值目标的现实化、价值取向的个人本位、价值标准的多元化以及行为特征和心理特征的矛盾化和复杂化等，尤其是价值目标的功利化取向和理想主义取向的矛盾以及个人主义倾向。我来自一个普通家庭，家庭环境以及从小接受的家庭教育都使得功利主义的目标取向在我的心中根深蒂固，“重点小学—重点中学—重点大学—好工作”就是我的家人心中完美的人生路线，至于理想或梦想之类都放在找到“好工作”这一环之后，甚至有时候家人会有“好工作就是普通人最大的梦想”之类的想法。但随着我接受的教育程度不断提升，对人生、对世界的态度也相应地发生了变化，对于理想的追求开始在我的心中生根发芽，再加上青春期的一系列生理和心理变化，导致我对于未来、对于理想的向往更加热切。然而，因为种种原因，我没能去往高中时代最想去的城市和学校，这标志着我第一次的理想尝试以向现实低头而失败告终。这次失败的经验，让我的自我效能感大大降低，但心中对于理想的渴望却没有减少。于是，我便形成了一边憧憬着理想，一边又变得现实功利化的矛盾心理。

我的个人主义倾向则更像是对自己过往经历的矫枉过正，或者说是一种过度的补偿机制。我从小因为性格内向不太讨喜，又因为不太讨喜所以更努力地去讨好他人，这种恶性循环在我上了大学之后才逐渐摆脱，我决心要为自己而活，而且要更有底气、更自信，因此，我形成了更加关注自我的个性特征。尽管如此，有时候我还是会不自觉地去讨好别人，这种从小形成的行为习惯可能在短时间内很难改变。

(二)大学就读经历反思

Astin的参与理论从正、反两个方面提到了学术参与对于学生的影响：一方面，学生对于学术事务投入度的提高使得学生不易受到同龄群体的影响，因而参与带有消极色彩的群体性行为的可能性大大降低，并且能够有效提高学生对于校园生活的满意度；另一方面，学生在学术事务上的投入会压缩与其他学生之间的交往，并且过多的学术性投入会阻碍学生某些个性和行为的发展，使得学生唯一被强化的人格发展特征是对地位的需求。也就是说，学术参与一方面有利于学生提升对校园生活的满意度，另一方面过度学术参与又可能减少学生与同龄群体的交流而深陷于对学术成就的功利化追求。

我在课程学习上的投入从大一到大四逐渐上升，这不仅在客观上源于课程密度的加大和难度的逐渐上升，也是我学习态度变化的反映。尤其在大二学年进入专业学习阶段以后，课程数量和课程难度都是大一学年开设的基础课所无法比拟的，更别说像我这样修习了双学位的学生。大一学年我的学习投入度低，一方面是由于刚进入大学的新鲜感和好奇心，另一方面则是因为大一学年的专业基础课内容相对来说比较简单、枯燥。大一学年刚开始踌躇满志，想去参加很多学生组织，去过曾经梦想中的那种大学生活，但是无奈室友们都不赞同我的做法，不仅对于这些活动毫无兴趣，而且在听到我的计划之后嗤之以鼻，严重地打击了我的自信心。为了让自己看起来“合群”，大一整个学年我都和室友们为伍，成了懒惰又不思进取的“混吃等死”的大学生。大一期末的成绩排名给了我一个警告，大二和大三学年我逐渐摆脱与室友们“合群”的想法，不放松对任何一门课的学习态度。自然与室友们的交流机会也少了很多，但是深度沉浸到课程学习中，我才真正感受到某些课程的意义不仅在于拓宽自身的知识面，更是为了我们今后在实际工作中的应用，如笔译、口译课程和会计学、国际贸易实务等。也确实是在接触到这些更具实践性的课程之后我才感受到学校课程设置的合理性，但是就我个人经历以及对身边同学的观察来说，还没有发现因为过高的学术投入而产生的过度功利化现象。

Astin的参与理论中提到，多参加校内活动、减少校外活动会有利于提高学生对学校的满意度，而且在校内活动中较高的师生交往和生生交往对于学生发展更加有利。我参与的活动可分为校内和校外两种，校内活动主要是参加的学生组织和兴趣社团以及校内举办的一些大型活动，校外活动主要是兼职和实习等。但是就我所参与的校内活动而言，其组织效果、参与体验相比于校外活动是略逊色一些的，部分原因可能是校外兼职或实习是由营利性社会组织即企业安排的，因此，高效率是一个十分重要的原则。另外一个重要原因可能是大学生在组织管理等方面还不够成熟，因此运行起来可能会存在一定问题。

就拿我加入的大学生社会实践中心而言，我刚进入时，作为新人被分给一个老部员对我进行指导，但是这个所谓的“老部员”也不过比我早进入数月，自身的经验也不足，指导效果可想而知。后来遇上“雷锋月”活动，部门凝聚力很强，开会很频繁，活动开展很顺利，我在其中也锻炼了自己。但是这个活动一过去，大家就各忙各的，关于活动的总结反馈和反思不够，当时的部长又面临毕业，便顾不上对新部员的培训指导。当然，我在其中感受到了团体协作的力量和氛围，也锻炼了自己的沟通和表达能力，但是就活动参与体验来说是不够的。反而校外的兼职和实习经历让我更像一个社会人，在一个成熟的组织中找到自己的定位，并按部就班地完成被交付的任务，虽然没有一个专门的“导师”带领，但是所有的、负责不同事务的同事都是我学习成长的对象。当然，这种严格规定的、体系化的活动组织方式可能并非适合所有人，但却是更符合我个人气质的活动环境。

Astin高度重视师生交往对于提升学生的学校满意度的作用，认为与其他活动相比，参与到教师的活动中能让学生对包括学校的课程设置、管理以及环境等在内的大学经历更加满意。在我的大学就读经历中，与老师的交流仅限于课堂和班会，以及最后的毕业设计，其中很大一部分原因可能是老师们事务繁忙以及我自身对于老师的疏离感。但是，就我自身而言，其实是非常想要和老师有更多更深的交流的，甚至很想加入到老师的研究中去试试看自己是不是真的具备科研能力，或者去锻炼一下自己的科研能力。但是这样的机会几乎没有，以至于到了毕业设计选指导老师时，班上同学都不知道每位老师的研究方向，也不知道自己对什么方向感兴趣，这给毕业设计的完成带来了很大的不确定性。另外，Kuh等人总结出的十大高影响力教育实践中，其中一条就是本科生科研。他强调，本科生参与到教师的科研项目中对于学生发展和学业成功有重要作用，近年来，国内某些高校开始推行的本科生导师制也是向本科生提供参与科研的平台，不仅有利于提高学生参与度，也有利于学生创新实践能力的培养。

(三)就读收获自我评价

国内现有的高等教育质量评估，评估主体主要是政府、大学自身以及民间第三方评估机构，并且评估主要集中于对量化指标的考察，尤其是对大学自身的可量化指标的评估，如大学资源、校园建设、师资队伍建设、科研成果等。学生作为大学主体之一，在高等教育质量评价中的地位没有得到充分的重视，大学生的就读经验能够折射出许多不可量化的但对于高校建设十分重要的问题。因此，要对高等教育质量进行测量和评价，必须从学生的学习经历出发，评估的范式要转到对学生就读经验的评价上来。就读经验的评价，应当坚持以学生为中心的理念，要把更多的关注集中于学生真正收获了什么而非成绩单上表现出来的量化指标。

从加权成绩来看，我的大学生活应该是一条逐渐上升的曲线，但是我在撰写这篇论文、回顾大学生活时会发现还是有许多小小的遗憾。比如，没有想办法克服自己对数学的恐惧，而是抱着得过且过的心态，于是大学四年所有与数学统计有关的课程成绩都一般；又比如，没有坚持参加兴趣社团活动，而是把自己更多地当成一个局外人，想去就去想走就走，多少违背了自己加入的初衷；再比如，兼职实习都是与教育培训相关，没有去尝试更多的未来就业的可能性，等等。但是总的来说，收获是远远大于遗憾的，大学四年带给我的一方面是知识面的拓宽和专业知识的精深，另一方面是成长为一个具有独立自由灵魂的人，能够以成熟的眼光去看待和解决问题，能够接纳包容世界上的差异性、妥善地处理自己与他人的关系等，这些大概是所谓的加权成绩所无法测量和体现出来的。

(作者程润，H大学2019级硕士研究生)

M3：从迷茫到圆满

时间过得好快，转眼间我已经是研究生二年级的学生了。我的大学校园生活算是快要彻彻底底地过去了，我个人很少有记录的习惯，选修这门课程也算是给自己一个契机，来记录或者说来总结自己的大学生活。

现在回想起四年的本科生涯，真的是难以用言语表达是一种什么情绪。倒不是说我的大学是多么的不同和多姿多彩，恰恰相反，我觉得自己的大学是很平淡的，非常普通的一种大学生涯。

（一）关于我的大学

我的本科学校是江汉大学，简称江大。它位于湖北武汉，由湖北省、武汉市共建，是省属综合性大学、省市重点建设大学。

从学校定位上来看，江汉大学是一所地方院校，培养目标是应用型的人才。所以学校把主要精力放在教学上，鼓励和奖励对教学全身心投入的教师，在课程学习中，学校也经常组织学生实地进行调研与考察。相应地，对于学生在做研究上则相对要求较低，若是学生自己有兴趣，可以主动与教师沟通来承担相应的科研任务，而非强制性的。

从办学特色上来看，江汉大学与武汉市的地方经济、社会发展有着千丝万缕的联系。作为地方高校，它为武汉地方经济和社会发展提供智力和人才支持及科技服务发挥着举足轻重的作用，在科技创新、理论创新方面具有独特的优势。其办学宗旨是“立足武汉，服务湖北，辐射全国，放眼世界”。所以学校在学科建设、人才培养、科学研究、科技产业等方面，与湖北武汉地区经济社会发展紧密结合，重点投入。学校也一直秉承校训，积极进行改革与创新，敢于创新，敢为人先，以丰富多彩的人才培养模式形成了自己的特色。

江大是省市共建的大学，招生计划大部分都只招武汉市的考生，剩下来的又大部分给了省内考生，所以省外的招生计划非常少，这就造成了学校里基本都是武汉本地人，湖北其他地方的很少，省外的就更少。幸运的是，我们宿舍室友都是武汉市外及省外学生，所以大家并不会感到孤独。地理位置上，学校交通非常方便，公交地铁非常便捷。江大周边可以说是自成体系，偏安一隅。劣势是整个经济开发区乃至汉阳只有江大一所高校，武汉市的主要高校基本都在武昌和光谷等地，因此想要去其他高校进行交流或是蹭课难度很大。

江大的学习氛围在同类院校还是相对不错的，图书馆、自习室学习的学生挺多。但是如果和其他“211”“985”高校相比，差距较大。江大相对而言，管理较为宽松，学校对学生日常要求并不特别严格，很大程度上要靠学生自觉与自律。但不得不提的一点是，因为与武汉市共建，经费比较充足，所以学校的环境（教学条件、校园环境等方面）还是非常不错的。

(二)四年的心路历程

从高中走进大学，就像一条河流汇入大海，世界在我眼前打开了大门，我终于开始看到外面缤纷五彩的世界。也不知道从哪里被灌输的思想，到了大学，学习就不再重要了，锻炼能力才是最重要的。秉持着这样的观念，刚进入大学的我，带着满腔的热情和强大的新奇感投入到一个又一个所谓锻炼能力的活动中去。听说参加社团是锻炼能力的好地方，我就去各个社团报名。大一期间，我结合自己的兴趣，参加了两个社团，一个是心理协会，另一个则是求是学社。想法也许是好的，但是事实却是非常残酷的：心理协会只要交社费就可以进，但是我参加一次会议之后就没去。一是因为大一学年课程较多，时间上比较紧张；二是因为我在那里感觉太孤单，没有归属感；三是协会策划的活动多是形式大于内容，对个人来说并不能充分发挥作为心理协会的作用，个人在协会中的作用仅仅限于布置现场和宣传的作用，对个人能力提升的作用微乎其微。

在整个大一学年，个人印象最为深刻、最有意义的事情是参加的一次支教活动。暑假的时候我和一个室友共同参加了一个社会实践活动——到蔡甸的一个偏远小学支教。我自己也是在西部的小县城长大的，所以对于偏远地区落后的教育教学条件感同身受。我们整个小组有 7 个人，分别负责各科的教学以及部分后勤工作，我负责的是英语教学。短短一个月，所见、所闻、所教，我们感慨万千——做一个好老师真的很难。特别是在教育环境落后的地区，经常是有心无力。每个孩子都有生存和受教育的权利，他们也有无限的学习知识的热情，只是他们所在的环境很难提供优越的教育条件。我支教的时间不长，但让我暗下决心，如果将来走上教师的岗位，我一定会做个好老师，我要做到“为了使学生获得一点知识的亮光，教师应吸进整个光的海洋”。充满爱心和信任，在严爱相济的前提条件下晓之以理、动之以情，让学生“亲其师、信其道”。用爱培育爱，激发爱、传播爱，通过真情、真心、真诚拉近和学生的距离，滋润学生的心田，使自己成为学生的好朋友和贴心人。让每个学生都健康成长，让每个学生都享受成功的喜悦。本次实践活动，是大一整个学年对我影响最大的一次社会实践活动，让我对我所学的专业以及“教师”这个职业有了全新的理解。

我想绝大多数大一新生都绕不开一个词，那就是——迷茫。从高考的独木桥一路走来，我们已经实现了十二年苦读的目标——考上大学。但是考上大学以后呢，后面的理想又是什么呢？我们经历了狭窄湍急的河流冲到了大海，面对辽阔的海洋反而不知道何去何从了。经历大学初期短暂的兴奋和新奇之后，我好像不知道要干什么了，很多问题都得不到满意的答案。好好学习吗？好像应该是的，但是周围的同学似乎都是为了学分、为了好名次、为了奖学金，但这些都不是我想要的，我说不清我追求的是什么，但是我知道我的大学不应该只围着这些东西转。那我想要的又是什么呢？人为什么活着呢？生活的意义是什么？人的价值是什么？这些问题我一个也解决不了，每每想起我都痛苦不堪。在大一学年，除了入学的新奇与激动，“迷茫”始终笼罩着我。

大二那年，我开始知道要好好学习，不再像大一那样没有认清自己就去莽撞地尝试。我开始更多地投入学习中，参加专业的项目实践，读读书，接纳自己的缺点和不足。大三时，我更加深刻地体会到了自己之前是多么的愚蠢。锻炼能力是很重要，但是不好好学习各种能力就能得到锻炼了吗？就算你在锻炼能力，遇到一点挫折你就放弃、就逃避，为什么就没有坚持一下？锻炼能力和好好学习不是一个非此即彼的矛盾体，如果合理安排，是有可能两者兼顾的，只不过多数人没做到而已。多数人都没做到并不代表实际就是这样的，我们应该抓住事物的本质。那么，这里的本质又是什么呢？我差不多花了两年才搞明白这个问题的答案。这个本质就是一个人做事的态度。之前自己太浮躁、太急功近利了，根本沉不下心，一遇到困难就烦躁，却从来不去想解决问题的方法。

在大二学年，值得一提的是，我在学习上有一些进步。大一时期，刚从高考大关中走出来，我降低了对自己的要求，几乎所有课程要求不挂科就行。到大二学年，我逐渐认识到，大学同之前高中的学习内容和学习模式完全是不一样的。首先，在学习内容上，大学学习内容广、课程多、难度大，大学里面有公共课程、基础课、专业基础课和专业课四个层次，每一个层次又由许多门综合课程。大学需要学习的课程在 40 门以上，且每一学期的内容都有所不同，因而学习任务重得多。在学习方式上，中学课堂以讲授为主，大量而紧凑的课程学习占据着大量的时间。而在大学阶段，更多的是自主学习、独立学习。同时，大学为学生学习提供了非常好的环境，有藏书丰富的图书馆、设备先进的实验室，以及丰富多彩的科研、课外活动等。另外，还安排了大量的实习以及社会调查。这就对我们自身的自觉性有了很高的要求，需要我们必须有规划管理时间的能力、学会学习的能力以及终身学习的意识。甚至说，这可能是我们在大学期间学习到的最重要的一门课程，在以后进入新的学习阶段或是步入社会之后，都是非常重要和不可或缺的一些技能与能力。大学教育，从某种意义上讲，承担着教书育人的使命，但有所不同的是，这个时期，需要学习的不仅仅是具体的知识，更多的是对学习能力、情感态度价值观的一种潜移默化的熏陶与培养。同时，在这一学年，我投入学习上的精力更多了，相应地，与老师和同学的交往更频繁、更密切。最初，个人对于导师制还十分地难以适应，与导师之间的任务沟通经常会出现问题。经过自己与导师及时的沟通与交流、积极调整，我终于实现了与导师之间的良好沟通与合作。就我自己学院的老师来说，他们是非常认真与负责的老师，对于学生的生活和学习方面都能做到无微不至的关心。可以说，在学校期间的学习，老师起到了不可替代的作用。也是在这一学年，我感觉自身的学习习惯得到了极好的培养。这首先得益于有一群志同道合的室友，大家一起去自习室和图书馆学习，我们也都逐渐学会了如何管理与分配自己的学习时间，高效地完成自己的学习任务，养成终身学习的意识。其次，也得益于学校提供的良好的学习环境与设施——图书馆资源丰富且获取便捷，自习室干净整洁、空间充足，并且管理到位。让我们无论是在获取学习资源上，还是在学习环境上，都得到了保障，为我们投入学习提供了坚实的保障。

大三的时候，我的心态平和了许多。我依旧迷茫，但是不再颓废；我依旧不知道人生的意义何在，但是我积极努力地做好眼下的每一件事。我非常悔恨浪费的大好时光，如果再给我一次重来的机会，我一定不会这么消极地度过。但是没有如果，只有时间不断滚滚向前的车轮。大三，这个决定毕业去向的交叉口，我几乎没有犹豫地选择了考研。虽说要不要考研众说纷纭，但是我已不再是当年那个听风就是雨的无知少年。我考研，是有着自己的打算的。首先，我知道自己一直有一颗见识世界的心，我渴望见识外面更大的世界，我希望考出去，去一个更大、更高的平台，以期给我一个不一样的视野。其次，我想弥补前两年被我荒废的时光，给自己一个机会，沉下心来，安安静静地学习，即使我考研失败了，最起码我又利用这次机会补上了我之前欠下的努力。再次，我还没有做好到社会工作的准备，我还想在研究生期间好好沉淀一下。当然，工作也可以有这样的机会，只是个人的选择不一样，我只是觉得这是最适合我的选择。对于考研，我是下了相当的决心的，因为目的明确，所以也并没有像很多人那样纠结与迷茫。大三下学期开学伊始，我就早早地开始了考研的复习，先是英语，随后加入专业课，一边上课，一边复习。整个过程，我没有找研友，也没有报任何辅导班，而且跟我考同一个学校的同伴也没有，全程只有我一个人。考研的历程孤独而漫长，说实话，真的挺辛苦的，什么都要亲力亲为，有什么困难只有自己解决。整个过程都是我一个人上自习，安排各科学习规划，每天从早到晚，日复一日。看起来孤单乏味，但我却并不觉得寂寞难熬，相反在这个过程中我平和而喜乐，每天都能学到新知识，我感到非常充实，那种久违的踏实和充盈感是大学前几年所没有的。当然，到最后的时候我也遭遇了心理的压力，总觉得没复习好，怕考不上，心理焦虑而困顿。当年高考最后半个月的情形仿佛再次重现。该来的总也躲不掉，当年没有克服的心理困境在这个关头重现，这就好像是上天给你的关卡，你必须要跨过这道关卡，否则它总会在特定的时机再次出现，直至你跨越。欣慰的是，这次我觉得我真的跨越了。学不进去的时候找人聊聊天，舒缓下情绪；自己给自己分析形势，告诉自己没什么大不了的，你能拥有怎样的人生不在于某件事情的结果，意料之外的结局即使会绕些弯路，也总会到达罗马之城。幸运的是，在整个考研的过程中，我妹妹一直陪在我身边，最后送我到考场，给我打气，真的非常感谢她对我的无私付出！在进考场的前一刻，我卸掉所有的包袱，结果对我已经不再重要，重要的是一个完整的过程，我必须给自己一个交代，不辜负我这大半年来的心血。最后一刻，我终于释然了，我做到了。专业课考试，我很平静地做完了……下课铃响，我并没有很激动。但当我走出考试大楼，我有一种感觉，我似乎完成了一件非常了不起的事，不是考研，而是对自我的超越。寒假回来查分数，我的分数竟然没有想象的那么差，考上还是很有希望的。最后几经周折，我如愿以偿地考上了心仪的学校，给我的考研真正地画上了圆满的句号。之后就是毕业论文的完成，那真是一段自由轻松而快乐的时光，没有任何压力，只有花香、绿草、阳光和大海，只有青春肆意挥洒的笑和泪。七月，最后一次拉着行李离开学校，带着我大学四年的记忆。

总结一下我的大学四年，我觉得可以用几个词来概括：迷茫，浮躁，觉悟，超越。迷茫是开始对生命、生活以及自我意识的觉醒；浮躁是觉醒之后不知所措又急于求成的气急败坏；而觉悟之后的学习经历让我放慢脚步，放宽心态，积极求索；最后的考研则是对信念的实践和自我超越。原谅我不能用更准确的词语来描述这一心路历程。

(三)我的收获

四年对于一个人来说，说短不短，说长不长，但对于每个大学生来说，当是人生中最风华正茂、最美好、最值得怀念的时光。尽管从过去的不知天高地厚、初生牛犊不怕虎转变到现在敏锐多思、稳重淡定，可是从心底里我还是有一种畏惧。因为不清楚自己的实力和潜力，倏然有种脚踏半空的感觉，所以对未来有一种既新奇又害怕的心理。

孔子曰："吾日三省吾身。"作为我个人，能做到每日一省就很不错了。大学四年教会的不是学到了多少书本知识，而是学以致用、自学为先。在这其中，最关键的两点就是心态和思维。现在利用这次回忆心路历程的机会，我对自己的大学生活进行一个简单的总结，当然有些收获已经在前面部分已经有所提及了。

第一，关于学习。作为学生，最重要的就是学习。大学中，学习不是一种应付，我们需要在听课的同时，灌注自己的想法，并且向别人请教。每个人的人生都是一个终身学习的过程，我们要记得时时学习。我想，这正是大学经历让我养成的习惯，而这个习惯正伴随着我的研究生生涯并将会成为我终身的习惯。

第二，关于积极的态度。校园生活总是丰富多彩的，无论是学生会还是社团，还是在学习过程中遇到的各种人和事，林林总总构成了大学经历的全部。保持良好积极的心态是如此重要。或许在将来的求学或求职道路上，我们都会遇到许多挫折与打击。面对难过的坎，我不再过于消极，而是以更加积极的心态来挑战与克服。

第三，关于自我的认知。仔细思考，是什么样的环境，以及什么样的经历，让我成为现在的我呢？大学是我众多人生阶段的一部分，也是独特而不可替代的一部分。大学的老师、同学、室友作为跟我交往的最主要对象，深深地影响了我的习惯、性格的养成与价值观的形成。在这种交往过程中，我对自己有了一个相对清晰的认知。对于自己的兴趣、自己的优势与长处，抑或是自己的缺点与不足，我都逐渐有所意识。为什么读大学？大学生活究竟能给我们带来什么？也许，大学就是让我们发现自己、认识自己、选择未来将成为怎样的人的地方。在学校，我们可以领略优秀学者和老师的言传身教，选择启迪心智的课程，倾情探索未知的研究……这些都将成为我们吸收养分和创造力的源泉。虽然我本科所在的学校在师资力量和人文环境方面比起我现在就读的学校有较大的差距，但它在我的学习成长中也起到了非常重要的作用。现在自己有幸进入了更好的学习平台，有更多的学习机会，自己会将已有的良好的学习习惯坚持下来，并将培养更多的良好习惯。在新的学习环境中，我会充分利用已有的学习资源，以成为更好的自己。

大学四年，我看到了很多，听到了很多，也学到了很多，但自己思考的东西却不够多。人生的每个阶段要做每个阶段的事情，只有做好了相应的准备，才能镇定地对待明天。不管我们以后的生活会是怎样，我都希望我们都不要失去方向，不要迷失自己。大学四年，我过得很普通，但也不乏充实，我学会了反思、学会了包容、学会了达观，我想这就够了。借此机会，我也要向养育我的母校由衷地说一声：谢谢！

（作者戴露，H 大学 2018 级硕士研究生）

M4:“斜杠学生”成长与发展的个案叙事

“斜杠学生”的称谓源于“斜杠青年”。所谓“斜杠青年”，即是指拥有多重职业身份的年轻人。2007年，《纽约时报》专栏作家玛希·埃尔博尔（Marci Alboher）在其著作《多重职业：让工作和生活获得双重成功的新模式》中首次提及“斜杠”（Slash）这一概念，她发现，现在越来越多的年轻人不再满足于“专一职业”的生活方式，而是开始通过多重职业来体验更丰富和更多元的生活。这些人在自我介绍时会用“斜杠”来区分不同的职业，如“音乐人/作家/导演”等，“斜杠”成为他们的代名词。同样，在大学，越来越多的学生不仅仅局限于“学生”这一本职身份，而尝试探索“学生”以外的角色——参与青年志愿服务活动，以拥有“志愿者”身份；从事学生工作，担任学生干部和社团负责人；参与教育实习实践，以体验“教师”身份等。这种不满足于“学生”这一单一身份，尝试多元发展以及不断成长的学生便是所谓的“斜杠学生”。而我，也属于这样的“斜杠学生”。基于此，我将结合自身的大学经历，采用第一人称叙事方式，从学生、班长、志愿者、实习老师四个不同身份回顾与审视自己的大学经历。

由于高考的失利，我本科就读的大学并不是我梦想的大学，尽管这所大学也不错，但我还是有些不甘心；此外，虽然爸妈并未责怪我高考发挥失常，但我能感受到父母的失望，这成为我大学认真学习、积极参与活动的最大驱动力。回顾四年的本科时光，我的大学不仅为我提供了设施完善、舒适便捷的图书馆、宿舍、机房和自习室等硬件设施，更重要的是我在大学结识了学识渊博的老师、优秀的辅导员、耐心的教务行政人员、亲切的同辈朋友，他们都成为影响我成长和今后发展的“重要他人”，正是他们的存在，我才不断成长为一名多元发展的“斜杠学生”。

(一)作为学生，师生交往中学业不断精进

我的本科导师 X 教授常说，她认为好的课堂应当是“在单纯的人际关系中进行复杂的脑力活动”，用此来形容我的大学课堂似乎再合适不过。由于我们专业只有 25 位同学，所以大多数专业课基本都能实现“小班教学”，也正因为人数少的优势，任课老师们往往能清楚地记住每位同学的名字，所以课堂上点名互动是常有的事情，师生之间的交流互动较为频繁。可能因为我们专业课老师大多是教育学背景出身，因而更觉身负“为人师表”的使命，要给我们这些未来的“小老师们”做好表率，所以老师们都非常注重教育教学方法。以下几位老师的教育教学给我留下了深刻的印象。

· S1 老师与合作学习

S 老师一直提倡小组合作学习，在给我们上“德育原理”这门课时，她便选择了合作学习的模式。第一节课，S1 老师采用报数的方法为我们划分了小组，而后每堂课都是以小组合作研讨、小组展示的形式展开，包括最后的课程作业也是要求小组合作设计一节中小学德育课程，并让我们在课堂上进行模拟教学。我个人觉得这门课是大学期间我们与老师和同学互动最为频繁的一门课程，这种学习模式很大程度上调动了同学们的学习积极性，大部分同学都认为这种形式比老师单纯地站在讲台讲课的方式要有趣得多，因而更愿意主动参与其中。但是这种模式与学习者的自我要求联系更为紧密，担任组长的同学在小组合作中学习投入最高，其收获也最大；而有些同学只是想“搭便车”“划划水”，这样的同学往往学习投入较少，其收获也没那么多。

· S2 老师与探究式学习

S2 老师教授的是“课程与教学论”课程，她的课是我们学院公认的“魔鬼课程”。“魔鬼”称号源于三个方面。第一，大部分老师都是根据自己推荐的教材进行课堂教学，但是 S2 老师没有给我们推荐教材，而是根据自己多年的研究成果自行整理了一套课程体系。课堂上，S2 老师也一直坚持“主动探究式”学习，她通常会列出几个问题，让我们在课下通过预习、交流等方式自主探索，形成自己的思考，然后再带着个人的观点进入课堂，小组成员围绕这些问题进行讨论和汇报展示，最后她再对问题进行总结。第二，S2 老师是一位极其认真负责的老师，她不允许我们对课件进行拍照，也明确表示课件不发给学生，并且期末考试前从不给学生透露考试范围（就是大家常讲的“划重点”）。往届师兄师姐们也说，S2 老师出的卷子中一大半题目都是

与课堂研讨问题相关的开放题，所以想要通过她的课程考试，唯一的办法就是课前认真思考、课堂认真听讲并做好笔记、课下全面复习。第三，除了期末闭卷课程考试，S2 老师还布置了课程作业，她要求我们每人开发一门校本课程，设计完成该课程完整的课程纲要，并在课堂上进行展示。我们其他大多数课程作业都没有得到过老师的反馈，基本上都是伴随着课程分数的公布而不了了之。但 S2 老师不同，她会认真地批改了我们每个人的课程作业，小到标点符号，大到课程设计，都有她详细的批注。我们需要对照批注认真修改，直至她满意，才能成为最终上交的课程作业。坦白来说，S2 老师的课绝对是我在大学上过的有课程中要求最严格、压力最大的一门课，但是现在回想起来，这也是我收获最大的一门课。S2 老师认真严谨的学术态度以及精益求精的学术精神对我产生了重要的影响。

· Z 老师与案例教学

Z 老师是“教育管理学”这门课的授课老师，她经常参与本省中小学老师的“国培”项目，因而积累了大量的教育教学案例。Z 老师对待教学十分认真，所有案例都是经过她深思熟虑挑选的，而且她会将教育知识融入案例中。一方面，将理论与实际结合起来；另一方面，也为枯燥的教育管理理论增加了些许趣味性。Z 老师端庄优雅，说话慢条斯理，她的课总是一个又一个案例，娓娓道来，很是引人入胜。

通过与老师的课堂互动，我不仅学习到了专业知识，同时在学习方法和学习策略上也有所改进。中小学时长期的制度化学习和应试化策略让我形成了“顺从”接受型的学习习惯，上了大学后，我才发现，很多问题没有标准答案，只要自我主动探究、认真思考，能够自圆其说，那便是自己的答案。慢慢地，我的学习习惯也在朝着主动探究型的方向转变。

我们和老师们的交流互动不仅仅发生在课堂上，课下的交往更能体会到老师们对学生满满的爱。X 老师是我的本科导师，还记得大三时我想参加某大学的夏令营，要求学生提交“专家推荐信”。思前想后，我向 X 老师提出了这个请求，想请老师帮我写一封推荐信。学院当时正在参加博士学位授权点的评选，作为院长的 X 老师已经因为工作和各种材料忙得不可开交，但即便如此，还是爽快地答应了我的请求，并在当晚凌晨两点多写好了推荐信第一时间发给我，还鼓励我抓住每一次机会去勇敢尝试。后来，我真的有幸通过了该校夏令营的筛选，我想 X 老师的那封信一定起到了至关重要的作用。大四上学期，X 老师在指导我的毕业论文《大学生学习投入度调查研究——

以 He 大学为例》时，恰逢 W 大学组织召开“××省高等教育学会院校研究分会筹备会”，X 老师得知会议上 W 大学 IR 团队将围绕“2017 年××省高等学校大学生学习体验问卷设计及分析”做会议报告，便向会务组老师推荐我去参会。当时 X 老师正在出差，来不及赶回，但是为了让我有这次宝贵的学习交流机会，X 老师和会务组多次沟通，帮我安排好了住宿、吃饭等所有的细节，我才有了首次参与学术会议的难忘经历。

回忆起保研时的经历，B 老师也令我倍加感动，得知我保研打算报考 H 大学的高等教育学专业，B 老师不仅介绍了在 H 大学读博的师兄给我认识，还不辞辛苦地从家中带过来一本厚厚的论文集供我参考，甚至根据我的研究需要，老师还细心地用红笔标记好了重要参考文章，以帮助我更好地完成“攻读硕士研究生计划”的写作。在与老师们的课下交往中，我收获了满满的感动，也在老师的鼓励下不断突破自身，成长为更优秀的自己。

也许是高中时有段时间成绩处于低谷，我本能地有些畏惧老师，在与老师交往时形成了被动交往的习惯。但进入大学后，“班长”的身份让我被迫“主动出击”，与任课老师沟通交流。慢慢地，我也发现，老师们其实都挺好的，而且大学老师非常喜欢主动和老师交流的学生，“主动型”的师生交往习惯更适应大学场域。慢慢地，我的师生交往习惯也由原来的“消极被动式”转变为“主动出击型”，在遇到问题时，我不再被动地消极等待，而是主动地向老师请教和寻求帮助。

(二)作为班长，学生工作中锻炼个人本领

班长就是一座桥梁，一头连接的是同学们，另一头连接的则是老师。将辅导员、教务老师的要求通知给同学，将同学们的诉求反映给辅导员和教务老师，这就是作为班长的我平时的工作。

我们班共有 25 位同学，3 位男生、22 位女生。本科期间，大家基本上都是以宿舍为单位进行活动，往往一个宿舍内的同学关系比较要好，但是与其他成员的交流可能就会比较少。我和其他班委为了增强班级凝聚力，便经常组织一些集体活动。比如：冬至一起包饺子；一起参观省博物馆；举办新年联欢会，大家一起做游戏跨年，等等。渐渐地，“班”有了“家”的感觉，同学们的归属感强了，班级的凝聚力也变强了。心理剧大赛就是我们班级凝聚力的最好体现。大二参加心理剧大赛，几乎是全班出动——有的同学负责剧本策划，有的同学负责现场演出，有的同学负责道具准备，还有一些同学负责拍照纪念。一遍遍打磨剧本、一次次演出排练，就这样，我们相互打

气，从学院的筛选中脱颖而出，被推荐至参加校赛的角逐。最终，我们将“二等奖”和“最佳剧本奖”收获囊中。我至今都觉得自己很幸运，因为遇见了一群单纯有趣的同学。最开心的是，我的工作也得到了大家的认可，每年学院进行综合测评时，当我看到我作为班长，同学们给我的评分是满分，那一刻我觉得再多的辛苦和付出都是值得的。还有大四毕业前，大家在“大学表白墙”上表白我，现在回想起来都感动满满、幸福满满。

作为班长，我最常接触的老师便是辅导员了。在我的大学成长中，我的辅导员Y老师是极为重要的一个角色，她不仅陪伴了我的成长，更见证了我的点滴进步，最重要的是，她引领了我的蜕变，通过她，我明白了原来榜样的力量那么强大。如果用两个词形容Y老师，那一定是“雷厉风行”和“尽职尽责”。还记得大学入学第一天的班会上，Y老师就开门见山地讲明了自己的原则和底线，如“早晨八点后不可以在寝室，必须去图书馆或者学院”，“放假前不可以提前回家，更不能假后延迟返校”，等等，当时我对她的第一印象是“怕怕的”，有点不近人情的感觉。后来做了班长，和她接触的机会越来越多，我才慢慢发现，Y老师的严厉源于她对学生的爱。做了十几年辅导员的她明白，大学里的诱惑太多，如果不严格要求学生，很多同学可能会荒废掉大学里宝贵的四年时光。Y老师是真的爱学生，她的手机24小时不关机，因为她害怕我们有事找不到她。还记得我们班有个女生因为结石住院，她家是海南的，父母一时赶不过来，我们便给Y老师打电话，Y老师火速赶来医院而且垫付了住院费。有Y老师在，我们就觉得很踏实、很温暖。大四保研后我做起了Y老师的助理，每天和她同在一个办公室值班办公，那段时间也是我学习和成长最快的时间。Y老师身兼数职，她不仅是我们的辅导员，还是学院党委秘书，同时她还是应用心理学专业的在读博士研究生，如何平衡工作与学业？她的方法是两个字——高效。Y老师每天来办公室的第一件事就是时间规划，她会按照“重要”和“紧急”两个维度对事情的优先次序进行排序，然后再开始一天的工作。Y老师的工作和学习方式也是我从她身上学习到的宝贵财富。

除了辅导员和任课老师以外，和学院负责教务的K老师对接也是我工作的一个重要内容。K老师是我接触的所有大学老师里最温柔的一位。她一个人负责我们学院四个年级的本科生还有所有研究生的课程安排、学分监测、学费缴纳、四六级考试等各种资格考试和证书发放等事宜，工作强度可想而知，但是不管我们什么时候见到K老师，她总是温和地微笑着，十分亲切。还记得申请夏令营时，由于我在某县城实习，不方便赶回学校准备材料，我便向K老师寻求帮助，请她帮忙打印学分证明材料并邮寄给我。隔天我就收到了K老师的快递，除了打印好盖好章的证明，还有一张K老师亲手写的便笺纸，她鼓励我勇敢尝试，相信我肯定没问题。K老师就像妈妈一般，宽容而和蔼，每次和她接触，我都有一种如沐春风的感觉。在她的身上，我感受到了平和的力量。

虽然“班长”只是大学中一个极其普通的学生干部，但这一身份对于我的成长与发展至关重要。其一，它影响着我在班级中的位置，它让我在班级中似乎处于核心地位，“有事找班长”几乎成为大家的默认选择。其二，它改变着我与同班同学及老师的交往习惯，让我逐步养成“主动交流”的人际交往策略，无论是和同学交流还是和老师沟通。其三，这一学生干部身份让我在评奖评优等资本争夺中具有天然优势，由于奖学金、优秀学生干部等奖励和荣誉都要求学生有学生工作经历，这为我竞争“国家奖学金”和“校级优秀学生干部”等荣誉提供了入场券。而在评奖评优中，由于我经常主动和老师同学交流，给大家留下的印象也不错，所以我也更加容易获得这些荣誉和奖励。

（三）作为志愿者，公益奉献中找寻人生价值

在我大学四年的光阴里，“青协”和“志愿者”是两个绕不开的符号。我依稀记得自己刚入大学时青涩懵懂、害羞腼腆的模样。那时候，大学的一切对我来说都是陌生的。陌生的环境，陌生的老师和同学，陌生的生活……也正因陌生，我才充满着好奇和期待，才会想要不断尝试新的东西。如今想来，加入校青协组织部和院团委青协部一定是我大一时做过的最正确、最骄傲的决定。至今我都能回想起收到两个组织面试通过的短信时的开心与激动，对一个极度缺乏自信的人，这真的是对我最大的肯定和鼓励了。“青协”陪伴我度过了大一、大二两年的美好时光，回想起那时的生活，感觉总是很忙碌，每天总是转场似的开会、办活动、写材料，也正是这样忙碌而充实的生活，让我的人生经历了很多难忘的第一次：第一次参加特殊教育小学支教活动，尽管活动前我已经做好了充足的思想准备，但当我看到那些“特别”的小天使挥舞着双臂向我跑来时，我还是会有一些小小的恐惧，当我听到校长说他们中很多都是被家长放弃的小孩时，还是会非常心疼他们，内心也很受触动；第一次举办“阳光铺路”关爱流浪宠物活动，我们经历了四次转车、花费了两个多小时才到达基地，聆听基地负责人讲述每只狗狗背后的故事，不禁感慨“万物皆有灵”；第一次去敬老院，我结识了82岁高龄的退休

老兵温爷爷，听他讲述了自己从军抗战的故事，深觉如今的幸福生活来之不易。在“青协”，我既是志愿活动的策划者、组织者，又是活动的参与者、服务者，与活动基地负责人对接、与志愿者们沟通联系、与青协组织其他成员交流合作，在一次次的人际互动中，我的沟通能力、组织能力、合作能力也得到了极大的锻炼和提升。

在青协组织部的时光是我最为快乐和幸福的，我们部门就像一个温暖的大家庭，办活动时大家竭尽全力，办完活动后大家会聚餐旅行并交流感情。我印象最深刻的是“以废换绿”活动，这个活动就是让同学们拿废品来换取对应的绿植，以此提高同学们节能环保的意识。我们的活动地点是在食堂门口，没料到活动当天却突然下起了大雨，很多同学因为觉得麻烦便打算放弃参加活动。然而，当时我们的绿植已经采购回学校了，活动无法推迟。灵机一动，我们两人一组便走进同学们的宿舍里开始“收废品”，就这样艰难完成了活动。看着我们收来的满满三大车的废品，大家都觉得特别有成就感，我也第一次感觉到原来团队凝聚力的作用这么强大。

Y学姐一定是我在“青协”里最美的遇见。Y学姐是“青协”的部长，还记得第一次写策划，毫无经验的我绞尽脑汁写了很长时间，惴惴不安地拿去给她看，竟意外得到了她的表扬，而且是在我们的部门大会上公开表扬，那是我大学第一次得到别人的认可，对于我这个“场依存”却又缺乏自信的人而言，那次表扬真的弥足珍贵。Y学姐一直用“不忘初心，方得始终”鼓励我们，这句话后来成了我的座右铭。她自己本身便是这样一个人，对公益事业有着满腔的热爱，甘于付出、乐于奉献。在她的影响下，每次我想放弃的时候，这句话就会蹦出来敲打我一下，让我继续坚持下去。在大二时，我留任了学院“青协”的主席，由于我们学院“青协”组织规模较小、发展也不够完善，在很长一段时间我的工作处于瓶颈期，我不知道该怎样带领“青协”发展。工作经验超丰富的Y学姐一点点地帮助我理清了工作思路，提醒我依托专业优势打造特色，为我的工作找到了突破口。至今想起那个笑起来眼睛眯成一条线，还有两个小酒窝的可爱姐姐，我都觉得内心很温暖。

“青协”志愿者的这段经历，它大大拓展了我的人际交往领域。在校“青协”时，我们部门的小伙伴来自学校各个学院，每个人都有独特经历和视角，这不仅拓展了我的交友面，让我有机会向优秀的同学请教学习，也促进我用多元化视角看待和思考问题。此外，由于我们还肩负组织者的职责，需要与社会上特教小学校长、敬老院负责人等人联系，这也有利于锻炼我的沟通能力、协调能力，促进自身多元发展。

(四)作为实习老师，教育教学中明确人生发展规划

大三下学期伊始，我便踏上了顶岗实习的征程，来到了一个我完全陌生的环境——在某中学参加为期半年的顶岗实习。尽管实习地的条件和硬件设施非常简陋，但开心的是，在那里，我认识了一群天真无邪活泼可爱的孩子和好多位又善良又有能力的同事，度过了一段很有意义而且终生难忘的时光。还记得有次我听写完知识点后，让学生在听写纸上写下自己的愿望。课下，我乐津津、美滋滋地看着每个孩子的心愿。有的学生想成为医生，救死扶伤，妙手回春；有的学生想成为教师，春风化雨，桃李满天下；还有的学生想成为背包客，自由自在，无拘无束走天涯……在这么多纸条里，有一张纸条让我感动不已。这是我的课代表写的，在这张小小的白色纸条上，承载着她的小小的心愿——第一个心愿是“考上 Z 中学”（我们这最好的高中），第二个心愿是“让任老师永远教我们，留在我们身边”。看到这张纸条的时候，我感动不已。虽然我和这群学生只相处了四个多月，但是我们之间已经建立了深厚的感情。我记得离开学校的前一天，孩子们考完试本来已经放假了，还有孩子不回家特意留下来等我，就是为了亲手把她叠的一盒子星星送给我。逢年过节，我总是会收到孩子们的祝福，每当这时，我就会回忆起那段开心幸福的时光。

当然，实习也并不全是美好的经历，在实习中，我也见识到了社会阴暗的一面。虽然教育部三令五申严禁教师体罚学生，但在实际的中小学中，体罚现象依旧非常严重。我们年级中有一个班成绩特别好，大考小考平均分总是年级第一，甚至几乎包揽了各学科的最高平均分，后来我们发现，那个班的成绩不是“教”出来的，而是“打”出来的，那个班大多数老师都是年轻女老师，在她们看来，“打”是成本最低、最行之有效的办法。除此以外，在实习中我也发现，教师的职业倦怠现象非常严重，尤其是一些年长的老师，“上课即来、下课即走”已成为诸多老教师的常态，大家是在“带孙子孙女”的间隙过来教个书、等退休；所谓的“教学比武课”也不过是一场“学生配合教师的演出”，许多老师都会提前彩排，甚至学生的发言顺序、发言内容都是安排好的、背好的……这些现象一度让我产生一种深深的无力感，它与我期待的我想象的教育相去甚远。要知道，我实习的中学可是县城里最好的公立学校，最好中学尚且如此，其他学校我真的不敢想象。我和办公室的其他老师也聊过这个，那个姐姐说，她刚毕业时，也觉得教育不应该是这样的，也曾想改变，但是后来发现，自己的力量实在是太渺小了。以一

己之力，对抗整个应试教育体制，又何谈何容易呢？通过这次实习，我更加坚定了自己想法，决定继续深造，它成为我目前最好的选择。

大学三年的努力和付出让我成长为一名多元化发展的“斜杠学生”，我的学业成绩也一直位列专业第一，因而大四一开学我便获得了我们专业唯一一个推荐硕士免试生资格。其实保研这件事，对我来说，既是“意料之外”，又在“情理之中”。因为最初入学时我并不了解推免是什么政策、有什么要求，也并未以此为学习目标和学业期待，只是想着不要荒废大学的宝贵时光，多学习、多尝试，遇见更多的可能，遇见更优秀的自己。虽然中间也经历了一些惊心动魄的小插曲，但最终还是成功圆梦 H 大学，为我的大学生涯画上了一个圆满的句号。

（作者任京，H 大学 2018 级硕士研究生）

M5：为人生开了一个不错的头

（一）个人本科就读经历回顾的参考框架

大学生就读经历这一研究主题最早出现在美国。20 世纪下半叶，随着美国进入高等教育大众化阶段，高等教育规模的扩大伴随着高等教育质量的下滑。为了回应对高等教育质量评估体系改革的强烈呼声，美国一些研究机构开始着手改进本科教育质量评价的研究，学者们研究在不同类型高校和不同学科就读的学生的不同学习特点。其中具有代表性的是罗伯特·佩斯（Robert Pace）团队设计并实施的大学生就读经历问卷（College Student Experience Questionnaire，CSEQ）。它的初版于 1979 年问世，后又几经修订，于 1998 年形成第四版，已为全美上百所高校所使用。以下将参考经典的 CSEQ 框架，从个人基本情况、学校活动体验、同伴交流与阅读写作体验、学校氛围体验四个基本板块及其推进顺序来梳理本人本科阶段的就读经历，对个人本科期间的就读经历进行回顾与反思，并通过对自己的研究来加深对这项高等教育学界经典调查的理解。

（二）本科就读经历回顾

1. 个人基本情况

高中毕业后，我考入 H 大学经济学院读本科。在我所就读的高中，基本上每年高考考分最高的一批考生都会选择 H 大学或者 W 大学。我在高中文理分科时选择了文科，同时又希望在大学接受一些理工科氛围的熏陶，因此在知晓分数后填报志愿时就着重考虑了理工科类高校或者有理工科优势的综合类高校，第一批次第一志愿即被录取。我的第一志愿填写了经济学院专业的主要原因是，在我参加高考的那几年，经济管理类专业非常火爆。况且对于文史类高考生来说，这类“万金油”式的社会科学专业在就业方面性价比相对来说比纯文科更高。

刚进入大一时我就决定了只要有机会就继续深造，对于在境内还是境外升学倒是没有太深入的考虑。从学院往届本科毕业生的去向来看，半数以上会选择继续深造，且平均成绩靠前的毕业生中，极少选择直接就业。这些本科综合表现较好的前辈学生相当一致的升学选择给了刚刚进入本科的我一个粗略的方向指引。此外，我在浏览经济学院培养计划时就感受到了这个体系在引导毕业生继续深造，这个想法与某学年参加学院本科学生代表和任课老师座谈会时一位老师的说法类似。在那次座谈会上，有应届毕业生提到他们直接就业的竞争力有限，甚至不如X大学（同城市某有财经专业特色的“211”大学）。总之，到我所就读的一届，学院一半以上的毕业生都会选择继续深造，我的选择也算是“随大流”了。

在专业培养计划设计中，我所读的专业都要修习英语第二学位，因此从大一开始，我们的课表中就有大量英语专业课程。这样一来，再加上本就需要学习的经济学院开设课程和本科生公共课，我们前面五个学期每学期课时总量都有30学分左右，第四学期甚至达到了34学分。相比大部分专业的每学期20～25学分的课程量，我们的课业负担可以说是很重的。

值得注意的是，我们专业的英语第二学位不同于“七校联合办学”在周末和假期授课，而是采取在工作日与外国语学院英语专业统一排课的形式，这也意味着我们学习英语课程的原则性要求和英语系是一样的。不过，小专业意味着小班教学，相比一些动辄上百人的大班规模教学的专业，我们专业整体上的学习体验要好不少。

大量的必修学分带来大量的课堂学习时间，也意味着大量的课下学习工作。每周我都要花费10～15小时，到了临近考试的几周，则一般是每周花20个小时以上，整体的学习投入度是非常大的。

本科就读期间，与本专业大部分同学一样，我不太有去找课外兼职或者实习的意识或渠道，因此除了毕业要求的专业实习以外，我没有做过兼职或者实习，只参加过零散的诸如学院安排的有偿带中学生参观校园一类的活动。此外，学校每年评选的奖学金能够补贴我的一部分生活所需。

2. 学校活动体验

本科阶段的学习方式主要是基于课堂授课，需要我们自己做的探索性学习比较有限，因此对于“自习”的强调自大一开始就深刻印在我的脑海中。

前三学年我基本每周都会前往教学楼自习，课业非常紧张的几个学期基本上每天自习。到了每学期末的考试周，我有可能去图书馆，因为这一期间教学楼的教室大量被安排做考场而无法开放自习。此外，因使用校园网账号就可以登录中国知网等数据库系统，查阅一些资料不一定非要前往图书馆，这降低了我前往图书馆的频率。

本科阶段，师生交流不算频繁。因学习以课堂授课为主要形式，课堂前后可以实现同学之间或者与授课老师的交流。学院除“启明班”以外的本科生并没有安排导师，因此在进入撰写毕业论文阶段以前，大部分同学都不存在需要长期沟通的老师。在必要的情境下，与老师的沟通以当面讨论或者发送电子邮件为主，而不像进入研究生阶段后与老师的交流可以直接在微信上进行。不同授课风格的老师让我们体会到了不同年代的主流授课风格在我们本科生涯的时代交汇，非常有趣。作为大学生，遇到教学优秀的老师固然是幸运，遇到教学一般的课堂，还是应该自己更加积极主动地学习专业知识。

虽然我经历了多种形式的本科阶段的课程学习，但是老师讲授还是最常见的形式。经济学院开设的课程基本是老师讲授—课下复习—完成作业—（考前答疑）—考试结课的模式，这种课程学习模式与中学更为类似。英语专业课程需要我们做课前准备的比较多，一些实践导向较强的课程尤为如此。比如，口译课前，老师会告知下次课程的口译主题，那么我们就需要提前查阅一些相关资料并熟悉词汇；笔译课前，老师可能直接发翻译材料，我们做好后带到课堂上来讨论；跨文化交际课前，我们一般需要阅读指定的参考文献。然而，本科阶段的学习与中学阶段还是有很大区别的。本科阶段，我开始自己通过网络课程等渠道学习，而不是单纯地依赖老师在课堂上的授课。对于老师教学水平的评价，我主要看该老师的这门课程对我有多大的启发，而不是拘泥于课堂上的几十分钟讲得怎么样。我所认为的启发包含了多方面的内容，可能是直接学到了很多专业知识，可能是打开了某方面的学术视野，也可能是提升某种学习素养，还可能是领会到了一些做人做事的方法。现在回头来看，这种出于直觉的想法正隐含着“以学习效果为中心”的思路。学校的本科生评教系统是每学期必须填写的，不填写看不到期末考试成绩，但是该问卷的科学性还可以继续完善——评教系统侧重调查的教学端指标只能反映现象，聚焦到学生的学习效果才应当是真正的目的。

授课老师的作用在本科阶段与中学时有同有异，以下主要关注不同点。课程组织方面，中学老师会细致地讲解每一门课，所有的知识点基本都会展开，几乎天天布置作业而且会亲自批改，会专门安排课时讲解作业和题目，看重作业质量和考试成绩，尤其强调课堂学习和课内作业。本科的大部分课程的课堂教学不会细致到个别知识点，多为展开知识图谱，而知识细节需要自学理解，大部分课程的作业基本只查是否完成，只有部分课程在期末考试前才会安排答疑。总体来说，虽然课堂教学被强调，但自学也是极其重要的。课程的评价考核方面，中学体系中，考试是最重要的评价方式，且打分是卷面绝对分；本科教学中，期末考核的底线是综合得分不挂科，且该得分的分数是相对分，衡量整个课程学习中的相对表现，考核甚至不一定是笔试，各种课程作业也进入考核范围。教学导向方面，中学教学就是面向考试的；而本科教学则纳入了更多实际生活的案例，甚至如“国际贸易实务”“财务管理”等课程从课程设置到教学内容都有很强的实践导向，社会上可以直接找到对应的岗位。总而言之，与中学阶段的应试导向相比，本科阶段的课程教学引导学生自觉进行自学，且有着更强的实践导向。

本科阶段的教学管理的组织形式已经开始关注“自我管理”了。虽然，学院为每个班级配备了教师班主任，但是如果教师班主任没有带本班的课程，师生间进行长期、稳定接触的机会就会很少。平日里，本科生遇事日常打交道的还是辅导员。辅导员是“万金油”角色，学生的请假外出、宿舍调整、出勤情况、学期报到、学风建设，甚至情感纠纷、同学矛盾等都需要辅导员的关注。由于辅导员一个人的精力有限，难以兼顾到所有人的所有琐事，所以基本上尖子生和各种困难生会得到比较多的关注，而我属于中间一类，平时如果没什么要紧的事不会去麻烦辅导员。

学校的硬件设施整体上是完善的。本科生集中上课的教学楼建成于21世纪初，多媒体设备早已安装到位。大约在2017年，教学楼走廊空闲处上还加设了桌椅，极大方便了晨读和小组讨论。2019年秋季学期，部分改装好的智慧教室开放，因毕业年级课很少，我们没有在智慧教室上课的机会。然而，根据我的观察，同样的时间段，面对同样开放自习的普通教室和智慧教室，同学们更倾向于到智慧教室自习。这可能是由于智慧教室的桌子更大、椅子更舒服、卫生状况更好，能给人带来更好的体验，教室的插座也能满足部分学生给手机或者笔记本电脑充电的需要。

社团活动方面，校级社团数量不在少数，但由于课业压力较大，我没有坚持参加任何社团，只在大一时零星了解过排球社团、航海社团等，但具体细节也未再关注。

总而言之，我的学校活动体验属于比较平淡的一类，没有什么极其深刻的体验，也没有陷入困难的境地。对我来说，本科阶段学校活动的中心环节还是学习。

3. 同伴交流与阅读写作体验

同伴交流方面，除了因集体生活而产生的必要生活交流以外，最主要的话题就是学习。基本每天我都与本班同学就学习问题展开或大或小的讨论，具体内容可能是讨论小组作业、请教不会的问题、互相询问复习进度、分享学习材料等。这样的学习氛围是催人奋进的，因为同学之间可以互相追赶、互相监督，同时也互相分享了信息。大三时，班里有一位立志当老师的同学开始备考教师资格证，掀起了班内一股考证热潮，我也紧随其后开始盘算考教师资格证的事宜。然而，最后只有包括我在内的几个同学坚持把教师资格证考了下来，毕业后也没有人从事教育行业的工作。除了教师资格证，经济管理类专业常见的证券从业资格证、银行从业资格证也有不少同学利用课余时间复习考试，这也是整个学院的现象。

我长期担任班级学习委员，基本每天都要在班级群发送学习任务信息，还要收发所有课程的作业并与任课老师进行交流，完成这些工作所花费的时间是比较多的。这种经历对我的启示主要有三点。第一，形成每日总结的习惯。为了在班级学习群发布群公告时不遗漏学习信息，我必须回忆每天新布置的学习任务、盘点已经布置但未到上交日期的内容、通知第二天要上交的作业，久而久之，也就形成了每天结束学习工作以前进行学习内容清点的习惯。第二，凡事贵在坚持。拿出一点时间做一件事并不难，但是每天如此是考验耐心的。第三，做事要留痕迹。一旦遇到任何问题，要有迹可查，保留下的通知记录也便于日常盘点。

同学间关于社会热点的讨论视热点的热度而定。对于几乎全民皆知或者在青年网友中极有影响力的事件，大家会进行讨论；其他一些影响不算太大的热点，当面讨论得就比较少了。一些社会热点事件可能在思想政治课的课堂上由任课老师组织当堂讨论，这些课堂讨论的内容兼顾广度和深度，有一定的思想性。

阅读方面，我阅读的课外书集中在社会经济和人文历史领域，也曾尝试过阅读《国富论》一类经济学领域的名著，但因为理论水平不足，本科阶段没有坚持读完。英语读物主要是根据英语专业课的要求来阅读。本科期间书读得太少是我的一个遗憾，所以读硕士以后我特别注意专著的阅读。社会科学的内容不仅仅是课本上的理论和期刊上的文献，一本小说、一卷文集都可能是一份极好的阅读素材。同时，我深深地感受到，大量的阅读是提高写作水平的基础，读与写的水平是互相促进的。

写作训练不足是我在反思本科学习生涯时发现的一个重要问题。整个培养计划中我们都没有系统的论文写作课程，仅仅在大三和大四时有过“课题设计”课程，由老师通过每学期连续几周每周一个晚上的集中授课来讲解论文选题、写作要点以及学术诚信问题。然而，平时的课程考核中，除了个别英语课程要求撰写课程论文以外，其他主要看出勤情况和期末考试成绩，缺乏写作的实战教学。英文写作课程倒是出现在培养计划中，但是感觉这门课的学习效果十分有限，还不如其他一些要求交论文结课的英语课程对于英文写作的助益大。真正到了毕业论文的写作时，还是靠自学以及参考指导老师的意见。走到这一步，指导老师就显得尤为重要。比较幸运的是，我在经济学院和外国语学院遇到的毕业论文指导老师都是非常认真负责的，对于毕业论文写作过程中的各种问题，她们都能给出非常有建设性的指导性意见。

前面曾经提到，本科阶段的培养计划重在为继续深造打基础，因此并不强调迅速产出学术成果。事实上，我人生当中写出的第一篇完整规范的论文就是本科毕业论文。如今，作为一名在读硕士生进行反思，我认为本科阶段缺乏学术写作训练固然有一点点遗憾，但是这并未对我研究生阶段的学习科研状态造成阻碍。我的毕业论文在指导老师的认真指导下写得比较规范，这为我研究生阶段的科研写作打下了不错的基础。现在回想起来，我非常感谢我的本科毕业论文指导老师。

4. 学校氛围体验

CSQE在“the College Environment”（学校氛围）一部分的设问比较好地覆盖了大学生学习收获涉及的维度，李克特量表的形式也对我围绕这些维度进行自我回顾有较好的提示。

除了对道德素质和思想政治素质的基本要求以外，学校对学业的强调是首位的，毕竟“学在H大”早已盛名在外。几乎所有的校内评奖评优都和“加权”（即学分加权平均成绩）挂钩，“加权”更是直接关系到推荐免试研究生的名额分配。一般来说，如果一名学生“加权”未达到专业前50%或者有任何科目挂科，就会失去该学年度的大部分评奖评优的申请资格。甚至在七校联合办学时期，加权排名专业前50%也是通过“报名”这一关的一项重要指标。我的“加权”成绩从第一学期开始就在专业前50%，没有出现过“挂科”，但也未取得过拔尖的成绩，因此，每年只是按部就班地参与学业成绩门槛为加权前50%且不挂科的评奖评优，也曾有所斩获。

美学意识、表达能力和创造性品质的培养是有待加强的，这与本科阶段主要的教学内容和教学形式有关。本科阶段的学习形式主要是老师授课、学生听课、完成作业、进行集中课程考核等，对绝大部分学生来说，不涉及科研创新的内容，因此，学生们主要以学好专业课和打好知识基础为学习目标。我作为比较普通的学生，也是这样按部就班走下来的。

学校、学院对于批判性思维的强调是不断加强的。我就读本科之时，“批判性思维”这个词多半是由任课老师在课堂上零散提及，并没有开设专门的课程。不过，从 2018 级本科生开始，“批判性思维”成为整个经济学院的本科生必修课，可见学校和学院层面对这项能力的重视。

信息技术能力的培养主要在计算机课程中。本专业开设了“C＋＋与程序设计”以及“数据库技术和应用”两门与计算机技术相关的课程，分别在本科一年级的上下学期开设。坦率地说，这两门课我学得并不好，尤其是第一门，它成为我整个本科阶段“加权”成绩中拖后腿的课程。除了完成必修课的学习，学校对我们并没有更多的要求，对于此类技术的学习还要根据自身发展需要来自学。

职业能力的培养是比较欠缺的一个方面。前面曾经提到，我曾参加学院组织的本科教学师生座谈会，期间就有毕业班学生提及其在为毕业后发展而努力时回顾本科学习体验的感悟——培养计划在引导学生继续深造而不是直接步入职场。当前的课程设计对于培养一专多能的宽口径人才是有所助益的，为经济学院毕业生们转向经济学或管理学门类下各个专业深造打下了很好的基础，但在就业指导方面的作用有限。此外，学校层面也没有设计专门的就业指导类必修课，毕业要求也仅仅包含完成专业实习。我个人深受这种升学导向的思维影响，本科阶段没有太多考虑就业的问题。

在这样的氛围环境下，我的主要精力花在了学业上，学业以外的内容着实关注不多，也少有经验教训，因而难以多谈。总而言之，整体上，H 大学提供了不错的发展平台，学校氛围低调而务实，是我个人比较喜欢的风格。如果给我重新选择本科就读学校和专业的机会，我不会另做选择。

(三)本科就读经历的收获评价

回顾四年的本科生涯，虽然我作为一名很普通的学生，表现不拔尖，也没有遇到特别的困难，但我也在许多方面有了不小的收获。我将 CSEQ 的“Estimate of Gains”（收获评价）中的 25 个题项进行归类，分为专业知识与职业技能、学习与思维能力、通识知识三个大类，以此总结我本科生涯中各项能力的提升。

专业知识与职业技能方面：通过四年的学习，我学习到了经济学和英语语言文学学科的基本知识，深化了对两个学科的认识，培养了继续涉猎相关知识的兴趣，成功获得了管理学学士学位和文学学士学位。同时，我也了解到面向经济管理类职业的基本知识，通过了英语专业四级考试，对于专业就业概况有了基本了解。学业上，我决定继续深造。

学习与思维能力方面：我的团队合作能力、信息收集和整理能力都得到了提升，逻辑性思维能力、系统性思维能力也在塑造之中。我已能够理解“学会改变”的重要性，意识到世间万物唯一不变的就是变化。

通识知识方面：我对于文学、历史方面的内容仍然保持着兴趣，遇到合适的学习材料会留心阅读。我对于课外书本的阅读主要还是与社会经济知识相关，毕竟有一定的专业基础。我的自然科学与工程技术知识储备比较薄弱，但也开始有意识地学习一些可以尝试理解的基本原理，如区块链技术等。

总而言之，本科四年的就读体验给我带来了很大的收获，比知识获取更重要的是树立终身学习的意识和掌握研究方法。如果再次对本科生涯进行选择，我不会改变在现实世界做出过的决定。

感谢这一重要的学习生涯，为我未来的人生开了一个不错的头。

（作者小宇，H 大学 2020 级硕士研究生）

M6：全方位地塑造自我

基于对学生发展相关理论的回顾，以下主要结合 Astin 的“输入—环境—输出”（Input-Environment-Output，I-E-O）理论，并将学生在大学期间的就读经历作为重点纳入其中，提出“输入—环境—经历—输出”理论（Input-Environment-Experience-Output，I-E-E-O），如图 6-1 所示，作为我回顾和总结本科就读经历对自身发展影响的论述框架。“输入”（Input）指学生的个人特点与背景特征等，“环境”（Environment）指大学的学术氛围和社会交往等，“经历”（Experience）是指学生在大学期间参与的各种活动以及获得各种情感体验，“输出”（Output）则是学生发展的成果体现，是输入与环境、经历相互作用的结果。

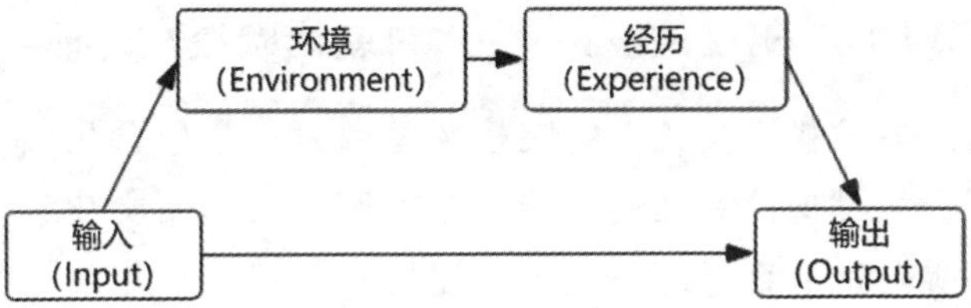

图 6-1 “I-E-E-O”理论

（一）输入（Input）：本科就读前的经历

Astin 的“I-E-O”理论认为，学生在上大学之前的经历，包括学生个人的性格特征、家庭背景、高中时的学习经历和社会经历会对大学生的学习与发展带来重要影响。就我个人的经历来讲，我出生于某省北部的一个乡村家庭，由于家乡所在省份是教育大省，对于学生的教育非常重视，因此我从小所接受的教育观念就是好好学习，通过学习获得未来更好发展的机会。由于身处乡村，儿时的玩伴多，造就了我无拘无束追求自由自在生活的性格。同时又受家庭氛围的影响，我的性格整体又偏安静稳重，或许是因为这样的性格让我很容易安静下来思考，因此我的学习成绩一直比较稳定。但这样的环境也造成了我在其他方面的不足，比如没有培养广泛的兴趣爱好、思维不够活跃，以至于我在与他人相处的过程中表现得比较慢热。

我高中三年的经历几乎被学习充斥，社交经历相对欠缺。平时的社交范围也都限于亲友、老师、同学等身边熟悉的人。高中三年应该是一个人的人生观、世界观、价值观养成的重要时期。在这个时期其实不得不提到对我影响比较大的一个人——我高二和高三的班主任骆老师。在当时中国整体的高考竞争压力下，尤其是我所在的这样一个教育大省，应试教育还是主流教育方式，即使是文科班，大多数时候奉行的也是"背书""题海战术"。这样一种环境十分容易让学生变得沉闷，压力得不到排解，产生各种心理问题。但我当时的班主任老师却一反这种应试的教育方法，经常变着花样给我们带来各种欢乐，比如初雪的时候带我们出去打雪仗，在班会中融入各种个人小展示，让每个人都有表达自己的机会，每个人都被大家看见。同时，我们每周都会上交一篇周记，写作的主题不限、文体不限、字数不限，因此，它成为很多同学锻炼文笔以及表达自己内心想法的重要方式。除此之外，老师还会有针对性地找每位同学谈心，让大家感受到自己在集体当中作为一个个体的特殊意义。也就是在这样的环境下，在这样的好老师的陪伴下，我的高中生活显得并没有那么的枯燥乏味。

（二）环境（Environment）：本科就读院校与专业

这里主要论述对我影响较大的院校环境因素。它包含校园文化氛围、满意度与归属感、学习支持和社交支持几个方面。从校园文化氛围来看，我的本科高校是一所教育部直属师范院校，建校时间超过百年。由于学校是师范院校，以文科见长，学校的汉语言文学、历史学和教育学学科是优势学科，有不少文学和历史大家。每年会举行大量的文化节和诗词比赛等，因此学校整体的人文气息较为浓厚。此外，师范院校的一个共同特点就是女生数量多，在我们学校，男女比例甚至达到 3∶7。因此，造成学校整体氛围偏清新，军训上"小红帽"是一道靓丽的风景线，学校有非常多专门为女性准备的个性化小设施，这也成为我们毕业后非常重要的回忆。另外，在校园设施上，对我大学四年影响最大的莫过于学校弯弯绕绕的"山路"和学校的图书馆。由于学校整体地势较高，大多数建筑都是在相对较高的山坡上，而且在学校的角角落落都种植了很多桂花树，每到金秋十月桂花飘香，于是这座山坡也被称为"桂子山"。地势高造就了学校的山坡多，每次去上课都被大家戏称为爬山，既锻炼了身体也汲取了知识的养分，回想起来我大学四年的上课经历，都是与树荫和爬坡有关的。此外，图书馆应该算是学校的一所地标性建筑，也是我大学四年印象最深刻、留下记忆最多的地方，由于学校是文科类高校，所以图书馆的实体藏书量在众多高校中算是比较多的。大一、大二时课业压力不大，我经常和室友约着一起去图书馆看各种文学类的书籍，周末也会去图书馆写课程作业。到了大三，图书馆又成为我考研备考的重要场所：连续半年与小伙伴一起早七点晚十点的作息，在自习区整理笔记，在楼梯间背书。学校提供的良好设施条件以及同学间的相互陪伴鼓励成为我备考成功的一个重要因素。总体来讲，我的本科学校为学生提供的学习支持和社交支持条件都是比较好的。

我的本科专业是经管类专业，高考填志愿时我没有考虑太多，而经管类专业又要求有比较好的数理基础，导致大学后期我对专业知识的学习显得有些力不从心，所以我才萌生了考研换专业的想法。总体来讲，我对专业的归属感并不强，对整个学校的归属感和满意度远超过对学院和专业的归属感。

（三）经历（Experience）：本科就读个人体验

有相关学者把本科生就读经历分为课内与课外或学术与社交两个方面。以下，我主要从学术与社交两个方面来论述本人的本科就读经历。

多数研究表明，学术经历正向影响学习效果。从学术经历来看，我的大学经历更多的是学习经历而算不上学术经历。由于大学录取时的专业是经济学大类，因此刚进大学时并没有进行细化的专业课程学习，而是按照大类进行培养。大类培养的好处是可以使学生在了解本专业基础知识之后再进行具体小专业的选择，事先打好基础，避免专业选择的盲目性。但也存在比较大的弊端，比如最明显的就是课堂规模大，难以保证每一名学生的学习质量，尤其是在进行课堂展示时，每一个小组的人数众多，存在比较严重的搭便车行为。老师在进行课堂考核以及反馈时也难以兼顾到每一位学生，考核标准的制定更多的是针对学生的共性问题，针对性不强，导致较多学生在上课时蒙混过关，最终并没有达到预期的教学质量。但也有使我受益比较大的教学形式，比如我们每门课的考核内容中都会包含“课堂展示”这一项。课堂展示中，每个小组的所有组员都必须上台对自己制作的课件向全班同学进行讲授，对于我个人来说，一方面，它督促我在课下与组员合作大量收集资料进行准备，加深了我对课程知识的理解，提高了与人合作的能力，促进了生生互动。另一方面，通过展示的方式也极大地锻炼了我的语言表达能力和公共演讲能力，在展示的过程中会使自己去思考如何以更好的方式使这一知识点能够被听众所理解，讲授者与老师以及台下的同学可以就某些知识点争论交流，也极大地促进了生生互动和师生互动。尤其是读研之后，当我得知很多同学在本科期间并没有小组展示的考核要求时，这些经历还是让我获益匪浅的。

社交经历是学术经历之外另一项非常重要的就读经历，社交经历的充分实现可以促进学生个性、人格的更好形成，对于学生的全面发展有着至关重要的作用。从社交经历来看，我本科期间的社交经历主要是集中在与学院老师、同学的交往以及与社团伙伴的交往。这里主要介绍对我影响比较大的人和事。室友可以说是大学期间陪伴自己时间最长的人，尽管网络上遍布宿舍关系不好处理的言论，但庆幸的是我的三位室友并没有给我带来不好的宿舍体验，我们四个人反而是互相帮衬着学习、生活以及一起进步的典型。几乎所有的重要事件都是我们四个人一起经历和完成的。从最开始的大学军训，我们从不熟悉到一起玩笑打闹，到每周日雷打不动的四个人一起去参加学院晚点名。还有，大三下学期开始的考研备考，我们互相叫对方起床，相互鼓励督促，一起在图书馆的楼梯间背书。最终，我们宿舍四个人有一个保研，另外三个人全部考研成功，两个人留在了本省，一人去了广州，剩下一人去了北京。虽然现在我们见面的机会很少，但曾经的宿舍群还是一样活跃。可以说，大学期间我的三位室友是见证我成长并且帮助我成长的人。对我影响比较大的一件事则是我加入了一个爱心社团，这个社团是由我校的一名校友于1998年创建，至今已经有20多年的建社历史了。通过各种义卖活动、勤工俭学活动以及外联活动，重点为山区的品学兼优但经济困难的儿童筹集学费。每年暑假还会组织队伍去山区义务支教，与这些孩子见面接触，给他们一些心理上的疏导。这个社团的经历是我大学期间最为珍视的一段经历，在这当中我收获了另外一些不一样的友谊，同时也让我跳出大学这个象牙塔去看看外面的世界，了解在我看不见的地方，其他人的生活是怎么样的。

（四）输出（Output）：个人发展的自我评价

输出是整个大学期间学习效果的集中体现。在有关学生发展的理论中，齐克林提出学生发展的七个“向量”理论，认为人在发展的每一个阶段都有特定的发展任务。对大学这个阶段来说，大学经历带来的学习效果不仅仅是专业知识上的，更多的是全方位的自我的塑造。我的大学经历给我带来的收获可能主要是以下几点。

学习能力的提升和思维方式的变化。读大学的意义不仅仅在于“知”的增长，更重要的是“识”的加深以及正确思维方式的养成。在经历了高中时代的一轮知识“疯”长后，大学会继续提供更宽广的平台。专业课领域掌握的知识进一步细化、系统化，习得一部分进入社会的本领，并且让自己知道自己的短板在哪里以及什么领域的知识才是自己真正感兴趣的。除了专业课的知识，更多的是更广阔的各个领域的知识，只要自己喜欢，都会有动力去学习，得到收获，并且在不知不觉中经历着知识激增的新一轮的洗礼。而大学最重要的是自己在对这个世界的“识”和对“异”的包容上获得的成长。

个性的进一步完善和塑造。高中时，大部分人都是在自己的家乡上学。由于身处同一个地方，意识观念相近，风俗文化大体相同，成长大环境也相差不大，因此，同学们所谓的世界观、价值观、人生观上有很多相似或者相近之处。并且到高中为止，同学们靠“身体力行”而得来的对世界的认知太少，更多的是听别人所听、闻别人所闻来获得的对世界的认知。而进入大学，身边的人来自不同的地方，有着不一样的个性和生活习惯，大学里学会的第一件事就是找到与不同的人的相处模式，尝试求同存异，包纳每个人的多样性，学会学习别人身上的优点并且看到自己身上的优点，学会反思以及更多的理解与尊重。对我来说成长最大的一点，就是让我在做最好自己的同时又能对未来充满动力与期望。

（五）总结

一个人在大学期间的学习效果或教育成果是各种因素塑造的结果。基于以上“I-E-E-O”理论可以得知，学生入学前的背景，包括个性特征、家庭背景、成长环境以及高中阶段的教育是大学教育成果的先决条件，学生带着这些特点进入大学，通过大学内外部环境的塑造，通过各种大学经历的影响，从而获得带有强烈个体特点的教育成果或学习效果。就我个人而言，与很多人相比，我的大学经历并不算丰富，有很多未完成、未做好或者十分遗憾的事情，总的来讲，大学期间的这些经历塑造了现在的我，也使得我更加全面地认识自己和了解自己，认识到今后努力的方向。我想，我们接受教育的意义也许就在于此。

（作者薛建业，H 大学 2019 级硕士研究生）

M7：工科见长的研究型大学文科生的个体就读体验

（一）入学背景

作为一个来自西部偏远地区的家庭经济状况一般的农村独生女，我从小就意识到自己不利的处境，也知道能摆脱不利处境的方法似乎只有努力读书。我的父母虽然分别只有高中和小学学历，但他们却有强烈的“万般皆下品，唯有读书高”的观念，因此，在这种观念的影响下，我想要通过读书改变命运的自我意识也越来越强。我在高考的时候也是超常发挥，平时560分左右，高考取得了近620分的成绩，这也是我高中阶段最好的成绩。我报考的目标高校是华东师范大学，然而，因2分之差，我与其失之交臂，被调剂到了H大学汉语国际教育专业。考上一所国内的好大学曾是我高中以前最大的目标，我一直向着这个目标努力。而我最终进入了亲戚推荐的但并非自己最期待的高校，这样的无意识和现实落差让我在大学生活很长一段时间内处于迷茫、彷徨的状态。

我虽被重点大学录取，但并非录取到第一志愿学校和第一志愿专业。入学前，我对这所学校并不太了解，填写汉语国际教育专业也仅因为它带上了“教育”二字。因为当时家里没有电脑，手机也不够智能，我也没有上网查资料的意识和有利条件，可以说对大学和专业基本不了解，进而谈不上对学校和专业的期待，以及对学习和生活的具体规划，我只想要体验大学生活究竟怎么样，是否的确如传说中的那样轻松、自由、丰富、美好。家里的经济情况能够勉强支持我上学，但也只能支持我上学。父母对我的期望是顺利上完大学后找到一份稳定的工作，最好是带编制的教师或公务员，而我对自己的期望不满足于父母期望的那样安稳枯燥，但又没有一个明确的目标。我也不知道自己真正喜欢什么，也没有一技之长，我也只是想要读完大学找到一份好工作。

（二）大学环境

回顾大学四年的就读生涯，觉得学校对个人发展具有较强的支持度，自己对学校总体感到满意，也具有较强烈的归属感。这样的感受可能源于两个方面：一是学校整体实力较强，周围的老师与同学非常优秀，自己对周围环境和人都很认可；二是我对大学学习目标和生活环境原本就没有强烈的心理预设，因此对大学里一切事物有较高的包容度。另外，我的个人性格属于内敛宽容型，思维逻辑倾向于顺从认可而非质疑批判。

1. 学校支持

首先，在基础设施方面，我就读的大学占地面积大，绿化面积也大，在物理空间上给人舒适自由的感觉。但由于在校师生数量庞大，具体到教室、食堂、图书馆这样有限的、小的空间中就会显得比较拥挤，时常存在占座与排长队的情况。因此，在这样的环境中，我偶尔会觉得宽松自由，偶尔也会感到局促焦躁。又由于学校占地面积大，且道路较为狭窄，在校师生几乎人均一辆车，并且还有校车和校外车，进而上下课时间人车混杂、校车拥挤排队现象突出，导致出行较为艰难。在与学习和生活息息相关的基础设施方面，教室与宿舍是两大关键场所，关乎学生的学习和生活状态，也影响着师生与生生交往状态。大学里有三大常去的教学楼，适合自习但不适合上课，因为教室的配置和师生的距离感与中学并没有太大差别，但知识难度、考察方式、学习目标与之前有较大差异，进而在一些百余人的大课堂上，没有抢到前排的同学容易游离课堂，老师也不便于管理课堂，师生互动限于前三排，不过这样开放的、简易的大教室方便自习。

我们的大学宿舍是上床下桌的四人间，这相对于我在中学时的九人间来说宽松了许多，但楼舍老旧，设施也不到位。由于宿舍条件不算特别好，所以大家倾向于去图书馆或教室学习；室友不算特别多，所以相互之间没有太大的矛盾冲突。室友的起居习惯和学习状态会相互影响，尤其是晚睡、早起和自习，如果其他室友都去教室或图书馆自习了，自己也不会安心地待在宿舍看剧或玩游戏。虽然宿舍冲突较少但也存在，由于宿舍资源较为紧张，若与室友发生冲突，是不容易调换宿舍的，因为需要院系书记和辅导员在其中沟通协调。学校没有专业的宿舍管理交流中心，因此冲突基本上得不到完全解决。在大学生涯中，处理宿舍关系是一件重要的事情，处理得好有助于我们的学习成绩和生活质量的提高，处理得不好则影响我们其他方面的发展。

总的来说，学校对这方面的支持还不够。

其次，在师生交往方面，学校的支持还不够，除了提供校院学生会活动场所，其他都没有专门的良好的场所，所以，离宿舍区最近的最晚关门的食堂成了大家会友和开会的地点。大学里的交往和中学差异很大，交流载体和内容差异最为显著。不同于中学时期的班级，大学班级是一个松散的联盟，师生交往也并非通过班级实现，更多的社交活动发生在班级之外，因此，班级凝聚力与情感明显减弱。除了班级，几乎每个学生都至少有一个学生组织归属，同学们可以在这些组织里参加课外活动，认识不同年级不同专业的学生。师生交往除了课堂时间，较少课下交流，除非自己主动联系老师。不过，“身份特殊”的学生，如特优生、班长和学委等，会与老师交流频繁，前者属于导师制，后者则是任课老师与同学间的桥梁。我在大学里担任了四年的班长，这让我的责任心得到了磨炼，我既要关心同学们的安全问题，又要关心大家的学习问题，还要关心班级凝聚力建设问题。我在付出的同时，更多的是收获，如认识了班上所有的同学、与辅导员关系密切、得到任科老师的认可，拥有积极向上的学习生活状态，以及占有评奖评优的优势等。

最后，在奖助贷政策方面，学校各类奖学金项目繁多，较为重视奖助学金的发放与对困难学生的帮助。在我入学报道时，学校专门为生源地贷款学生开通了绿色通道，并提供了第一学期需要的教材，每学期还有专门的助学金，学期末发放棉服、棉被或者插座等生活物资，这些对于困难学生来说是一笔宝贵的资源。但是这个助学金需要每学期申请，辅导员进行审核申报，手续还比较烦琐。与助学金不同的是，各类奖学金以学习成绩和学生活动突出的同学为发放对象，竞争的激烈程度也更高。全校奖学金的项目按院系学生比例配置，但不同院系的其他社会奖学金项目不同，在理工科见长的综合院校中，这种差异更加突出。就个人来说，助学金的额度可供两个月的生活，一方面对减轻家里经济负担有一定的作用，另一方面可以让自己更懂得感恩。不过由于金额少且申请条件严格，我在大一第二学期及之后就没再申请到，所以我的大学学费和生活费主要还是依靠父母支持。与助学金的作用不同，奖学金的种类多且额度高，除了对减轻家里经济负担有用，还能激发学生积极向学和踊跃参加社会活动，国家奖学金、社会奖学金和竞赛奖励通常倾向于成绩优秀的有学生干部经历的同学。

2. 教学设置与考核反馈

专业学习成绩的好坏与个人是否适应专业课程内容的广度和难度、大学教与学的方式息息相关。学院每年都会召开听取师生问题与建议的会议，每年的会议上总会听到课程设置不科学的呼声，然而，我们在大学四年时也并未见到有实际改变和完善的措施。虽说大学与中学的排课不同，给学生自主选择权，但实质上并非如此。学院教务处已经在入学前把每个专业四年的主修课程选定了，主修课程包括必修的通识课与专业课，留给学生选择的只有公选课和体育课。这样的方式对学生是把双刃剑，好处在于学生可以不用担心如何选课与少选学分，弊端在于学生不需要提前了解所有课程情况和规划大学四年的学习方向。但事实是我们更想主动了解课程概况和自主选择喜欢的课程。另外，通识课程虽好，但集中安排在大一阶段，这也有待商榷。因为通识课数量多且集中的话，容易让大一新生产生疑惑：这些课程和专业发展有什么关系？例如，作为中文系汉语言专业的学生，学习了微积分、编程语言、法学概论、社会学概论、经济学概论、伦理学、新闻传播学等全校所有的文科专业基础知识，却不知道它们为什么被安排必须学习，由于没有同时广泛接触到专业课程，也不知道自己是否对专业知识感兴趣，所以当转专业机会到来时，不少学生会纠结转还是留。另外，专业课时间安排靠后，对升学的学生没有太大影响，但对找工作的同学来说，会感到时间很仓促，因为专业课是本学院的专业老师上的小班课，无法翘课也不敢翘课。

一些通识课是大班集体上课，抢不到前两排座位的话，在后面的学生基本上都是在做和课程无关的事情。因为大课堂上老师即使想管但也管不了一两百人，最多和前两排同学互动，所以大多数学生的听课效率较低。同时，对文科生来说，某些课程本身具有一定的难度，平时的课程作业和考试也都是不小的考验。不过，比较好的一点是任课老师会安排答疑课，学生可以自己根据情况选择性参加。另外，还有学生互助的形式，理工科班级与文科班级结对辅导微积分的活动，同样是学生自己选择参加。学校很重视通识课，通识课也确实有助于学生了解更多的学科，进而提升综合素质。只是，学校的通识课的组织形式还有待提高。一般来说，通识课都是几个专业的同学一起上课，都是在很大的阶梯教室上课，阶梯教室的设计非常不利于后排的同学听课，也不利于师生讨论交流，同时，教室太大也让人感到嘈杂，庞大的学生数量和呆板的桌椅会让通识课的效果减半。与通识课的师生关系疏远不同的是，专业课一般只有二三十人，师生距离很近，师生关系也更亲密，第一排座位不需要抢，所有人的座位比较固定。

在课程教学安排上，通识课都是其他院系的老师上，基本上是比较年轻的老师，而专业课是本院系的专业老师上，不论是教授还是讲师，这也让我们明显感受到年轻教师和老教师讲课风格的差别。年轻教师喜欢与学生互动、布置课内外任务、安排课堂展示，而老教师则通常是传统的讲授，用高深的学问和最新的研究内容来吸引学生。由于是本专业的老师，所以只要自己愿意，课下很容易找到老师进行交流，老师也会不厌其烦地进行答疑解惑。

作为文科生，专业课考察方式主要是写读书笔记或课程小论文，可能是老师们训练学生的论文写作能力和自主学习能力，但是没有老师系统地教过什么论文是好的学术论文、如何写好一篇学术论文，以及如何查阅相关文献，最后只得到一门课的成绩，没有一个讲评的过程，实际上，学生的论文写作能力也没有得到多大提升。当然，除了写论文，像英语课、微积分、体育课等通识课主要采用的是考试和测试的方式。不过，像微积分这样的大课一般会有往年考试试卷，考试前我们在打印店里买上几套往年试卷来复习即可。据学长学姐的经验，每年的试题差别不大，这样能为我们减轻很大的考试压力。所以一到考试周，无论教室还是图书馆，都坐满了人，都在拿着课后习题和往年试卷埋头苦练。

3. 学业期望

我的本科学校有许多标签，其中一个颇为瞩目的叫“学在H大”。大家认为在这个学校上学特别值，因为“交一个人的学费，上两个人的课，写三个人的作业”，这从侧面也能反映出学校对学生学习的重视。学校不仅重视学生的学习情况，还重视老师的教学情况，每学期都有教学督导员坐到教室后面听老师上课，并给学生发放问卷，对本堂课老师教学进行评价。学校具有浓厚的学风，在这种氛围下，不论走到哪里都能看到埋头学习的人，自己也会不自觉得被带着学习。为促进学生学习，学校不仅要求每个班级有学生班主任（由本专业研究生担任），负责指导学生的课外活动和生活情况，还要求配备教师班主任（由本专业教师担任），负责指导学生学习和专业实践。但由于都是兼任，教师班主任只有一门课，密切联系时间不超过一学期，所以班主任的作用不够显著。

学科性质影响老师对学生的期待。与工科不同，文科生没有那么多创新竞赛和创业平台，也不会被安排各种实验实习，文科老师也没有实验室和大量科研项目，所以认真上课和大量课外阅读是师生共同的任务和目的。老师对班上每名学生都是平等对待，对所有的课堂期待也都是一样的，有的老师喜欢互动交流，就会要求学生课堂上积极表达和展示，有的老师喜欢学生课外学习，课堂上就主要由自己讲课，然后布置许多课后作业。总之，就是希望学生能积极投入。

学业成就的关键影响因素在于学生的内在学习动力。学校和老师对学生的要求都很高，都在想方设法创造更好的学习环境和得到更好的学习效果，但这都是外在的影响因素，最关键因素还在于学生内在学习动力和科学的学习方法。刚入学时，我对未来没有明确的规划，不知道自己对什么感兴趣，不知道欠缺的东西应该怎么去补充，无论是就业方向还是学习成绩，我对自己的未来既憧憬又迷茫，所以对学习的态度是争取考试排名靠前，对就业的态度是走一步看一步，如果实在不行就像父母期望的那样去考教师或公务员。由于家庭情况不够乐观，我也没有仅以不挂科为要求，而是尽可能地拿到高分，因为我相信成绩对找工作没有直接作用，但对获得奖学金是必须的，所以争取奖学金是好好学习的直接动力。实际上，周围的学习氛围还是比较浓厚的，没有完全不学习的同学，只有学习方法、努力程度和能力基础的差异。后来，我慢慢发现，大学和中学显著的不同之处是，中学是和同学比成绩，是和同辈群体在同一范围内的比赛，而大学是和自己的比赛，是在自己人生中跑得更快、更远。

4. 学习投入

治学态度影响学习投入，态度越端正，投入越大。当时身边同学对待学习的态度对我有挺大的影响，不少人觉得大学不挂科就行了，让人感觉似乎认真听课和复习的人很另类，甚至关系最近的朋友也说过“认真你就输了”，当时我竟然还觉得很有道理。而后好长一段时间，我对待上课和学习都比较随意，不再有高中时的学习目标、毅力和积极性，大课堂第一排不会去抢，专业课第一排不愿去坐，距离老师两三排的位置是自己最中意的。不愿意坐前面的另一个原因是，老师一般会和前面的同学进行交流和提问，而我自己一直挺害怕和老师交流，害怕被老师提问，也担心自己的观点和回答的知识点不正确而被他人嘲笑。在课程作业和考试方面，我会认真对待，但不会认真钻研，把它们当作任务完成即可，直到交作业期限或考试前一周才开始准备和复习。我甚至没有强烈的愿望去尝试一下大一下学期的转专业考试，既不知道自己喜欢什么专业，也没有足够的信心能通过专业考试，因此，我直接放弃了那次机会。自主学习是大学学习里必不可少的环节，因为上课没有特别认真地听，所以考试前还需要自己去复习，而有时复习就像重新学习一样。可能是没找到好的学习方法，我大学前两年的学习思维还没有从高中走出来，主要还是被动地等待老师讲授，很少自己课下去探索钻研，去阅读老师提到的著作。另外，由于我自己是班长，所以在上专业课时我会经常和老师联系。我又有一种当班长就是要在各方面都是榜样的心理，这两方面敦促我更积极主动地学习，我的专业成绩也因此没有排名倒数。

我最主动的莫过于课外学习，我自主学习课外知识的主要动机在于提升语言能力，为将来就业做准备，于是我选择了报班学习日语。我家里有亲戚会日语，而他一直是家族后辈的学习榜样，加上自己对动漫电影感兴趣，所以我选择了日语。当时为了得到资助，我花了好长一段时间去说服父母，最终经历了一个学期的日语初级阶段学习。到中级阶段时，知识难度上去了，还得再交这个阶段的学费，我感觉自己没有更多的精力去投入高难度学习，也考虑到父母的压力，所以我中途放弃了，当时觉得挺遗憾的，但想着后面有机会再去学习。

大学生活丰富多彩，不仅有各种专业课程、学生活动，还有校外培训班、兼职工作、旅行访友等可以选择的空间，时间安排得好会感到充实，安排得不好可能会感到忙碌。我感觉自己的大学生活很忙碌，但有的时候又觉得忙碌得没有方向和收获，甚至因为去参加学生活动或做学生工作而逃课。我在大学时期没有专门做过每月每年的规划，只是简单地在日历上标注近期可能会做的事情，实际中很多琐碎的事情会改变计划。实际上，大学前三年也没有较多的空闲时间由自己安排，因为每天都有几节课，每天似乎都有活动或活动准备工作，所以很多时候感觉自己是在“被安排”。当然，也有主动安排的事情，主要是在与导师交流毕业论文和恋爱交友方面，大四学年没有专业课，主要任务就是做毕业论文，那段时间是与老师交流最频繁的时候，上学期基本上每半个月约老师见一次，直到开题答辩工作完成。这段时间主动见老师的时长是大学前三年的总和，因为在这之前基本不会私下去见老师，最多是在下课后和老师有一番交流。大学前三年更多的时间花在了恋爱交友上，在学生工作中自觉或不自觉地会接触到好多学长学姐或者其他院系的同学，周末经常和同学朋友去学校外面聚餐或逛街，节假日时间就和男朋友去学校周围的城市旅行。

（三）就读收获

我通过前两年的学习和学生工作，在大三上学期拿到了国家励志奖学金和优秀学生干部等奖励。对自己而言，这些奖励既为个人简历增加了亮点，也增加了继续前进的信心。在学习中，经历了众多通识课和专业课的洗礼，我最大的感受是，知识具有无限性，记住它并不是最好的办法，感知它的魅力、研究它的存在和作用才是知识的意义，这样才能真正提升自己的能力。老师讲的内容等到结课后，知识点基本忘记了，但老师认真板书的精神、抛出的有趣的问题、同学们新颖的想法和尖锐的提问、自己展示前积极准备的精神都深刻地印在了心里，而这些东西比书本上的知识让人更有满足感和钻研的动力。在学生工作中，四年的班长职务锻炼了我的责任心和协调能力，也让自己认识和了解更多同学，与老师和辅导员有更多交流。当然，也因为担任班长，我接触到了不同的人，既深刻认识到身边有许多优秀的人，又更加明白自己的不足和差距，一方面感到自卑，另一方面铆劲学习，在获得奖励的时候，自己的自信心才有了进一步提升。

不论何时，付出与收获理应是成正比的，大学里的学习也是如此。大一时期，我不知道怎么学习，整个状态比较迷茫，所以学习投入不足，大一专业排名甚至未进前50%。到大二上学期，能选择读双学位时，由于成绩未达到要求而无法报名，这件事情让我有了很大的触动，那时候我才认真对待学习，想着至少要抓好专业课程学习，所以大二、大三时我很认真地对待专业学习这件事情，在做课程作业时比以前有了更高的自我要求。也正是在这一两年中，我的专业成绩突飞猛进，以至于四年的综合成绩没有太差，最终四年成绩排名进了专业前50%，这个成绩也决定了我后面的发展道路。

（四）总结

我认为，影响大学就读经验和学校满意度的四个主要直接因素为个人背景、生活环境、学习环境、活动环境。在个人背景中，家庭情况与个人性格，包括学生生源地、家庭经济水平、父母期待、兴趣爱好、自我期待与职业规划等，在就读初期有较为显著的影响。在生活环境、学习环境与活动环境中，基础设施条件、教学资源、课外活动组织情况，包括生活条件、学习场所、奖助学金政策、师资配备、课程安排、实习实践机会、学生活动等，对学生的整个大学生涯都有显著影响。每个因素都在不同程度上影响着学生的大学就读体验，影响着个人收获，而由于个人背景的差异，面对同样的生活环境与课内外环境，个人的适应程度与选择决定不同，经历和收获也会产生一定的差异。

不同影响因素之间产生相互作用，产生作用的路径在于适应与选择。个人背景影响生活环境的适应，影响在同样的学习环境和活动环境中所做的选择；生活环境影响学习环境和活动环境的适应与选择；学习环境影响活动环境的选择；在生活环境、学习环境和活动环境中的适应与选择情况影响个人背景的改变——或提升专业知识、研究能力、沟通技能等，实现自我期待与规划，进而完成个人发展，或感到迷茫与混乱，无法实现进一步发展。

此外，在学习环境这一影响因素中，虽然学校的硬件资源对所有学生开放，但软件资源却有较大差异，而学科差异又会导致软件资源的差异，如教师资源、课程资源、实验平台资源、实习实践机会等方面。学科差异和学校综合实力与学科资源配置相关，在自然科学见长或人文社科见长的综合研究型大学里，优势学科的同学就像大学校园里的主角，一方面获得社会高度认可和众多发展资源，另一方面承担着较大的竞争压力。而非优势学科的同学就像大学校园里毫不起眼的小配角，在自己的交流圈里，沉默着，依靠有限的资源缓慢发展，认可度不高但也感受不到强烈的压力。因此，同样的大学环境，不一样的学科环境，会带来不一样的学生就读体验。

（作者陈欢，H大学2019级硕士研究生）

M8：成为更好的自己

有人说大学是象牙塔，在那里你可以学习到高深的知识，走向专业化的道路；有人说大学是试炼场，在你步入社会之前可以锻炼你的能力，提高你的素质；有人说大学是纯洁爱情地，在那里萌芽的爱情是纯洁的，不掺杂任何物质因素，仅仅是因为相爱在一起；还有人认为大学是整容所，几乎所有人初入校园和离开校园的样貌和气质都发生了很大改变……行为主义学习理论指出，环境对人的影响是多层次、多方面的，人们通过所处的环境学习各方面的知识和规范自己的各种行为。在我看来，四年的大学生活让我从里到外，包括思想、品行、外貌、气质、能力和素养等各方面都发生了蜕变，让我成为更好的自己。

(一)学业篇：好知者与乐知者

我本科就读于 Z 大学，专业是教育学。当初高考填报志愿时，我就秉持着一个原则——以高校为主、专业为辅。因为我对专业实在没有什么明显的偏好，所以就抱着能上更好的学校的想法，只要专业不是很难接受都可以。之后，通过分析历年高校专业录取分数线，锁定了 Z 大学，一所“211”高校，教育学专业也是我的分数能够达到的较好的专业。当时我对于录取的学校和专业都是非常满意的，对于未来也有一个简单的规划——毕业后进到教育局工作。

于是，我以较轻松愉快的心情开启了我的大学生活，和身边的同学相互了解了之后才发现，很多同学都是被迫调剂到教育学专业，对于专业提不起兴趣，甚至有些同学是高考失利，对于学校也完全看不上，但是又不想复读，只能被迫接受现状。经过四年的观察，这些同学分为两类：一类是在大一上学期的时候努力学习，争取转专业；一类是就此沉沦，浑浑噩噩地度过大学生活。专业成绩拔尖，获得保研资格，或是考研到较好高校的同学中，几乎没有人是属于当初对于专业和学校不满意的学生群体。由此我认为，之所以我大学四年成绩能够名列前茅，最终成功保研的原因之一就是我对于专业和学校满意度较高，保有学习兴趣和学习热情。

教育心理学认为，学习兴趣是一个人倾向于认识、研究和获得某种知识的心理特征，是可以推动人们求知的一种内在力量。学生对某一学科有兴趣，就会持续地专心致志地钻研它，从而提高学习效果。正如孔子所说："知之者不如好知者，好知者不如乐知者。"我认为，我的学习经历正好印证了这个理论，保有学习兴趣对我当初的学习以及今后的专业发展产生了一定的积极影响。

(二)学生工作篇：坚守原则，无愧于心

大学四年，除了学习之外，我投入时间最多的就是学生工作。参与学生工作是我坚持最久、收获最多、最感兴趣，以及热爱的一件事。我从大一时加入了院学生会，从干事到部长再到副主席总共干了三年，除此之外，我还是社团部长、校团委干事以及艺术团副团长。总的来说，我加入了各类的学生组织，干过各种类型的学生工作，坚持做学生工作，不仅让我成长了许多，积累了很多经验，也让我结识了很多好友，见识了不同专业、不同领域的优秀人才，让我逐步接触较高层次的平台，视野也逐渐广阔。

从事学生工作三年的经历，让我学习和收获了很多，其中有工作取得成绩后的喜悦，也有工作做得不好后的受挫、反省和成长。令我印象最为深刻是一件关于组织同学入党的事情。大二时期，我在院学生会担任组织部部长，主要负责的工作就是组织积极分子推优入党。入党流程首先是符合资格的同学进行班级推选，每个班级有名额规定，各班推选者再由学院组织答辩，最终答辩成绩结合各项材料，学院老师拟定发展对象名单。当时，学院已经拟定了发展对象名单，准备报送材料的时候，我发现有一位同学根本没有参选资格。我立刻告知了团委老师，团委老师和这位同学约谈，告知今年不能发展她了。她得知是我发现并说出来的，就找我理论，还说了一些很难听的话，当时我觉得特别委屈，一度怀疑是不是自己做错了，甚至不想再做学生工作了。

这件事给我的打击很大，在那之后很长一段时间我都没有心情处理学生工作，后面随着自己逐步调节，和同学朋友聊天，我才渐渐看开，慢慢成长起来。这件事虽然让我受挫，但是也让我明白了很多道理，对当时的我甚至是现在的我从事学生工作带来了极大的启迪。涉及个人具体利益的事情是极

容易产生矛盾和问题的，有时候作为学生干部，总是会不自知地维护或损害一些人的利益，我们不可能每件事都做到尽善尽美，只要学会做到公正公平，不徇私、不利己，不管以后是做什么工作，坚持住自己的原则，无愧于心就好。

(三)志愿服务篇：助人渡己

最开始之所以想要参与志愿活动，说实话我是出于功利目的的，因为我知道志愿活动可以加学分，在评定奖学金的时候也有优势。但是随着后面参与志愿活动的次数越来越多，我逐渐喜欢上了做志愿活动，因为在帮助他人、给他人带去快乐的同时，自己也会收获快乐和成长。大学四年，我参与过多种类型的志愿服务活动，包括每周末跟随校志愿服务队到老年大学教老年人剪纸，暑假期间到偏远乡村小学支教以及做国际马拉松志愿者等，其中最让我印象深刻且收获最多、影响最大的，是大二暑假期间我作为国际志愿者，去巴厘岛孤儿院支教的一段经历。

大二下学期，我获得了国际支教的机会，那时从来没有出过国的我一个人毅然踏上了去巴厘岛的飞机，其实总的来说是期待大于恐惧的。还记得第一天去孤儿院的时候，我的心情是有些忐忑和不安的，害怕孤儿院的孩子们性情孤僻，不好亲近；但是当我到达那儿的时候，迎接我的是一个个可爱的孩子和一张张温暖的笑脸——看到他们那么开心，我就放心了。课间和孩子们聊天，我得知这些孩子有些是父母不在了，被送到孤儿院，但大多数是父母健在，因为孩子太多养不起，被送到孤儿院。这个孤儿院会免费提供食宿，但是每个孩子的生活质量不一样，有些孩子有人资助，有些则没有，资助者一般是来孤儿院挑选聪明的孩子进行资助。有一天，我在上课时，其中一个孩子被叫出去，后面我了解到原来是一直资助这个孩子的老人去世了，他的儿女决定不继续资助了，我第一次看到这个孩子脸上出现超过年龄的稳重和平静，很心疼他但是又很无力，只能尽可能地陪他玩耍，让他开心些。

长时间参与各类志愿活动，我有很多埋藏在心底的触动，尤其是在异国他乡看到别的孩子努力学习和生活的样子，让我越发珍惜自己现在拥有的美好生活，并时刻怀以感恩之心，因为我们所认为的理所当然可能是他人的来之不易。国际支教的经历也给我带来了一些专业上的思考，之前有看到一些人指责短期支教对于孩子根本没有任何帮助，但是经过几次支教之后我发现：支教的真谛不是加法，而是减法，我们也许并没有得到给我们生活带来巨大改变的东西，但我们不自觉地摆脱了愤怒、纠结、狭隘和恐惧，远离了肤浅、短视、悲观和沮丧，减少了无知、干扰、指责和冷漠。之前的人生经历中，我从来没有尝试过像这样抛开国家，抛开民族，忘却自己的身份，进入另一种状态的生活，我努力把自己的所学、所见分享给他们，虽然力量渺小，但如果他们会因为我的到来而多一点快乐和收获，我想，没有比这个更有意义的了。这也正是我作为一名教育专业的学生所希望所倡导的——教育无国界。

（四）竞赛活动篇：榜样的力量

大学四年，我参与过许多竞赛活动，包括不同领域，涉及专业类、文体类以及创新创业等，当在一些领域取得成绩后，我会想要开拓一些其他领域，在其他方面得到突破。如果在一些领域没有取得成绩，我就会更加努力、再次参加，争取取得好成绩。现在想来，当初自己之所以有那么多的精力、毅力和斗志去参加多场比赛，部分是好奇心和新鲜感使然，但更多是因为最初榜样力量的驱使作用。

新生开学，九月迎新周期间，学院安排了优秀的师兄师姐给我们新生做经验分享介绍。当时，看着师兄师姐介绍他们丰富多彩的大学生活，我尤为震撼，心想：我也要像他们一样，把大学过得多姿多彩，全方面地提升自己。这些师兄师姐无一不是学业成绩名列前茅，同时还担任学生干部，参加各类比赛和活动，并取得很好的成绩，概括来说就是德、智、体、美、劳全方面发展。有时候，我觉得事情太多或是参加比赛坚持不下去时，我就会想起当时师兄师姐们的分享，鞭策自己向他们看齐，激励自己他们能做到我也可以。两年后，等我成为一名大三的师姐，我也被邀请给新生做经验介绍，我也向各位新生介绍了我的大学生活，包括学习、学生工作、志愿服务和竞赛活动等方面。经验分享结束后，有很多新生来要我的联系方式。其中有一个师妹告诉我，听了我的分享她很惊喜，原来大学可以这样过。现在，这位师妹以专业第一成绩成功保研至南京大学。

我觉得，无论是师兄师姐们影响我，还是我影响了师弟师妹们，这都是榜样的力量。当我们进入一个新的陌生环境或是领域时，我们不知道应该怎么做，我们会不自觉地参考一些首先接触的人的做法，如果这些人还表现得很优秀，就会更有信服力和吸引力，而且以优秀的人为模范、为目标，作为前进的驱使力量也不容易走偏。我觉得这段经历让我学会了要永葆学习之心、谦逊之心，不管取得了什么样的成绩，永远不要自大，要学会向优秀的人学习，只有这样，才能不断地成长，成就更好的自己。

(五)爱情篇：在路上

初入大学，我还是一个未满 18 岁的青涩小姑娘，对于爱情懵懂无知，多是从影视作品中了解，对于爱情的设想比较理想化。大学四年，我参与了很多学生组织，也参加了各种竞赛活动，由此结识了很多朋友，其中有一些男生也曾委婉地对我表达出好感。但是那时候的我一是年少轻狂，总觉得自己学习成绩优异，还参加了各种活动、组织，出类拔萃，看不上一些能力比我低，不优秀、不出众的人；二是由于对于爱情过于理想化，我希望另一半能够帅气、浪漫并且无微不至地对我关心和照顾。因此，我一直没有遇到合适的人。

随着我的思想逐渐成熟，视野逐渐开阔，我才发现，原来比我能力强、优秀、出众并且漂亮的女生比比皆是，慢慢地，我意识到自己的问题，开始反省并做出改变，先是调整自己的心态，不骄傲、不自大，调整自己的外貌和仪态，让自己越变越好。最终在大三时，我幸运地遇见了一个互相欣赏的人。因为是初恋，很多时候我的表现都是不够成熟的，要小脾气、苛责对方，过于理想化等，这些也最终导致我们的分手。

我感觉，大学关于爱情的经历，让我感触最深、学到最多的是，要学会体谅和尊重他人。永远不要认为你自己有多么的好，就可以看轻任何人的付出和真心，要学会体谅他人，同时也不要以自我为中心，要学会从他人的角度思考问题，给予他人一些尊重。

总的来说，大学四年丰富多彩的生活让我体验了酸、甜、苦、辣、咸各种人生经历，让我从思想到外貌和气质，都发生了巨大的蜕变，使我逐渐变得成熟、稳重、踏实和上进，也让我慢慢地明白自己要成为什么样的人，让我慢慢地发展成为更好的自己，这些经历和带来的感悟都是我人生中非常宝贵的财富。

（作者黎玥，H 大学 2019 级硕士研究生）

M9：岛民四年

—— 一场与过去的对话

2016年作为“十三五”规划的开篇之年，是高等教育发展不可忽视之年，而我是由地方卷转为全国一卷的高考改革一代。由于不太理想的高考成绩以及身边弥漫着“专业优先”的志愿填报观念，在志愿填报中，文学、外语、新闻等纯文专业被优先排除，于是父母将财会专业作为我志愿填报的首选，即使当时的我对于“财务”这一概念宛如一张白纸，而搜索引擎上的解释也无法彻底抹去我的疑惑，我在众多人的形容中提取出的，是这个专业对于选择面狭隘的文科生而言，将来是“不愁找不到工作的”。究竟是谁要上大学？此时回想起来，也十分耐人寻味，无论现在我对当时的自己有多么的怒其不争，但成绩查询栏中那刺眼的总分，以及未积累多少社会经验的青涩，使当时的我注定成为“失语者”。

本科期间，我就读的是××经济学院，从其校训就可品味出，这是一所以经济学、管理学为特征，以应用型人才培养为目标的高校。作为一所于2002年9月组建的全日制普通本科院校，她并没有十分悠久和丰富的校史；坐落于远离市区、树木葱茏的某岛湖畔，也显得她有些许“出世”，在读期间我们时常戏称自己为“岛民”。中国的任何一所高校都是我国高等教育发展进程中或大或小的缩影，而我本科的四年时光也如同显微镜下的细胞活动——平凡之下，暗涌绵绵。

我伏案沉思，作为经院学子的四年的学习，我获得了怎样的体验，有充分把握住校园时光吗？毕业后，我得到了哪些方面的发展，是学有所得吗？这些问题在我的脑中打转，过去的我建构出深刻的具有个人烙印的大学经历，刚毕业时我却并没有真正思忖过答案。五年后，当下作为一名研究生的我对此进行回望与解构，每一阶段的心境和看待问题的角度不同，那么就把“2016—2020年大学本科的我”作为现在“研一的我”的目的性抽样，借此以小见大，希望对大学生学习和教学质量等方面有所映射。

（一）专业与课程设置：理想 VS 现实

将学生以应用学科和纯学科两大维度进行分类，可以发现院校和专业环境对学生学习投入的影响远胜于学生输入的特征，且应用学科学生比纯学科学生更显著地受到专业教育环境的影响。[①] 我们学校会计学院共开设注册会计师、财务管理、审计学和资产评估四个本科专业，我所属的财务管理专业的培养目标是相对明确的，即能够从事财务管理、会计及相关经济管理工作的应用型高级专门人才；同时，学校也针对不同专业的学生设定了未来的就业方向，财务管理专业学生未来主要在企事业单位、政府部门、会计师事务所从事财务管理、会计及相关经济管理工作。大家在开学时，就纷纷以进入普华永道、德勤、毕马威等知名会计师事务所，或是以获得一份稳定、薪资可观的企业财务岗位为就业目标，在继续深造上显示出的期望不高。在课程建设与结构上，入校起，我们主要以管理学、经济学、法学等课程作为专业基础，同时每半学期逐步增加财会、金融等相关的专业必修课，同时通识、专业选修课规定每学期不能超过 8 个学分，使得学生每学年的学时分布和课程结构是相对合理的。专业课程能使得学生系统地掌握财务管理基本理论，通晓公司理财实务；而丰富的外专业选修课则极大地满足了不同类型学生的偏好；实验教学课程除去社会实践和中期实训外，还增设会计综合实验、ERP 企业模拟沙盘以及经营管理综合仿真实习。分析问题、解决问题能力的重要手段，也是课程学习与中期、毕业论文、社会实践有机结合的重要途径。但在实践课程的安排上，仿真实习设置在了大四上学期的 9—10 月，学生在学校教室改造的办公室实行打卡上下班，由教师扮演企业部门主管进行任务的分派，但这样的时间安排实际与参与企业秋招的学生有所冲突，部分学生在实习课程中经常缺席，去校外参加面试。同时，报考了研究生入学考试、国家公务员考试的学生由于时间紧张，会选择一边进行实习课程一边复习，这不仅使课程的预期效果大打折扣，也引来了学生的诸多抱怨。毕业论文写作是检验本科期间学习效果的重要方式，虽然会计学院实行本科生导师制，但在毕业论文指导前，导师和学生之间鲜有互动，新冠肺炎疫情下论文的开题、查重以及答辩均采用线上形式，老师们难免会将标准放宽，学生对毕业论文的投入度也有所降低，最终难以达到卓有成效的水准。

---

① 徐丹，蒋扇扇，刘声涛．研究型大学本科生学习投入及其影响因素的学科差异 [J]．大学教育科学，2018（5）：30-37.

（二）体味教师教学："金课" VS "水课"

William Deresiewicz在其著作《优秀的绵羊》其中一章中分享到，教师并不是某一学科领域的专家，他并非在教授一门课，而是在分享他的人生。教师能够化腐朽为神奇，教学就是一种艺术，他归纳出判断教师质量的一个规律：如果某位教授从来不透露一些与个人相关的信息，如自己的孩子或者同事的趣闻轶事，那么就敢断定，从他身上将学不到太多的东西。教学并不是要求教师交代一切，而是希望教师让学生感受到他的真实和存在。在我经历的课堂中，给我印象最深的是当时外国语学院侯老师主讲的"英语演讲与辩论"，这门课仅针对大二学生开设，但实际来上课的其他年级旁听生远远超过选课生，人最多时最后一排站满了听课的学生。剖析其原因，该课整体氛围轻松活泼，却能在短时间内提升学生的外语交流能力，在一开始便告知学生清晰的课程目标、课程安排及考核方式，老师的课程设计也十分新颖，每节课我们都有具体的讨论主题，且每一主题都十分"接地气"，并在老师的指导下分组完成主题演讲稿，与其他小组进行观点的辩驳，课上的互动与课下的交流紧密结合。同时，这门课虽然是双语教学，但老师会根据不同学生的外语基础量身定制具有挑战度、但不会遭受太多挫败感的话题供大家选择，并随时对其教学做出相应的调整，真正兼顾到了学生的个体多样性。

但"水课"的现象也会偶尔出现，基础课、选修课诸多老师释放出极大的教学热情，但专业课中"PPT老师""研究生代课老师"出现的概率却在增加。财务分析是一门强调在理解中逐步实践的课程，但学生缺少相关的操作经验，老师在课堂上也很少引入案例，照本宣科地讲授使得台上与台下貌合神离，同学形容这样填鸭式的授课形式为：世界上最远的距离就是老师以为他讲明白了。

（三）生活学习设施：满意 VS 遗憾

我们学校分为东、西两区，两边各设有四个宿舍区，每两个区共享一个包含足球场、篮球场、排球场等各类运动分区的操场，且离宿舍较近，也在一定程度上提升了学生们的运动热情；食堂、超市、洗衣房等均匀分布在各栋宿舍楼之间，且营业时间完全依据学生们的作息，即使下午三点，也能去食堂吃上一份热腾腾的饭菜，让人极大程度上感受到了生活的便利；校园网覆盖了学校的各个角落，网络稳定便捷，即使出现问题也能得到及时的处理，几乎没有人抱怨过学校的数字化建设程度。作为一名跑步爱好者，起初我最大的乐趣就是晚上 8 点绕着学校的环形道慢跑一圈，但这条路却有一半是渺无人烟，只能偶尔迎面遇上一两个跑步的人，路灯稀稀疏疏，更显得这条路愈发漆黑。学生们多次反映，希望学校增设夜间巡逻车，同时修缮老化的路灯，但这些提议在我们毕业前都一直没有落实，也实属遗憾。

图书馆作为学习人员最集中的场所之一，联结东西两区，除了日常的资料查阅以及自习之外，我们还会经常参加图书馆的“书香语林”交流会以及各类主题讲座，图书馆二楼还设有专门的机房和影音播放区，这些内容都极大地拓展了图书馆的职能。学校感知到了学生们的强烈的自习意愿，在图书馆每一个分区都设立大量的自习桌椅，我们能在图书馆公众号上进行座位的预约，预约后实行扫码签到和签退，三次迟到后便无法进行预约功能的使用。如果某座位放置了个人物品但长时间没有人，就会由专门的巡逻老师将其座位清空，供他人使用，这样的管理制度不仅增强了同学们的自觉性，也极大地提升了图书馆座位的利用率。除此之外，我们还可以在教务管理系统上查询各类教室的空闲时间，无论是普通教室、实验室还是机房，均可进行预约使用。

（四）学习效果自评：一场蜕变

本科四年的学习和生活，课程学习、实践与实习的过程使我在学科知识上有了一定的掌握，除了基本的专业资料阅读、理解和处理能力外，我也能运用现代的信息技术进行学习和研究。但由于理论学习与实践的脱轨，如果在操作中出现了问题，很多时候我也只能硬着头皮四处去寻求解决方法，这也从侧面反映出我专业知识的综合应用能力的不足。在课程学习和社团活动中，四年的学习给予我的不仅是学习、合作、交流能力的提升，更给予了我对个体与社会之间深刻的理解，成长不仅体现在了生理上，更体现在了看待问题的角度以及对社会规则、个人价值实现的思考上。要说最遗憾的，我认为首先在于创新意识的不足，应用型高校过于模式化的人才培养虽然能使学生在毕业后拥有较强的实践能力，但这种培养却忽略了学生的问题意识、创新构想的提升。同时，由于各国会计准则的不同，就读期间由于专业的特殊性，学生大多着眼于本国相关行业的发展，很少去关注其他国家的财会信息，且学校也并没有给予学生们太多出国交流交换的机会，外籍教师仅分布在开设了国际化班级的专业中，大多数学生并没有十分开阔的国际视野。

本科四年是短暂的，在这四年我究竟哪些方面是在学校支持下获得的提升，我也难以妄下定论。但在这四年里，我的成长是可以在大一到大四的变化中明确感知的。在此期间，我遇到了令人仰慕的老师，结识了志同道合的朋友，经历了从学生到社会人的蜕变，并且最终进入另一所大学成为一名研究生，就这一体验而言，弥足珍贵。

（作者祝欣莹，H 大学 2020 级硕士研究生）

M10：最大的整容室
—— 让我内外兼修的 M 大

(一)来自卫龙辣条之乡的“四眼”女孩

在影响高等教育机会获得的众多因素中，家庭资本尤为重要。家庭的文化、社会和经济资本以及家庭所处的地区对子女入学机会的获得都有显著影响，家庭背景与子女的大学专业选择也有着密切关系。

我的家乡是河南的一座小城——漯河，虽然大多数人都不知道这座城市，却一定吃过或者听说过卫龙辣条和双汇食品，它们皆产自此地。我的父母都是公务员，作为共产党员，他们以身作则，贯彻落实了当时的独生子女政策。于是，小时候的我除了上学，课余时间一直都是啃着卫龙辣条一个人追剧、一个人练琴、一个人画画。而过度食用辣条的后果是小学四年级我就得了胆结石；长时间追剧的后果是，高考之前我的双眼已达 500 度近视，我早早地成了一个“四眼”女孩。高考之后，父母认为最适合女孩的职业就是教师，既然分数不够，那就去上一个比较热门、未来读研性价比最高以及毕业后更容易进体制内的专业吧。好在因为从小练琴和画画，在河南这个千军万马过独木桥、一分能甩下几千人的高考大省，我还能选择一个跟自己爱好有关的专业——学前教育。于是，一个来自卫龙辣条之乡的“四眼”女孩因父母之命和兴趣使然来到了 M 大学教育学院（简称“M 大”）开始了四年的大学生活。

（二）学在 M 大，活在 M 大，爱在 M 大

林恩 · 汉克森 · 尼尔森从知识论角度提出，进行微观研究、探讨个人经验时必须意识到：不能只把个人视为经验的提供者和知识生产者，而是要思考其所处的社群和群体。因此，在探讨大学生就读经验的时候，不能仅仅将其看作“私人领域”的议题，而是需要将其代入有着相同境遇群体的环境中

进行研究。

1. 学在M大

学生的本职工作是学习，课程学习是大学生获取专业知识的主要途径，是提升素质和能力的重要方式。学生的课程学习情况不仅包括具体的课程开设情况，还包括大学生对课程的主观感受以及评价，它涵盖了大学生就读期间所有与课程学习相关的活动。

1）学习压力普遍存在

学习压力是学生不可避免的一个问题。随着高等教育的扩招，大学生毕业后的就业形势愈加严峻，大学生学习压力也越来越大。我们学校作为教育部直属重点综合性师范大学，对学生的课业要求也较高。尤其是学前教育专业，要学的新知识十分全面，既要了解人体解剖生理学和心理学的相关理论知识，又要琴棋书画样样精通。面对纷繁复杂的专业课知识，我一开始是丈二和尚摸不着头脑，不仅是我，我们班上的同学学习压力也普遍较大。形成学习压力的原因多是基础知识不扎实，学习方法不恰当。但在这个人人都很努力的地方，有压力便是动力。考试之前无数个熄灯的夜晚，寝室楼道都是灯火通明，一排排小椅子、一本本书、一壶壶热水，都代表着大家跟考试一嗑到底的决心。大一、大二的努力学习也让我拿到了推免生资格，为未来继续攻读研究生奠定了基础。

2）公共选修课质量有待提高

在加强大学生素质教育、实施通识教育理念的推动下，公共选修课已经成为中国大学课程体系中的重要组成部分。学校的公共课采用线上线下相结合的翻转课堂模式进行，其中有近70%的公共选修课采用的是智慧树课程平台和线下面授相结合的方式。由于我在选择公共课之前对所开设的课程未进行一个系统的了解，在选择课程时比较盲目、功利性较强。为了尽快拿到学分，我基本都是选择难度低、容易通过、使用智慧树平台的课程，而未结合自身的知识结构、学习盲点、欠缺的技能有针对性地选择课程。这种以网络资源为主的公共选修课在具体教学过程中也存在一定的问题，自主学习的学习效果难以保证，学习评价也难以开展。四年间，我选了艺术、化学、影视等近20门的课程，五花八门，但是学习效果却非常不理想，以致在毕业时，我已然将公选课学到的内容忘得一干二净。

3）实习对专业选择和未来发展大有裨益

实习作为高校教学计划中的重要一环，一直发挥着不可替代的作用。我在大学期间共进行过两次实习，均在学校所附属的幼儿园担任代课老师，时间共计四个月。在实习期间，我顺利实现了从学生到老师的转变，提高了理论运用到实践的能力。在四个月的实习中，我主要负责混龄班语言、音乐等五大领域课程方案的制作和教学。通过实习，我更进一步加深了对所学专业的了解，也认识到自己并不适合从事一线学前教育工作，从而帮助我更好地调整了未来的职业规划。

2. 活在 M 大

国家法定节假日和寒暑假的自由支配给大学生带来了充裕的课余时间，如何利用好这个时间，使之成为自我教育、自我管理和自我拓展的一种方式，也是大学生素质和能力的一种体现。

1）参加社团活动提高自身能力

大学社团作为校园中一道亮丽的风景线，一直以来发挥着培养学生素质、提升学生道德修养的作用。在大一刚开学时，我就加入了学院宣传部。一开始进大学的时候，我比较偏内向，和同学需要交往很长一段时间才能熟络起来。慢慢地因为宣传部工作人员要经常在学院会议时拍照、访谈学院老师等，在和宣传部小伙伴朝夕相处的时间里，我渐渐变得更加自信了。所以后来在学校全纳服务队招志愿者时我毫不犹豫就报名参加了。全纳服务队是学校教育学院创立的纯公益性组织，是一支外出服务于各大特殊学校和机构，以专业学习与实践运用相结合的方式帮助特殊人群的服务团队，常规活动包括感统课、手工课、游戏课、生活技能课等。全纳服务队为我和社团的其他小伙伴们搭建了一个能与特殊儿童实际接触与共同进步的平台。在这里，我不仅丰富了自己的实践经历，还能学习很多的教育专业知识，提升自身的教育交流的能力。

2）交流交换开阔眼界增长知识

随着国际化的普及，各高校学术交流日益频繁，高校交流交换项目也越发受到学生的欢迎。我们学校的国际交流处会在每年的 9 月和 3 月派出一批学生赴港澳台进行为期半年的交流交换。2016 年 9 月，我通过笔试和面试，有幸被选派到台北市立大学进行为期一学期的交换。我在台北市立大学选择了五门课程，在台湾的课堂上，老师既是教学者，又是学生的朋友，有的老师甚至会给学生烘焙饼干、带学生去看戏剧，学生有更多的自主性。一学期的课程下来，给我的总体感受是：老师包容开放，学习氛围自由，收获颇丰。我还利用周末和假期感受了台湾别样的美景，品尝了许多特色的美食，认识了许多志同道合的朋友。可以说，台湾的交流交换经历使我看到了不一样的世界，也见到了更美好的自己，使我开阔了眼界，增长了见识。

3. 爱在M大

和谐的人际关系是大学生心理健康发展的重要前提，人际关系的好坏影响着大学生学习的积极性和学习效率的高低。同学间互相形成良好的人际关系，能发挥合力促进彼此共同成长，而人际交往的矛盾则给彼此带来困扰，会影响正常的学习和生活，不利于和谐校园的建设。大学的人际交往主要是跟辅导员、任课老师和朋友的交流交往。

1）和辅导员的交流

我的辅导员是当时刚刚毕业的本校学姐，通过辅导员“3＋2”研究生推免政策留在了学院。因为和辅导员年龄上差距不大，所以同学们都把她当作知心大姐姐。因为在学生会的关系，我经常会跟辅导员交流工作，如怎么开展学院宣传工作，还聊过彼此的兴趣爱好。整个大学来讲，辅导员对我的影响很大。一是职业规划的改变，因为辅导员每周都会进行晚点名，在晚点名上会给大家普及教育学专业学生未来发展去向，所以一开始大家就会对自身有着比较清晰的发展规划。二是性格方面的影响，这种影响是潜移默化的，辅导员总是抱着建设性的眼光，鼓励我们去做一些不敢做的事情，帮助我们建立自信心。

2）和任课老师的交往

大学四年，我们跟任课老师交流的并不多，基本上限于课堂。这主要是因为除了教育学理论的老师，学前教育专业课的老师基本是外聘来的，一般上完课就回他们自己的学校了，联系并不是很方便。大学里面的师生互动更多地侧重于学生去找老师，如果要老师去找每一名学生，则不太现实。而且我在大学时还不太自信，有点怕和老师交流，怕老师认为我对某些问题缺乏思考。整体上，我与任课老师的交流是比较贫乏的，时间和频率比较少，交流水平也只停留在表面上。

直到大三从台湾回来，我的性格慢慢变得开朗，才开始和自己毕业论文指导老师进行学术上的交流。毕业论文指导老师是一个非常负责的老师，为了让我和另外两位同学顺利完成毕业论文，常常将大家叫到办公室或者家里，和大家耐心地沟通毕业论文的细节，一点点地修改，这也让我在学术研究上受益匪浅。

3）和朋友的交往

大学其实并不像高中，一个班除了大一、大二能够凑在一起上课，其他时间大部分都是跟自己的室友度过。我的室友们都是可爱善良的女生，有缘的是有两位室友跟我一样都来自一个地方，所以不论是性格还是生活习惯方面都非常相似。四年里，我和室友们一直互帮互助、共同进步，虽然偶有争吵，但是经常过一晚就忘记了。大家一起在考试前转发过哲学家杜威的相片、一起八卦过哪个学院的小哥哥最帅，也一起熬夜备战过考试周。因为有着共同的目标，大学毕业时，我的两位室友，一位去了香港大学，一位去了香港教育大学，都有着光明的前途。

除了可爱的室友，我在台湾也认识了一起去交换的八位校友，包括本科生和研究生。和八位小伙伴们在台湾旅行时，我们常常会一起住台湾的特色民宿，大家伙围聚着深夜彻聊，交换回来后也常常见面聚餐。在最美好的岁月里，我们相遇，一起笑、一起感受、一起奔跑，结下了深厚的友谊。

（三）"四眼"女孩蜕变为自信女孩

M 大学作为一所有着一百多年历史的综合性师范大学，其"博雅"的教育理念、底蕴深厚的文化教育与学术研究传统，让学校在融汇通识教育、学科和专业教育的过程中，特别注重对学生综合素质、创新精神与实践能力的培养，这些都在"浸润"了四年的我们身上留下了深深的烙印。首先，M 大学是最大的整容室，让我的审美观有了很大的变化，学会了戴隐形眼镜，学会了化妆，学会了得体的谈吐，从"四眼"女孩变成了自信女孩。其次，M 大学是道精神大餐，让我和朋友们都变得成熟独立，也更愿意主动地去汲取新的知识，实践能力得到了提高。最后，我大学的最大收获是性格的改变。M 大学让我真正地放开做自己，变得更加开朗，更懂得了努力就会有收获，并且要学会争取，同时也让我对未来满怀期待——一切皆有可能。

（作者邢楚晗，H 大学 2019 级硕士研究生）

M11：流金岁月里的蜕变

—— 我的大学四年

“黄河走东溟，白日落西海。逝川与流光，飘忽不相待。”当我坐在书桌前开始思考我的大学四年时，只觉时光迁延，昼夜复始。晓南湖畔的文泉楼上“大学”的烫金大字此刻应该在阳光下熠熠生辉：大学之道，在明明德，在亲民，在止于至善。这四年带给我什么，我是否真正在我的大学里领悟了大学之道，我还有哪些遗憾？

感谢老师别出心裁的作业形式，让我得以静下心来回忆我的大学经历，我也尽可能地做到从回忆中抽离出来，以便从他者的视角反思人生中这独一无二的四年。以下从学生参与理论和院校影响理论中提出的影响学生学习与发展的因素出发，以研究者的身份反思自身的大学就读经验，试图了解“我”的大学如何塑造出了四年后的“我”。

（一）18岁速写

18岁刚满不久，我便在父母的陪同下第一次走进我的大学。那时候，我仍心怀高考失利的不甘，但是不久后我便发现除了高考分数略高以外，来自小城市的我和其他同学有着不小的差距，无论是计算机技能、才艺特长还是谈吐方面。而在大学里，有着班干部竞选、奖学金评选以及各类比赛项目的申报活动，各种各样的表现自己的机会，成绩也不再是衡量学生学业的唯一标准。我暗下决心，一定要全面提升自己。

（二）师生交往：学其成时念吾师

1. 求真知

大学期间，我上过一些很有意思的课，如徐老师的“公共管理学”课程非常具有理论深度。一次课上，徐老师在讲政府职能改革时拓展到政治、经济、历史、地理、军事等各种领域，那神采飞扬令我深深折服，至今也难以忘怀；杨老师的“当代中国政府与政治”几乎整门课程围绕上访问题展开，结合实际经验来讲授理论知识，令政府行为、政府现象这些离我遥远的形象跃然纸上；此外，赵老师、徐老师以及缪老师的课程都有去政务中心以及社区进行参观的实践环节，将理论与书本经验结合起来接触真正的政府，使我对政府、政务有了更加直观的感受。

上“政治学概论”时，老师要求我们分组阅读经典书籍进行汇报。在这门课上，我阅读了《政治学》《乌托邦》《乌合之众》等书籍，翻阅了《理想国》《论美国的民主》等著作。当时刚是大一，我一度感到任务艰巨，但是也投入了很多时间和精力，现在回想起来才发现这确实是一次极好的经历和体验，与有时候为了完成课堂汇报而四处拼凑质量参差不齐的论文相比，阅读一本经典书籍真的受益无穷，直到现在我还记得书中有些观点，甚至有时会无意识地影响我对待某些事物的态度，这种经典书籍有理论深度，知识体系也更加全面，会潜移默化地影响我的知识建构。除此之外，我还阅读了李老师推荐的《文明的冲突与世界秩序的重建》、赵老师推荐的《乡土中国》《钝感力》《纯粹理性批判》等。

虽然经典著作读得并不算多，但是如果上述的每一本书能够读得很深入，我想收获会更大，如果每一门专业课的老师都引导学生阅读一本经典著作，我想四年下来虽不至于满腹经纶，但也是肚子里有墨水了。有老师这么做了，也产生了一些效果，然而不可避免的情况是，总会有一些同学的收获大于另一些同学，那么原因是学生不够自律还是老师缺乏引导呢？

我们学校本科教学的特色是，每个学院的精品课程都会作为公选必修课。我是公共事业管理专业，除了专业课以外，还要修法学院的“法学通论”、会计学院的“会计学原理”、经济学院的“宏观经济学”“微观经济学”、新闻学院的“传播学”“广告学”“文学概论”、哲学院的“社会学”等课程。老师们的讲授非常精彩，特别是“传播学”和“社会学”，这两门课程的知识体系非常清晰明了，理论也很引人入胜，当时甚至令我萌生转专业的想法。我认为，修跨学科的课程是非常有益的，能够广泛涉猎，但是也存在蜻蜓点水、浅尝辄止的问题。我有时候想，文科生能否进行综合培养？现在很多高校设立了实验班，如北京大学的元培计划实验班、东南大学的郭秉文班，包括我的本科学校也有一个文澜学院，这些都是培养高层次人文社科精英的试验田，那么至少在本科阶段，这种培养通才的模式能否推广到全体文科生呢？在我看来，除了最终选择学术道路之外，大部分文科专业的学生面向的岗位需求大多类似，通才培养模式或许更有利于个人培养未来职业生涯中所需要的综合素质。至于本科毕业后想继续深造且走学术道路的学生，在宽口径的文科基础之上再接受更为专业的训练未尝不是一种好的选择。当然，这样的模式可能也会导致修课学分太多，学生没有时间去自主阅读和自由探索，抑或是宽而不精的问题。究竟是哪种方式会更好呢？应该如何有效培养通才呢？

我不禁联想到通识选修课。当时选择选修课的标准是有趣、分高、任务少，至少占其中一条，在大家普遍抱有这种心态的情况下，给分低、内容枯燥、任务又繁多的课就会被淘汰，无法依靠有趣的内容吸引学生的课程如果想继续开课就只能以事少分高的方式留住学生，最后沦为“水课”。“水课”固然与学生个人的学习态度有关，但是我认为学生越来越功利化是“分数指挥棒”的不良引导，其根源是内卷。我暂时没有想到一个两全其美的办法使分数在评价和鞭策学生的同时能够成为一种正向的、自觉的激励，但是我认为改变“水课”的一个行之有效的办法，是老师提高授课水平和课程质量。只要一门课程足够精彩、有启发，就会吸引学生前来选修，一届又一届的学生形成口碑就会延续下去，此时，在正常范围内的高要求和严格评分也会成为一件易于接受的事情，甚至获得“治学严谨”的好评。

2. 论学术

大二上徐老师的课，是大学第一次以课程论文作为期末考核的形式，我对于论文的撰写也是一头雾水。思考选题时，我给徐老师发了邮件，原本没有期望老师回复，因为徐老师是我们学院少有的二级教授，在我想来应该是很忙的，然而老师还是很快地回复了一封颇有启发的邮件。现在教育部提倡“以本为本”，教授也要走上讲台，我这时候才惊觉本科有几门专业课都是教授讲的。我不太清楚在当时给本科生上课是不是老师必须完成的工作任务，但是我能感受到这几位老师给我们上课是真挚、热情和愉悦的，他们渊博的学科知识、儒雅的学者风度以及严谨的学术态度都深深地感染了我，令我至今难忘。我还记得赵老师，她是一位年过古稀但是依然时髦可爱的老太太，很爱笑，每次见到她都是穿着时尚得体，抹着亮丽的口红。我记得赵老师曾经说，虽然她都到了退休的年纪了，但是还是很喜欢给本科生上课，因为本科生聪明、活泼，像一张白纸，可以有无限发展的可能。

回到开始的话题，我在大二时遇到论文写作的困惑，除了老师的指点迷津以外，绝大多数情况下都是模仿知网上被引量和下载量较大的论文的写作框架。现在想起来，我认为在专业课程设置上，我们缺少了一门论文写作的必修课。曾经听一位老师说，国内基础教育和美国基础教育一个显著的差异是美国从中小学开始培养学生进行规范的论文写作，但是国内的中小学是将写作置于语文学科之下。这让我深有感触，我所接受的教育，从小学到高中，学习了记叙文、说明文、议论文、散文等不同文体的写作，但是当我进入大学开始撰写学术论文时，似乎与我过去十多年的写作训练产生了断层。暂且不论基础教育中写作课是否需要改革，我认为在开始接触学术论文写作之前，学生也有必要接受系统的论文写作指导，而不是在盲目模仿中摸黑前行。

3. 钻科研

除了全国性的大学生创新创业大赛和“挑战杯”以外，我们学校还有自己特色的竞赛活动，均是以校训命名的，分别是博文杯、明理杯、厚德杯、济世杯。其中，博文杯是科研创新和实地调研活动，明理杯则侧重于创业计划和创业项目，厚德杯为公益项目大赛，济世杯则是职业生涯规划比赛、公务员面试挑战赛这一类针对提升学生就业能力的比赛。可见，培养学生各方面能力的比赛还是非常丰富的。

我在本科期间参加过博文杯、“挑战杯”和大学生创新创业大赛。学生申报这类竞赛需要联系指导老师。学校为了鼓励教师指导学生参与科研竞赛，设计了针对教师的激励措施，即一个立项队伍的指导老师可以免部分课时。申报大创项目时我联系的是我的导师。导师给了我们一个题目——民办非企业单位的合法性来源研究，让我们进行实证分析。但是当时导师作为访问学者回国不久，并且正在上一门本科生课程，加上还有指导研究生等事情，没有很多时间指导我们的项目。另外，我们小组成员也不够主动，我和同学们都对导师有一种莫名的敬畏，有问题也不太敢直接问，怕暴露自己的无知。由于我们小组成员都是第一次接触实证研究，认为我们的研究主题太理论化，难以进行实地调研，最后没有获得立项。现在回想起这次经历，我仍然有些懊悔没有把握好这一珍贵的科研机会。我觉得主要还是我们对导师的不了解而不敢向她请教和与她交流，导致这一题目流产。

毕业之前，在参加了几次师门 seminar 和经历了毕业论文指导之后，我才意识到，我的导师曾老师是一位非常平易近人的老师，虽然她在学术上非常厉害，但是绝不会因为我们问一些低级的问题而责怪我们，而是会耐心细致地解答，并且她也同样是一位值得信赖和可以倾吐心声的人生导师，作为一位青年教师，曾老师一直都在积极探寻指导学生的良方，经过不断摸索，最终采用了每周一次师门研讨会的方式。最开始主要是研究生参与，在我大四的时候，seminar 已经成为师门惯例，并且本科生也逐渐参与其中。甚至在老师出国的一年，也采用线上会议的方式将 seminar 进行到底。从最初的一头雾水到慢慢跟上老师和师兄师姐的思路和节奏，每一次的研讨会我都收获颇多，并且不断激发我学习的动力和热情。曾老师应该是学院老师中较早开始关注本科生科研的导师，在我毕业以后，我也了解到，“曾门”的规模已经越来越大，曾老师对本科生的指导投入也更多了。

另外，seminar 也非常值得一提，因为曾老师的研究方向主要是科技政策，研究方法以计量为主，所以 seminar 的分享内容是科技政策和计量领域内的前沿文章。在每学期初，规定每人一篇英文文献和一篇中文文献，排好顺序，每周一人分享中文文献，一人分享英文文献，大家一起讨论，最后是共同学习计量的相关知识。曾老师的研究生甚至部分本科生发表论文的情况也证明了这一指导方式的行之有效。

在大三的时候，曾老师给我布置了一项任务，是对课题数据进行编码和预处理，并在大四的时候让我以此数据开展毕业论文。大四上学期我在准备考研，第二年三月份考研结束以后我才开始全身心投入毕业论文中。最开始我对这个题目完全是茫然的状态，此前也因为考研和对曾老师的“又爱又怕”而没有找她讨论过，但是当时间越来越紧迫的时候，我不得不主动约了导师，让人惊叹的是，不到一小时的讨论就让我茅塞顿开，我再一次后悔为什么不早点问老师。在导师的耐心解答下，我弄明白了关键问题，也在导师的高要求下顺利写完了毕业论文。在曾老师为我指导论文的过程中，我真切地体会到老师严谨治学的态度，无论从格式规范、论文要点，还是文章结构，曾老师都不厌其烦地给予我帮忙，使我能够顺利完成论文写作，最后还获得了优秀毕业论文的荣誉。

科研和论文指导只是曾老师帮助和关怀学生的一个极其微小的方面。曾老师不仅在学习上对我们严格要求、耐心指导，而且非常关心我们的身体状况和未来发展，也十分关注我们作为青年人的价值观养成和品德修缮。曾老师常常在师门的微信群以及 seminar 上与我们分享她的一些生活和工作体会。考研初试后的寒假，曾老师在微信群里分享她在学校里看到挑灯夜读的同学们的感受，她说有的同学选择“hard”模式但实则“easy”，因为有形的困难可以克服，但也有同学选择“easy”模式但实则“hard”，因为无形的障碍难以跨越。当时我因为考研初试结束在家好好“放松”自己，没有认真准备复试，此话一出便是一语惊醒梦中人，自此我开始克服懒散状态，开启“hard”模式。

4. 亲实践

我在本科时有过三次实地调研经历。第一次是和学院一位老师前往襄阳市南漳县开展关于公共文化服务均等化的调研。我们主要是向农村村民和城市居民发放问卷，了解他们感受到的公共文化服务情况以及对于公共文化服务均等化的理解。我们的第一站是访谈相关政府部门，请他们对整个县的公共文化服务情况进行一个简单的介绍。其次便是请他们帮忙联系下辖重点村的负责人与我们课题组对接。这是因为如果我们贸然来访，部分村民可能会因为不清楚我们的意图而不愿意接受访谈，在村干部的带领和引荐下，村民们才会信任和配合我们的调查，同时由于农村大都存在空心化的问题，村干部更容易帮助我们识别有能力接受访谈的对象。但是调研完一个村之后，我们也发现一个问题，尽管我们一再强调调研仅用于学术研究，但是村干部仍然把我们当作上级部门派来调查情况的人员，从而可能会干扰村民对问卷问题回答的真实性和有效性。在这个考虑下，后面去的村我们都只请村干部带我们到村子里走一圈，调研过程由我们独立完成。城市居民则相对容易，我们用两个下午和一个晚上的时间，在文化广场、县图书馆等地发放问卷。这次调研是我第一次参与实地调研，刚开始也遇到了难以将问卷上的书面内容转换成生活语言、听不懂村民方言等问题，但是随着困难的克服和问题的解决，这些也都成为我们重要的收获。除此之外，还有一个令我深有感触的地方，就是苏老师的项目并非政府课题，在我印象里似乎也没有请相熟之人引荐，但是在联系当地政府部门访谈时得到了热情的接待并且给予了充分的支持，当时我有些不理解，在后来参与第三方评估调查之后我才有了大概的推测，也许是近些年第三方评估的盛行让地方政府始终保持警惕，南漳县作为贫困县更是在接受评估、接待评估组方面颇有经验。此外，地方政府官员对于大学学者的尊重（敬畏）也可能是我们享受礼遇的原因。

随后的两次调研经历是参与学院承担的第三方评估项目，主要是评估武汉市黄陂区和宜昌市秭归县的精准扶贫成效。每次调研前，丁院长都会亲力亲为，并给我们交代安全方面的注意事项。调研期间坚持每天和大家一同开线上线下会议、讨论白天遇到的问题，特别是对农作物熟制的耐心讲解，让我感受到丁院长作为教师的细致耐心和作为学者的知识渊博。有一天调研结束后，丁院长带我们小组去吃纸上烤鱼，让我们吃饱吃好的同时不要浪费粮食，像是长辈对晚辈的言传身教和谆谆教诲。

(三)生生互动：朋友切切偲偲

室友是我在本科期间接触最多的人，也是我在上大学前心中想象的室友的模样。我们每天一起上课一起回宿舍，有时候谁去得早就帮忙买早饭和占座，没有特殊情况我们一般都是坐在一起，而且在其中一位室友的带领下，每次的课我们都是坐在前排。周末或者没有课的晚上，我们会约饭和逛街。期末时，我和拉姆一起复习，若霖更喜欢一个人自习，而卓尔则觉得宿舍里复习更方便自由。在宿舍的时候，我们也会一起做运动，有时候吐槽遇到的糟心事，或是在安慰中大哭一场。某天心血来潮买了零食点了外卖坐在瑜伽垫上一起看一部电影，以及每个女生宿舍都会有的夜谈环节，畅聊生活学习，倾吐情感困扰。也有些时候，我们互不打扰地沉浸在自己的世界里，看书看剧、和家人朋友视频，或者是完成学生工作，感觉舒适惬意。我的三位室友大学四年如家人一般照顾我、包容我和安慰我，从考研开始到正式结束期间，室友们还默默地倾听了我很多牢骚和抱怨，帮助我排解不好的情绪，陪伴我走出低谷，让我既感激又愧疚。直到现在，我们在武汉的三个人还经常一起约饭，然后和远在四川的拉姆视频，疫情期间也时常视频聊天，友情如常，关心如故。

我在大学参加过两次学生会招新面试，一次是作为“求职者”，一次是作为“面试官”。充当“面试官”是第一次真正了解求职面试。一般面试分为两轮，报名火热的部门则需要三轮来筛掉过多的人选。报名情况取决于这个部门在学生会中的重要程度，更取决于部门负责人在新生群的活跃度和招新宣讲的精彩程度。我在大一“求职”时，最开始是报名了秘书处，但是由于无领导小组讨论时不知道需要扮演什么合适的角色导致被刷，最后调剂到新闻部。后来我听说学生会的招聘固然看重面试表现，但是暑假期间活跃在新生群甚至已经和学生会的师兄师姐互加好友的同学更容易受到青睐。进入学生会的第一年主要是接受一些任务安排，但是在第二年留任后我发现学生会内部等级观念比较严重，虽说科层制的组织有利于提高效率，但是我不太喜欢学生之间的等级差异，感觉失去了平等友爱的氛围，第三年我便没有继续留在那里了。

（四）校园环境：人杰还需地灵

我的大学真的是一所能让人产生幸福感的学校。我住的宿舍窗明几净、宽敞明亮，空调、热水等设备也很齐全，宿舍区内有好吃的食堂、超市，还有几家早餐店面包坊，还可以去距离很近的文波楼、文澜楼自习。比滨湖宿舍区更好的是环湖宿舍区，这一片宿舍建在南湖畔，晴天的傍晚就能欣赏到美丽的黄昏，美食琳琅满目的小吃街近在咫尺，学校最大的教学楼以及图书馆也不过几步之遥，总之，住在环湖宿舍区的同学被全校同学（包括他们自己）亲切地称为“环湖贵族”。

学校的饮食也是可圈可点，南湖校区的八个食堂各有特色，滨湖八食堂、环湖十食堂和随园餐厅的很多窗口至今令我念念不忘。大四的时候，中区五食堂被翻新，无论是装修风格还是美食都令同学们赞不绝口。除了食堂，学校外的小吃街也是学校同学们最津津乐道的地标之一，各种各样的美食，每天都眼花缭乱，永远吃不腻，是亲朋好友来校探望的必游之地，甚至还成为大家寒暑假在家时最大的羁绊与牵挂。

我很喜欢学校图书馆的座位预约系统，精确到每个座位的预约选项让我可以自由地选择喜欢的座位，并且位置保留时间有限也会督促我按时到图书馆签到学习。我也很喜欢图书馆的构造，一楼圆形的大厅还有顶楼的天台都给予备考的同学充分的阅读背诵空间，也不会影响到自习的同学，而二楼的开放式自主学习空间则允许学生自由地交流讨论。

（五）22岁自画像

四年来，我在不断地适应，不断地改变和提升自己，我快速地学会了做PPT、尽量克服课堂汇报时的紧张怯场，虽然至今仍然难以做到生动；我也积极地参与学生会、社团、班干部竞选以及各类学术活动竞赛，尽可能去尝试新的事物和新的身份，走出自己的舒适圈；我也继续保持着高中时努力学习的状态，也因此拿过国奖、优秀毕业论文和优秀毕业生的荣誉。从高中到大学，包括学习方式和生活方式在内的很多发生了改变，学校氛围和环境、与老师和同学们的交流互动促使我快速成长，同时我也鞭策自己保持初心——每一天，成为更好的自己。

（作者陈珂，H大学2019级硕士研究生）

M12：成长像一条河

大学四年转瞬即逝，充实的四年使我收获了丰富的知识，感受了学术的魅力，认识了知识渊博的老师，结交了很多有趣的朋友。与我而言，这是一段很美好的时光，也是岁月里一段非常重要且难忘的旅程。要说大学留给了我什么，我想，或许留给我的是一些碎片化的记忆。现在，我重新审视我的大学生活，将这些碎片拼接起来，不知道会是怎样的一个画面。我希望能用自己所学的浅薄知识和粗陋的文笔，从一个新的视角浅析自己大学时期曾遇到过的问题，以及和大家分享一些有趣的经历。

(一)班干部——沟通枢纽

2013 年 6 月，我和同年参加高考的约 900 万考生一起冲破高考的枷锁，走进梦寐以求的大学。第一次离开家乡来到异地，沉浸在喜悦和自由中的我们，刚进入大学就意识到了大学和高中的巨大差异。开学初，我首先接触到的就是学院管理学生事务的孙老师（辅导员）。高校辅导员区别于初高中时期的班主任，最直观地体现在孙老师负责管理的学生人数，2013 年学院招生近 500 人，当时只有孙老师一人负责我们本届新生所有大大小小的事务管理。对于新入校的大学生，辅导员要处理的事情很多，包括思想政治教育、班级管理和咨询辅导等。可想而知，辅导员超负荷带学生的情况势必会有很多弊端，不利于辅导员更充分、更深入、更全面地开展学生事务管理工作。如开学初辅导员收集学生档案及资料之后，出现部分学生重要材料丢失的情况，其中我的团员证就是在此期间被遗失的；还有学生反映的问题没有得到及时的解决处理；学期末辅导员对小部分同学还不熟悉、对不上号……由于负责管理的学生人数较多，事务管理工作过于繁重，大大加重了辅导员的业务负担，也降低了辅导员的工作质量，直接影响着高校对学生的培养。在辅导员工作量严重超载的情况下，培养高素质的班干部显得异常重要。

在学生管理中，班干部起着枢纽作用，班干部与班里同学同龄，在价值观念、兴趣、爱好、语言体系等方面更加有同质性，所以，他们会比辅导员更加了解班级每个人的真实状况。在大学期间，我曾担任过班里的学习委员，帮助老师处理一些学生学习上的事务工作，如定期向辅导员和老师反映同学们的意见和需求，沟通任课老师与同学之间的信息联系，及时向同学传达信息并反馈同学们的意见和建议。担任学生委员期间，我和同班三位同学成立了一个学习兴趣小组，组织过几次物理科普读物的阅读活动，现在依旧印象深刻的是《上帝掷骰子吗？量子物理史话》这本书，以有趣又严谨的方式叙述了经典物理和量子力学的碰撞，以及量子力学从无到控制整个微观世界的艰难发展历程，书中还回顾了一些我们曾经学过的经典实验。那次阅读活动激起了我们理科学生的阅读热情，也为我们枯燥又晦涩难懂的专业课程增添了一些别样的色彩。担任学习委员的经历算得上是我大学期间一段有趣又重要的历程，不仅让我在开学初期就有机会和班里同学以及老师熟悉起来，也提升了自己的综合能力。

（二）学生社团——三分热度

大学里最吸引我们的当属各类学生社团。学生社团组织举办活动的目的之一是活跃学校的学习氛围，提高学生本身的自主管理能力，丰富学生的课余生活。社团可以根据学校的不同情况，利用学生的课余时间开展各种形式的活动，以便学生能够互相交流思想、切磋技艺、互相启迪、增进友谊。社团必须自觉接受校团委和院系团委的领导，遵守各项规章制度。社团活动不得妨碍学校各类正常工作、教学和生活秩序。在校期间，我们学校的社团种类很多，如学习类的有辩论队、数学建模、小语种社团等，娱乐类社团有摄影协会、轮滑社、音乐类等，还有体育类社团、心理协会、志愿者团和绿色生命协会等。学期初的周末社团日是学校最欢腾热闹的一天，同学们可以根据自己的兴趣爱好自主选择不同的社团。在校初期，我曾加入过轮滑社和辩论队，但这两个社团后期的发展并不是很顺利。受学校场地的限制，轮滑社经常出现预约不到场地的情况，因此，社团小伙伴们的热情也逐渐减退。场地是限制社团顺利发展的一个重要因素，由于学校社团的种类较多，场地的使用和时间的配置上存在冲突。只有处理好场地问题，这种户外活动社团才能顺利地开展。此外，辩论队由于缺少专业的指导，指导老师同时担任好几个社团的指导老师，精力较为分散，导致社团的指导效果不好，队员们的积极性也难以维持。虽然学院为促进社团建设，在政策和经费上给予了大力支持，但仍无法回避师资力量不足、指导老师的流动性以及指导教师参加社团活动频率不高等问题，这些因素都不利于社团的长期发展，无法形成较浓厚的校园文化氛围。

在我看来，社团要想得到长足的发展，首先，要多角度地保障经费与场地的良好使用。经费不足和场地缺乏是制约高校社团发展的关键因素，学校要积极主动地拓宽筹集渠道以及加快社团场地的开发，提高场地的有效利用率。其次，应提升社团指导老师的专业化水平，加大指导教师管理力度。每个社团有至少一名的专业指导老师是非常必要的，每次开展活动，指导老师能够到场指导社团的活动，社团在开展活动过程中出现的问题及时给予指导建议或解决办法，对于社团的动态有较好的把握，也有利于社团长期稳定的发展。学生社团活动作为校园文化生活的重要载体，将会对大学生知识、技能、能力的塑造和思想道德素质的培养起到越来越重要的作用。

（三）心理咨询——打开自己

进入大学后，除了要适应从高中生到大学生角色的转变外，还要重新确定自己的学习目标和要求，并开始接触职业和职业生涯的概念，逐步融入这个大集体。在大学的不同阶段，对未来的期待与焦虑常常会让人变得迷茫。大学生正处于人生发展的关键时期，面临人格成熟、精神独立等多重发展任务，必然会承受一定的精神压力和心理负担。我最迷茫的阶段是在大三上学期，当时身边的很多同学和我一样，都面临着生涯规划、毕业就业和考研问题。在那段焦灼难熬的时间，学校的心理健康教育中心给我带来了很大的帮助。学校心理健康教育中心建有心理预约接待室、个体心理咨询室、团体心理咨询室、心理测量室、音乐治疗室、情绪宣泄室等。心理健康教育中心秉承“以人为本”的工作理念，为学生提供心理方面的辅导，帮助学生在迷茫中寻找到生活的方向。心理健康教育中心在为同学们提供心理咨询和治疗服务的同时，也承担着全校心理类的必修与选修课程的教学工作。同时，心理健康教育中心的老师还开设过“谈谈大学生心理异常表现和治疗途径”“大学生常见心理问题”“适应情感和心理健康”等讲座，以及在大学生心理健康节和新生心理健康节上开展丰富的活动。心理咨询中心每周一至周五对学生开放，在此期间同学们可以在网上进行咨询预约，预约成功后便可在指定时间内前往咨询中心进行咨询。在填写好咨询表格和心理咨询协议书后，便可以找咨询师正式开始咨询。每名学生每周可咨询一次，一次一小时，一般进行 3～8 周。我进行的心理咨询主要是通过谈话方式展开，老师们会了解我的需求、倾听我的烦恼，并与我一起探讨改善的方法。有时候，还会借助“音乐治疗椅”辅助工具，帮助更快地解决问题。我就是学校心理咨询中心的一个受益者，现在回想起当时的心理咨询体验，我依旧非常感激心理咨询中心的老师给予我的热情接待、解答和循循善诱的教导。和老师们短短的几次接触，发现自己正在发生着可喜的变化，我体验到了一种平和、愉悦的感觉，因为我已不再紧紧束缚、封闭自己，我开始以一种欣赏、宽容和爱意的心态对待别人、对待学业、对待未来，我也变得更加乐观坚强。心理健康问题是当代人尤其是当代学生普遍存在的问题，并在不同的阶段有着不同的表现。每个人的身上会同时存在心理健康和心理不健康的两面，而不同点仅在于表现程度。生活中，我们难免会遇到择业的忧患、人际关系问题、恋爱问题或者无故心情烦闷的时候，又或者在一个阶段，人的心理状态可能是健康的，而在人生发展的其他阶段可能会出现其他问题。就像现在的我，大学时期有大学时期的忧虑，现阶段也有现阶段的困扰。在我看来，心理健康和身体健康同样重要，有些小的心理困惑，如同平时偶尔出现的小感冒，并不是严重的问题。但如果不加以重视，就会发展成为非常棘手的大问题，甚至会影响我们的正常生活。有了大学时期的那次心理咨询体验后，我开始重视心理健康、正视心理健康，我知道拥有一个健康、积极的心理状态对自己的工作、学习和生活都是非常重要的。

(四)社会实践——代课老师

大学期间虽然迷茫过，但回想起来我还是做了一些很有意义的事情的。记得在大二结束那年的暑假，我开始了自己第一次社会实践——担任代课老师，主要任务是给初中生补习物理。第一天是试讲，为了能做好这次代课工作，我又把初中的课本重新翻阅了几遍，开始了我的人生中的“第一讲”。尽管那天有些紧张，但我还是顺利地通过了面试，就这样我便做起了两个月的“老师”。第一次给学生上课，我格外认真和严谨，每次讲课的前一天，我都很努力地备课，生怕讲错题而误导学生。就这样，我每天早起晚睡，很充实地完成了我的讲课任务，学生家长对我的教学水平非常认可，学生也很喜欢我。我们这一代“90后”都是经历了九年义务教育后上高中、考大学，如今自己以一个过来人得身份面对这群初中生，也更了解他们的学习状态。初中时期正是学生个性形成和发展的关键时期，因此一定要注重学生的个人感受，一味地批评、指责无疑是他们最反感的方式。所以，在平时的教育中，既要想办法激发他们的学习兴趣，又要把知识传授给他们，同时还要搞好和正处于叛逆期的他们的关系。那次的实践使我学到的不仅是生活的艰辛和为人处事的态度，还有教育问题上的一些经验和原则。我还记得大学时期给我们上“教育心理学”这门课的吴老师告诫我们：做教育一定要用心！只有这样，才能获得家长和学生的信任，我们的事业才能长久发展。当然，不仅仅是做教育需要用心，从事任何行业，都需要我们用心去做好每一件小事，俗话说细节决定成败，只有真正地用心注意好细节，才能将事情做好。

这次实践活动对我大学期间的成长有很大的促进作用，也让我对生活有了更深的体会。首先，对于从未步入社会参与劳动的我们，一直以来都是纯消费者，很难切身体会到赚钱的辛苦和不易。那次，当拿到自己辛辛苦苦赚来的工资时，我的心里既激动又感动，觉得自己好像瞬间就长大了，懂事了，可以开始去分担父母肩头的担子了。所以我觉得，大学期间，利用课余时间出去做份兼职是很有必要的，能体验到生活的艰辛，还可以积累一些工作经验，学到一些课堂上学不到的东西。其次，人际交往是伴随我们一生的重要课程，如何与人相处、如何与不同类型的人相处，这是我们一生都值得研究和探讨的课题。在辅导中心，我要跟不同年龄的人相处，跟其他阅历、背景不同的老师相处，还要跟学生家长做好及时的沟通，当然跟管理者也需要及时交流和讨论教学中的困难和问题。因此，这张复杂的关系网中，如何与不同的人相处、如何搞好人际关系成为一门学问。俗话说，三人行，必有我师。在平时的交往中，要真正做到“择其善者而从之”，善于看到和学习别人的优点和长处，这是一个人不断成长和成熟的标志。

如果用一个词语来总结我的大学生活，那一定是“成长”。成长就像一条河，有时流到宽阔坦荡的地方，一泻千里。有时流到曲折逼仄之处，迂回婉转。在成长中，有欢乐，有烦恼，有挫折。当我用心去回忆那些过往时，发现自己一直生活在一个温柔的世界里。大学四年，教给了我许许多多的东西，除了上述这些还能记起的，相信还有一些已经潜移默化地融入了我现在和未来的人生里。当我站在今天，回望那一段青葱岁月，它已然成了我人生中的一笔宝贵的财富。

（作者小雅，H大学博士研究生）

参考文献 | References

一、中文文献

[1] 尤尔根·哈贝马斯．交往行为理论［M］．曹卫东，译．上海：上海人民出版社，2004.

[2] 威廉·德雷谢维奇．优秀的绵羊［M］．林杰，译．北京：九州出版社，2016.

[3] 金子元久．大学教育力［M］．徐国兴，等译．上海：华东师范大学出版社，2009：3.

[4] 特伦齐尼．重新思考学生的有效学习体验：一个工作框架［J］．赵炬明，译．中国高教研究，2021（6）：41-43.

[5] 岑逾豪．大学生成长金字塔模型——基于实证研究的本土学生发展理论［J］．高等教育研究，2008（3）：19-27.

[6] 陈红敏．“00 后”大学生个人奋斗的特点与启示［J］．中国青年社会科学，2020（4）：103-110.

[7] 陈建文，王滔．大学生压力事件、情绪反应及应对方式——基于武汉高校的问卷调查［J］．高等教育研究，2012（10）：87-94.

[8] 陈敏，张俊超，魏署光，等．“本科生学习与发展调查”的本土开发与组织实施［J］．高等工程教育研究，2014（2）：105-109.

[9] 陈平，黄婷婷，卢南熹，等．新时代大学生思想行为特点及变化规律研究［J］．教育教学论坛，2020（42）：297-298.

[10] 陈月茹．论成人的学习需要［J］．中国成人教育，2002（4）：47-48.

[11] 程诚，王奕轩，姚远．大学生同伴网络影响的非对称性研究［J］．北京大学教育评论，2019（1）：163-185，192.

[12] 崔允漷．追问“学生学会了什么”——兼论三维目标 [J]．教育研究，2013 (7)：101.

[13] 董奇，周勇．论学生学习的自我监控 [J]．北京师范大学学报（社会科学版），1994 (1)：8-14.

[14] 杜义强，边如欣．高校学生社团对学生的影响及发展策略 [J]．教育理论与实践，2017 (6)：20-21.

[15] 樊翔．“90后”大学生特点解析与高校思政工作新探索 [J]．当代教育实践与教学研究，2017 (8)：219.

[16] 冯昭昭．大学生社团的价值研究 [D]．武汉：华中科技大学，2016.

[17] 傅维利，张恬恬．关于师生互动类型划分的研究 [J]．教育理论与实践，2007 (5)：29-32.

[18] 龚放．大一和大四：影响本科教学质量的两个关键阶段 [J]．中国大学教学，2010 (6)：17-20.

[19] 郭娇．基于调查数据的家庭第一代大学生在校表现研究 [J]．中国高教研究，2020 (6)：13-19.

[20] 郭金山，车文博．大学生自我同一性状态与人格特征的相关研究 [J]．心理发展与教育，2004 (2)：51-55.

[21] 胡建华，陈列，周川，等．高等教育学新论 [M]．南京：江苏教育出版社，2006.

[22] 胡子祥．英国高等教育评估中的学生参与机制研究 [J]．比较教育研究，2011 (9)：26-31.

[23] 黄海涛．美国高等教育中的“学生学习成果评估”：内涵与特征 [J]．高等教育研究，2010 (7)：97-104.

[24] 黄希庭，张进辅，张蜀林．我国大学生需要结构的调查 [J]．心理科学通讯，1988 (2)：9-14，66.

[35] 黄希庭，张志杰．论个人的时间管理倾向 [J]．心理科学，2001 (5)：516-518.

[36] 黄小兰，曾兰．武汉地区“90后”大学生思想行为特点调查报告 [J]．华中人文论丛，2014 (1)：257-261.

[37] 黄兆信，李远煦．大学新生人际交往障碍的疏导模式探析——基于高中与大学衔接的视角 [J]．中国高教研究，2008 (11)：70-72.

[38] 李兵．浅议21世纪大学生的素质培养 [J]．求实，2004 (S3)：

227-228.

[39] 李丹，张俊超．学生投入视角下学生类型对学习效果的影响研究——基于H大学本科生学习与发展调查［J］．高等工程教育研究，2016（4）：117-123.

[40] 李莞荷，阎琨，王燕红．高校农村贫困学生的类型分析与成长因素研究："自强计划"学生调查［J］．清华大学教育研究，2016（1）：99-104.

[41] 李群．运用"同伴辅导"模式提高大学生合作学习能力的研究［D］．济南：山东师范大学，2009.

[42] 林冬华．美国新生研讨课全国调查20年：背景、发展与启示［J］．中国高教研究，2011（11）：33-36.

[43] 刘彩虹．《大学里什么东西最重要："四个关键的年份"》（修订本）述评［J］．教育与考试，2012（3）：88-91.

[44] 刘彩虹．大学如何影响学生：美国的研究成果述评［D］．福州：福建师范大学，2014.

[45] 刘海峰．"平行志愿"投档模式的利与弊［J］．教育发展研究，2011（18）：87.

[46] 刘海燕，闫荣双，郭德俊．认知动机理论的新进展——自我决定论［J］．心理科学，2003（6）：1115-1116.

[47] 刘建亚．当今大学生思想行为特点及其成才教育拓展研究［D］．长沙：中南大学，2013.

[48] 刘晶月．研究型大学大四阶段教学管理的困境与突破——基于南京大学的实证研究［J］．高校教育管理，2012（3）：99-103.

[49] 刘献君．个性化教育论［M］．武汉：华中科技大学出版社，2018.

[50] 刘献君．论需要及对大学生需要的引导［J］．高等教育研究，2019（4）：60-69.

[51] 刘映池，张毅．运用系统聚类法对高校学生进行分类［J］．教育与教学研究，2009（23）：69-70.

[52] 陆根书，刘秀英．常规和在线学习情景下学生投入特征及类型——基于西安交通大学大学生学习经历调查数据［J］．高等工程教育研究，2017（3）：129-136.

[53] 罗索夫斯基．美国校园文化——学生·教授·管理［M］．谢宗仙，译．济南：山东人民出版社，1996.

[54] 吕达，周满生．当代外国教育改革著名文献·美国卷（第一册）[M]．北京：人民教育出版社．2004.

[55] 吕林海．中国大学生的课堂沉默及其演生机制——审思“犹豫说话者”的长成与适应 [J]．中国高教研究，2018（12）：23-30.

[56] 吕林海，龚放．求知旨趣：影响一流大学本科生学习经历质量的深层动力——基于中美八所大学 SERU（2017—2018）调研数据的分析 [J]．江苏高教，2019（9）：57-65.

[57] 庞维国．90年代以来国外自主学习研究的若干进展 [J]．心理学动态，2000（4）：12-16.

[58] 饶从满，徐程成．日本“高大衔接”中的“高大协同”：背景、现状与问题 [J]．外国教育研究，2014（12）：19-30.

[59] 申明．论大学文化氛围感应与营造 [J]．江苏高教，2008（4）：93.

[60] 沈威，王炎栋．构建大学德育的同伴教育模式——以杭州师范学院开展同伴教育的个案为例 [J]．中国德育，2006（6）：60-63.

[61] 石晶．本科生社会性人际互动对学习效果影响的实证研究 [D]．武汉：华中科技大学，2015.

[62] 史静寰，王文．以学为本，提高质量，内涵发展：中国大学生学情研究的学术涵义与政策价值 [J]．华东师范大学学报（教育科学版），2018（4）：18-27，162.

[63] 史静寰．探索中国大学生学习的秘密 [J]．中国高教研究，2018（12）：21-22，38.

[64] 舒忠梅，屈琼斐．基于教育数据挖掘的大学生学习成果分析 [J]．东北大学学报（社会科学版），2014（3）：309.

[65] 苏红．关键事件：抵及教师专业发展的核心 [J]．教育科学研究，2011（11）：68-69.

[66] 孙宝志，景汇泉．大学生需要理论的二十年追踪研究 [J]．心理科学，2001（5）：608-609.

[67] 汤佳妮．基于学习范式的大学生学习需求研究 [D]．武汉：华中科技大学，2016.

[68] 唐文跃．高校教师与学生群际互动研究 [D]．苏州：苏州大学，2006.

[69] 王存宽，吕慈仙，杨桂珍．从“总分匹配”到“专业导向”——高考志愿模式的转变对高校专业建设的驱动作用分析 [J]．教育研究，2016 (6)：81-88.

[70] 王晋．高校贫困生成长困境刍议 [J]．现代教育管理，2010 (2)：98-100.

[71] 王青耀．浅析当代大学生的思想特点 [J]．中国高教研究，2006 (3)：74-75.

[72] 魏署光，陈敏，张俊超，等．“本科生学习与发展调查”的理论基础、问卷框架及信效度——基于华中科技大学的实践 [J]．高等工程教育研究，2015 (5)：114-120.

[73] 魏署光，杜鑫，陈敏．研究型大学本科生就读经验及学习效果差异的类型学分析——以 H 大学为例 [J]．中国高教研究，2020 (1)：49-56.

[74] 魏义梅．大学生抑郁的心理社会机制及认知应对干预 [D]．长春：吉林大学，2007.

[75] 文雯，史静寰，周子矜．大四现象：一种学习方式的转型——清华大学本科教育学情调查报告 2013 [J]．清华大学教育研究，2014 (3)：45-54，80.

[76] 吴凯萍．浅谈自媒体时代大学生特点及学业价值观培育 [J]．新闻研究导刊，2014 (6)：171.

[77] 吴康宁．学生仅仅是受教育者吗？——兼谈师生关系观的转换 [J]．教育研究，2003 (4)：4-45.

[78] 吴思，樊博．基于心理契约理论的大学生社团参与度研究 [J]．高教探索，2015 (9)：107-113.

[79] 吴志明，武欣．MBA 学生团队学习效果及影响因素研究 [J]．管理学报，2006 (1)：55-59.

[80] 小林雅之．学生资助和高等教育机会均等——对中日美 3 国的比较分析 [J]．王杰，译．教育与经济，2005 (3)：48.

[81] 熊静．第一代农村大学生的学习经历分析——基于结构与行动互动的视角 [J]．教育学术月刊，2016 (5)：74-81.

[82] 熊明福，基于课程学习过程性评价的电子档案袋系统设计与实现 [D]．武汉：华中师范大学，2012.

[83] 许丹东，吕林海，傅道麟．中国研究型大学本科生高影响力教育活动特征探析 [J]．高等教育研究，2020 (2)：58-65.

[84] 阎光才．我国本科教与学过程的特征与问题分析［J］．中国高教研究，2020（5）：1-8.

[85] 晏碧华，邹泓．学业情境中回避失败的成因及教育干预［J］．江苏高教，2008（1）：65-68.

[86] 杨院，李艳娜，丁楠．大学生学习投入类型及其与学习收获关系的实证研究［J］．高教探索，2017（3）：74-77.

[87] 叶澜．教育概论［M］．北京：人民教育出版社．1991：41.

[88] 叶子，庞丽娟．师生互动的本质与特征［J］．教育研究．2001（4）.

[89] 张德江．学会学习：21世纪大学生必备的基本能力［J］．高等教育研究，2003（6）：69-72.

[90] 张衡，眭依凡．使命管理视阈下的高校使命陈述——基于地方师范大学的考量［J］．高校教育管理，2013（4）：58-63.

[91] 张俊超．本科教育变革与大学生学习效果测评［J］．中国高等教育，2013（11）：44-46.

[92] 张俊超，李梦云．过程性学习评价如何影响大学生学习投入及学习效果——基于"H大学本科生学习与发展调查"的数据分析［J］．高等工程教育研究，2015（6）：119-124.

[93] 张俊超，任丽辉．大学教育力视角下大学生类型的分布变化及其影响因素——基于H大学本科生学习与发展调查的追踪研究［J］．高等教育研究，2018（12）：61-68.

[94] 张俊超，刘茹．不同类型大学生自主学习能力差异及其影响机制——基于H大学本科生学习与发展调查［J］．大学教育科学，2020（5）：58-65.

[95] 张立成．面对21世纪大学生的素质教育［J］．教育管理研究，1998（1）：18-23.

[96] 张启钱，王小青，谈静艳．我国高校"学困生"的成因分析及对策研究——基于对"学习困难"定义回归解读的视角［J］．高等理科教育，2011（2）：77-82.

[97] 张应强．"交往的教育过程观"批判［J］．教育研究，2001（8）：25-29.

[98] 张优良，刘腾飞．院校支持和个体参与对不同类型学生发展的实证研究——基于首都高校大学生发展状况的调查［J］．教育学术月刊，2015

(9)：82-88.

[99] 郑家茂，潘晓卉，丁德胜，等．构建研究型大学师生互动本科教学模式 [J]. 高等工程教育研究，2004 (6).

[100] 周华丽，鲍威．大学生校园人际互动投入的实证研究 [J]. 高教探索，2014 (4)：5-9.

[101] 朱红．高校学生参与度及其成长的影响机制——十年首都大学生发展数据分析 [J]. 清华大学教育研究，2010 (6)：35-43，63.

二、外文文献

[1] Astin A W. The Methodology of Research on College Impact，Part One [J]. Sociology of Education，1970，42 (3)：223-254.

[2] Astin A W. What Matters in College-Four Critical Years Revisited [M]. San Francisco：Jossey-Bass，1993.

[3] Astin A W. An Empirical Typology of College Student. [J]. Journal of College Student Development，1993，34 (1)：36-46.

[4] Astin A W. Student Involvement：A Development Theory for Higher Education [J]. Journal of College Student Development，1999，40 (5)：518-529.

[5] Astin A W. The Educational and Vocational Development of College Students [J] . American Council on Education，1969：211.

[6] Anonymous. First-generation College Students Struggle [J] . Occupational Outlook Quarterly，1999，42 (4)：32.

[7] Bok D. Our Underachieving Colleges：A Candid Look at How Much Student Learn and Why They Should Be Learning More [M]. Princeton：Princeton University Press，2008：900-902.

[8] Chickering A W，Gainson Z F. Seven Principles for Good Practice in Undergraduate Education [J]. AAHE Bulletin，1987，39 (7)：1-7.

[9] Chickering A W，Reisser L. Education and Identity [M]. 2nd Ed. San Francisco：Josey-Bass，1993.

[10] Clark B R . The Problem of Complexity in Modern Higher Education [J]. College Faculty，1987 (9)：43.

[11] Clark B R, Trow M. The Organizational Context//College Peer Groups: Problems and Prospects for Research [C]. Chicago: Aldine, 1966: 17-70.

[12] Coleman J S E, Campbell C, Hobson J. Equality of Educational Opportunity [M]. Washington, D. C. : U. S. Government Printing Office, 1966: 10-32.

[13] Deci E L, Ryan R M. Intrinsic Motivation and Self-determination in Human Behavior [M]. Boston, MA: Springer, 1985.

[14] Eisner E W. The Educational Imagination [M]. New York: Macmillan, 1979.

[15] Entwistle N J, Ramsden P. Understanding Student Learning [M] . London: Croom Helm, 1983; Ramsden P. Student Learning Research: Retrospect and Prospect [J] . Higher Education Research and Development, 1985 (4): 51-69.

[16] Furlong M J, Whipple A D, Jean G S, et al. Multiple Contexts of School Engagement: Moving Toward a Unifying Framework for Educational Research and Practice [J]. California School Psychologist, 2003, 8 (1): 99-113.

[17] Henri Holec H. Autonomy and Foreign Language Learning [M]. Oxford: Pergamon Press, 1981: 44-45.

[18] Horowitz H L. Campus Life: Undergraduate Cultures from the End of the Eighteenth Century to the Present [M]. New York: Knopf, 1987.

[19] Hossler D, Schmit J, Vesper N. Going to College : Social, Economic and Educational Factors' Influence on Decisions Students Make [M]. Baltimore: Johns Hopkins University Press, 1998.

[20] Hu S, Kuh G D. Being Engaged in Educationally Purposeful Activities: The Influences of Student and Institutional Characteristics [J]. Research in Higher Education, 2002, 43 (5): 555-575.

[21] Hu S, McCormick A C. An Engagement-based Student Typology and Its Relationship to College Outcomes [J]. Research in Higher Education, 2012 (53): 738-754.

［22］ Hattie J，Timperley H. The Power of Feedback ［J］，Review of Educational Research，2007 (1)：82.

［23］ Twining K A. Perceived Need of Decided and Undecided Two-year Community Students ［J］. ERIC Document Reproduction Service：1987：18-20.

［24］ Kevin S，Will B. A Longitudinal Study of Iowa State University 2000-2003 National Survey of Student Engagement Data ［R］. Research Institute for Studies in Education，2004：22.

［25］ Koljatic M，Kuh G D. A longitudinal Assessment of College Student Engagement in Good Practices in Undergraduate Education ［J］. Higher Education，2001，42 (3)：351-371.

［26］ Kuh G D，Hu S. Learning Productivity at Research University ［J］. The Journal of Higher Education，2001，72 (1)：1-27.

［27］ Kuh G D，O' Donnell K，Schneider C G. HIPs at Ten ［J］. Change：The Magazine of Higher Learning，2017，49 (5)：8- 16.

［28］ Kuh G D，Hu S，Vesper N. "They Shall Be Known by What They Do"：An Activities-Based Typology of College Students ［J］. Journal of College Student Development，2000，41 (2)：228-244.

［29］ Kuh G D. Assessing What Really Matters to Student Learning：Inside the National Survey of Student Engagement ［J］. Change，2001，33 (3)：10-17.

［30］ Kuh G D，Bridges B K，Hayek J C. What Matters to Student Success：A Review of the Literature ［R］. National Postsecondary Education Cooperative Commissioned Paper，2006：17-23.

［31］ Kuh G D. Assessing what Really Matters to Student Learning ［J］. Change，2001，33 (3)：10-17.

［32］ Kuh G D. Student Success in College：Creating Conditions That Matter ［M］. New York：John Wiley & Sons，Inc，2010.

［33］ Kurpius S，Hamilton K D，Willson M S. African American Students' Persistence at a Predominantly White University：Influence of Social Support，University Comfort，and Self-beliefs ［J］. Journal of College Student Development，1999，40 (3)：257-268.

[34] Littlewood W. Defining and Developing Autonomy in East Asiancon Texts [M]. Applied Linguistics，1999：63-65.

[35] Magolda. Students' Epistemologies and Academic Experiences：Implications for Pedagogy [J]. Review of Higher Education，1992，15（3）：265-87.

[36] Mangano J A，Corrado T J. Toward a Taxonomy of Adult Two-year College Students [J]. Discover the World's Research，1980（4）：27.

[37] Marton F，Saljo R. On Qualitative Differences in Learning：Outcome and Process [J]. British Journal of Education Psychology，1976（46）：4-11.

[38] Cassandra M，Sanders M，Wroblewski S. Positive Youth Development and School Capacity Building [J]. School Social Work Journal，2011（1）：16-25.

[39] Natriello G. The Impact of Evaluation Processes on Students [J]. Educational Psychologist，1987（22）：155-175.

[40] Nevitt Sanford，Where Colleges Fail：A Study of the Student as a Person [M]. San Francisco：Jossey-Bass，1968.

[41] Otter S. Learning Outcomes in Higher Education. A Development Project Report [R]. Unit for the Development of Adult Continuing Education. Pairs：OECD，1992.

[42] Pascarella E T，Terenzini P T. How College Affects Students：A Third Decade of Research [M]. San Francisco：Jossey-Bass，2005.

[43] Pascarella E T，Terenzini P T. How College Affects Students：21st Century Evidence That Higher Education Works [M]. San Francisco：Jossey-Bass，2016.

[44] Woods P. Critical Events in Teaching and Learning [M]. London and Washington，D. C.：The Falmer Press，1993.

[45] Maryetal S H. Helping Sophomores Succeed：Understangding and Improving the Second Year Experience [M]. San Francisco：Jossey-Bass，2009.

[46] Stavroulaki V，Demestichas P，Katidiotis A，et al. First Generation College Students：Motivation，Integration，and Academic Achievement [J]. Community College Journal of Research & Practice，2007，31（12）：

963-975.

［47］The New Generation of Students：How College Can Recruit，Teach，and Serve Gen Z［J］. The Chronicle of Higher Education，2018（3）：2.

［48］Tinto V . Leaving College：Rethinking the Causes and Cures of Student Attrition［M]. Second Edition. Chicago：University of Chicago Press，1993.

［49］Tinto V. Completing college［M］. Chicago：The University of Chicago Press，2012.

［50］Zimmerman B J，Risemberg R. Self-regulated Dimensions of Academic Learning and Motivation［M］//Phye G. Handbook of Academic Learning. San Diego，CA：Academic Press，1997.

后记 | Postscript

敲下本书最后这段字，是难得的儿子在一旁酣睡而我保持清醒的时刻。我抬头，依稀看见窗外的月亮，然而这并不是深夜，而是凌晨，是即将进入日月同辉的那个时刻。小儿晚上入睡晚，每次哄他睡觉经常把一天下来精疲力尽的自己先给哄睡了，于是我只能早上五点起床以和他打时间差的方式来为自己争取一点不受打扰的时间。台湾学者林昱瑄在《做学术、做妈妈：学术妈妈的困境、策略与智性母职》一文中谈到，“母职和学术生活都是要求成员全心奉献与投入的贪婪机构（greedy institutions）。当两者合并在一起时更是艰巨的挑战”①。当时读到这句话，我感觉内心深处被触动了，刹那眼睛一热差点落泪。文中所提及的一切感同身受，“学术工作无需拘泥于特定时间和地点的特质，反而使学术妈妈转向利用晚上、半夜或清晨这些一般人入睡的时间工作，或者同一个时段之内的多工并进，无缝对接地处于工作状态，造成高度地自我剥削和体力、智力与情绪的负担”②。学术妈妈的工作时间充满了不确定性，如果想要在学术界生存下去，她们势必得发展出另一种工作形态，以搭配她的生活节奏。已记不清有多少个这样靠一杯咖啡强振精神的清晨或深夜，以及节假日里众多对孩子嚷着要妈妈的哭闹硬着心肠充耳不闻的时刻……

---

① 林昱瑄．做学术、做妈妈：学术妈妈的困境、策略与智性母职［J］．台湾社会学刊，2019（65）：125-180.

② 林昱瑄．做学术、做妈妈：学术妈妈的困境、策略与智性母职［J］．台湾社会学刊，2019（65）：125-180.

然而，正如这篇文章里提到的，一味地强调两种角色的冲突和困境，难免会让人怀疑并加深为人母者不适合学术工作的刻板印象，采用“整合取径”的认识论立场，看到两者之间的生产性互动关系，才是积极的解决之道。比如，尝试探索学术工作与母亲职业如何得以融合和相互滋养。于是顺着这个思路，我进行了反思，发现我的学术兴趣在很大程度上确实与我身为人母的角色紧密相关。

十几年前，我还是一名博士生的时候，面对未来职业的选择焦虑，我聚焦于大学教师发展主题，并将大学青年教师作为我的研究对象，研究这一群体的生存状态和发展策略，并以此作为我的博士学位论文选题。十多年来，我自己作为大学教师中普通的一员沿着学术阶梯缓慢成长，并陆续成为两个孩子的母亲。所幸的是，我能把探索自我和本职工作结合起来。身为教师和母亲，我关注自己的孩子，同样也关注学生的教育与成长。这期间，我的女儿从呱呱落地到成长为一名高中生，并面临着对大学、对专业、对未来的众多好奇和疑惑；我的四个出生于千禧年前后的外甥，作为各自家族第二代或第三代大学生，也正是在这些年陆续进入国内外不同大学就读以及毕业求职或深造……与他们的近距离交往，让我深深感觉到这一代人多元化的价值观和行为方式，以及他们在进入大学之前和大学毕业后的变化与差异。这种“私人化”的生活经历很自然地让我把眼光投射到大学里的小主人——本科生群体的身上，关注他们的学习与发展、态度与情感，并让我用一种类似母亲的心态长期、深入、多面向地理解不同大学生生命的样貌和其成长的环境，并怀着极大的热情进行一些人类学式的参与观察，探索影响这些大学生成功与否的关键因素。而身为“二孩妈”的经历，也在一定程度上强化了我的“身心自我管理技术”，即“可以一心多用、多工并进、努力使用零碎时间的能力”，以及让我这位“中年老母亲”修炼成倒床即入睡的良好修复能力。我想这几点都可归功于母亲这个“职业”对我学术职业的滋养和提升吧！

感谢所有帮助我完成书稿的人。

谢谢我的导师刘献君教授，若不是他一路的鞭策与鼓励，我可能还会继续拖延下去，直到猴年马月。谢谢学院领导对我的体谅与包容，他们总是设身处地为我着想减轻我的工作负担，把重任默默往自己肩上扛。谢谢我的研究生们，作为导师，对他们的需求常有疏忽，对他们的指导也很不力，而他们却总是充分信赖我，并不遗余力地完成各项任务给我惊喜。尤其是赵蕾、汤佳妮、石晶、李梦云、李丹、任丽辉、吕磊、刘茹、鲁梦琪、任京、程润、宋荣、祝欣莹、王欢等，此书众多章节都有他们的贡献。山水一程，三生有幸，谢谢他们陪伴我一程又一程，他们欢快地奔赴各自的江河湖海，他们又汇聚成为我生命的河流。谢谢本书里提及的众多同学，无论是作为研究者还是被研究对象，还是两者兼之的自我研究者，我想说的是，无论是经历了像泡沫一样的大学生活，还是如弄潮儿般的乘风破浪，大学经历都是我们一生中智慧成长和生命探索的一段，而这个旅程还在继续，我们任何时候都可以成为自己人生的规划设计师，到下一段去遇见那个更好的自己。正如本书中写到的一位同学所顿悟到的：进大学之前是和一大群人在赛跑，比的主要是成绩，而进大学之后则是自己与自己的赛跑，是在自己的人生中跑得更快、更远。“他（她）在思考他（她）的存在以及如何过自己的生活。这是一种多么完美的状态。大学毕业之际，四年的经历终于开启了生活的旅程。这难道不是对大学教育最完美的诠释吗？”①

感谢我的家人。我的先生和公公婆婆，接过了很多属于我的“母职”的活儿，尽可能多地陪伴孩子，以他们的时间为我争取时间，包容我的烦躁，化解我的焦虑；我的姐姐们，总是在我遇到困难请求紧急救援的时候随叫随到，为我解除后顾之忧的同时，相互疗愈父母离去之痛；

---

① 这段话出自美国希腊裔作家杰弗里·尤金尼德斯的小说《婚姻情节》(*The Marriage Plot*)，该小说主要讲述美国布朗大学三位文科生毕业前后所经历的波折与迷惘。

我的两个孩子，已经习惯了经常坐在电脑前无暇顾及他们的老妈，并为妈妈能偶尔给他们做一盘糖醋排骨而欣喜若狂。

谢谢华中科技大学出版社钱坤老师，从选题到成书，为我逐级把关并督促我，以我之急为己之急；洪美员老师刚休完产假就全力以赴地帮我一遍遍细致修改校对文稿，我能想象并体会她还要同时照顾两个年幼孩子的身心劳累。

最后，也谢谢自己。前半生就这样跌跌撞撞地奔突着过了，希望此后的人生，能在母职生涯与学术生涯的相互交融和相互滋养中，纯粹一点，稳健一点，从容一点。

张俊超

2021 年 6 月于喻园